후니의 쉽게 쓴
직장생활 생존기

후니의 쉽게 쓴
직장생활 생존기

진강훈 지음

머리말

직장에서 성공을 한다는 것은 어떤 것일까요?

누군가에게는 남들보다 먼저 진급을 하고, 남들보다 더 많은 연봉을 받는 것이 성공일 수 있습니다. 누군가에게는 남들보다 오래 회사에 남아 정년을 채우는 것이 성공일 수 있습니다. 또 어떤 사람에게는 직장에서 크게 스트레스받지 않고 내가 하고 싶은 일을 하는 것이 성공이라고 할 수 있을 것입니다.

이렇게 성공에 대한 정의는 사람마다 다를지 몰라도 성공을 하기 위해서는 공통적인 조건이 있습니다. 그저 열심히 일하기만 한다고 성공이 보장되지 않기 때문입니다. 30년 넘게 직장생활을 하며 배운 교훈이 있다면, 성공이라는 것이 그저 시키는 일만 열심히 한다고 따라오지는 않더라는 겁니다. 물론 열심히 일하는 것이 성공을 위한 조건 중 하나일 수는 있겠지만, 성공하는 데에 그것만 필요한 것은 아닙니다. 현재 상황을 정확하게 파악할 수 있는 판단력, 원하는 목표를 달성하기 위한 준비성과 기획력, 필요한 사람들과의 관계를 잘 만들고 관리할 수 있는 친화력과 리더십 또한 성공에 꼭 필요한 조건이라는 것입니다.

이 책에서는 직장인에게 요구되는 덕목 중 성실함 외에도 꼭 필요한 판단력, 준비성, 기획력, 친화력, 리더십 등에 대한 이야기를 하려고 합니다. 열심히 일했지만 왜 진급이나 연봉에서 제대로 된 보상을 받지 못했을까 하는 의문이 드는 분, 사원일 때는 일 잘한다는 소리를 들었는데 오히려 진급을 한 후에 직장생활이 쉽지 않다고 느끼는 분, 남들은 잘도 이직하는데 왜 나는 다른 회사로 옮기기가 이렇게 어려울까 하는 분, '왜 이렇게 내 주변엔 사람이 없을까' 라는 생각을 하는 분에게 고민을 해결할 수 있는 실마리를 제시해볼까 합니다.

이 책에 실린 이야기들이 모든 상황에 맞아떨어질 수는 없겠지만, 가능한 한 제가 현장에서 보고 듣고 느낀 내용을 솔직하게 전달해 드리려고 노력했습니다. 저 역시 수많은 시행착오를 겪었고, 이런저런 후회를 하며 직장생활을 했지만 제가 겪은 것들을 이 책을 읽는 독자 여러분만큼은 겪지 않았으면 합니다. 그렇다 보니 이 책에 제 사사로운 감정이 섞인 섣부른 주장이 들어가 있을지도 모르겠습니다. 제가 경험한 것들을 최대한 솔직하게 담으려고 노력한 만큼, '현장에서 이렇게 느끼는 사람도 있구나' 하고 가볍게 읽어주셨으면 하는 바람입니다.

앞서 말씀드렸듯, 치열하게 경쟁에 임한다고 해서 언제나 내가 노력한 만큼의 결과를 거두는 건 아닐 것입니다. 그래도 최대한 준비할 수 있는 건 준비하고 경쟁에 임해야 승률을 높일 수 있다고 생각합니다. 제 경험을 오롯이 담은 이 책이 직장생활에 지쳐 있는 모든 분들에게 한 모금 시원한 물이 되고, 힘차게 앞으로 나아갈 수 있게 하는 작은 디딤돌이 되었으면 합니다.

차례

머리말
직장에서 성공을 한다는 것은 어떤 것일까? • 005

1
나의 첫 직장은 어디인가?

1 가장 중요했던 신입사원 초봉 • 017
2 어느 회사에나 빌도어는 있다 • 021
3 입사 후에 찾아오는 후회 • 031

2
힘든 시간을 견뎌야 하는 이유

1 해결되는 고민, 해결되지 않는 고민 • 041
2 누구나 시작할 땐 멋진 계획이 있다 • 049
3 오늘을 위해 살 것인가? 내일을 위해 살 것인가? • 054
4 실패에 대응하는 자세 • 060

3
신입사원이 지켜야 할 것들

1 MBTI가 어떻게 되세요? • 071
2 회사가 신입사원에게 기대하는 것 • 077
3 신입사원의 권리 • 082
4 안 되는 이유보다 될 수 있는 방안을 찾자 • 087
5 저는 회식이 싫어요 • 093
6 신입사원이 회사를 떠나는 이유 • 099

4
상사는 하늘일까?

1 왜 상사와 친해져야 할까? • 111
2 좋은 스토커도 있다 • 117
3 잘나가는 상사 만들기 • 124
4 상사를 위한 진정한 조언이 떠오를 때 • 131
5 명분이 없다 아입니까? 명분이 • 137
6 나쁜 상사를 만났을 때 • 143
7 상사를 밀어낼 수 있다면 • 153
8 참아야 할 때와 참지 말아야 할 때 • 159

5
고참이 된다는 것

1 후배에게 난 어떤 선배인가 • 173
2 난 한 놈만 패 • 179

3 롤 모델이 될 것인가? 타산지석이 될 것인가?   • 186
4 잘나갈 때 착각하는 것들   • 192

6
내가 회사에서 월급 받을 자격이 있나

1 나만의 것이 있나요?   • 205
2 회사는 나를 왜 필요로 할까?   • 213
3 나만의 시간이 있는가?   • 221
4 연봉은 어떻게 결정될까?   • 228
5 끊임없이 떠날 준비 하기   • 237
6 아무리 노력해도 안 될 때가 있다   • 245
7 사표를 내고 싶지만 갈 데가 없을 때   • 253
8 보이는 경쟁력, 보이지 않는 경쟁력   • 260

7
상사가 된다는 것

1 팀원들이 보고 있다   • 275
2 정확한 기준을 만들어라   • 285
3 상사에게 밀리면 팀원에게도 밀린다   • 294
4 조직 키우기   • 302
5 가끔은 포장이 더 중요하다   • 309
6 어차피 안 고쳐진다   • 318
7 이별을 대하는 올바른 자세   • 325
8 가스라이팅을 통한 마음 관리   • 333

8
내 편 만들기 전략

1 보이지 않는 손　　● 345
2 다른 사람을 내 편으로 만드는 방법　● 354
3 누가 내 편인가　　● 362
4 달이 지구의 주변을 맴도는 이유　● 371

9
떠날 때가 되었다는 것 알아채기

1 무릎에서 사서 어깨에서 팔아라　● 381
2 사람이 몰리는 회사, 사람이 떠나는 회사　● 388
3 떠날 때도 규칙이 있다　● 396
4 트렌드 파악하기　● 404
5 회사라는 곳에 의리는 없다　● 412

1
나의 첫 직장은 어디인가?

누구에게나 첫 경험이란 무척 큰 의미로 다가옵니다. 아무래도 처음이다 보니 조심스럽고, 그만큼 오랫동안 소중한 기억으로 남게 됩니다. 본인뿐 아니라 주위 사람들도 관심을 갖게 되고요. 그러한 '첫 경험'이라는 것에 직장도 예외는 아닐 겁니다. 그렇다 보니 멋진 회사에 취업하고 싶은 건 어찌 보면 누구에게나 당연한 마음일지도 모르겠습니다. 좋은 회사에 들어가게 된다면 친구들에게도 뭔가 자랑할 만한 게 생긴 것 같고, 부모님도 뿌듯하게 해드릴 수 있을 것 같습니다. 자식 자랑하기 좋아하는 대부분의 부모님들은 자식이 대기업이나 유명 글로벌 기업에 다니게 되면 무척 자랑스러워하실 것이고, 친구분들에게도 자식 자랑을 하시겠지요. "자네 아들은 어느 회사 들어갔나? 우리 아들은 말이야…" 라고요.

그렇다 해도 첫 직장을 다른 사람에게 내보일 자랑거리로만 보고 선택하는 건 현명하지 않을 수 있습니다. 물론 내가 워낙 실력이 뛰어나서, 들어가고 싶은 어떤 회사라도 들어갈 수 있다면 상관없습니다. 하지만 지금 당장 내가 들어가고 싶은 회사와 내가 처한 현실 사이에 차이가 있다면, '첫 직장'이라는 이유로, 주변 사람들에게 멋지게 보이기 위해, 또는 부모님을 실망시켜드리고 싶지 않아서 대기업이나 글로벌 기업의 꿈을 꾸며 실패를 거듭할 필요는 없다는 것입니다.

직장생활을 해보신 분들은 공감하겠지만 요즘 직장인들에게 첫 직장의 의미는 다음 직장으로 건너가기 위한 디딤돌일 뿐입니다. 일류대 출신이나 유학파가 아니라서 대기업이나 글로벌 기업에 합격할 가능성이 낮은데도 불구하고 첫 직장은 남 보기에 그럴듯해야 한다는 이유만으로, 실패할 가능성이 높은 도전을 계속하는 건 현명하지 못합니다. 물론 아예 포기해버리라는 의미는 아닙니다.

앞으로 제대로 경력만 쌓을 수 있다면 지금 당장은 아니겠지만 머지않아 그런 곳에 입성할 수 있는 방법이 많다는 것입니다. 원하는 회사에 입사하는 방법이 30년 전처럼 신입사원 공채를 통과하는 것만은 아니기 때문입니다. 괜히 '첫 직장'이라는 단어에 사로잡혀 친구들이나 부모님에게 멋져 보이는 직장을 잡기 위해 안 해도 될 수고를 할 필요는 없다는 의미입니다. 조금만 현실적으로 바라보면 내가 원하는 회사에 신입으로 입사하는 것보다 경력으로 입사하는 것이 훨씬 이득이라는 걸 알 수 있습니다. 경력직 입사가 왜 더 이득인지는 뒤에 가서 천천히 설명해드리도록 하겠습니다.

제가 다녔던 글로벌 기업뿐 아니라 이름만 대면 알 만한 웬만한 기업에서 소위 잘나가는, 자기 분야에서 최고의 위치에 있는 직원들의 학벌을 보면 의외로 인서울이나 해외파가 아닌 사람들이 많습니다. 물론 좋은 학벌을 가지고 있는 분들도 많겠지만 성공한 분들의 학벌이 모두 좋지는 않다는 것입니다. 이는 학벌보다 중요한 것들이 훨씬 더 많다는 의미이기도 합니다. 내가 좋은 학교를 졸업하지 않았다고 해서, 유학을 다녀오지 않았다고 해서 대기업이나 유명 글로벌 기업에 들어가는 것을 미리 포기할 필요는 없습니다. 우리에겐 또 다른 전략이 있고, 그 전략이 어쩌면 훨씬 더 효과적일 수 있기 때문입니다.

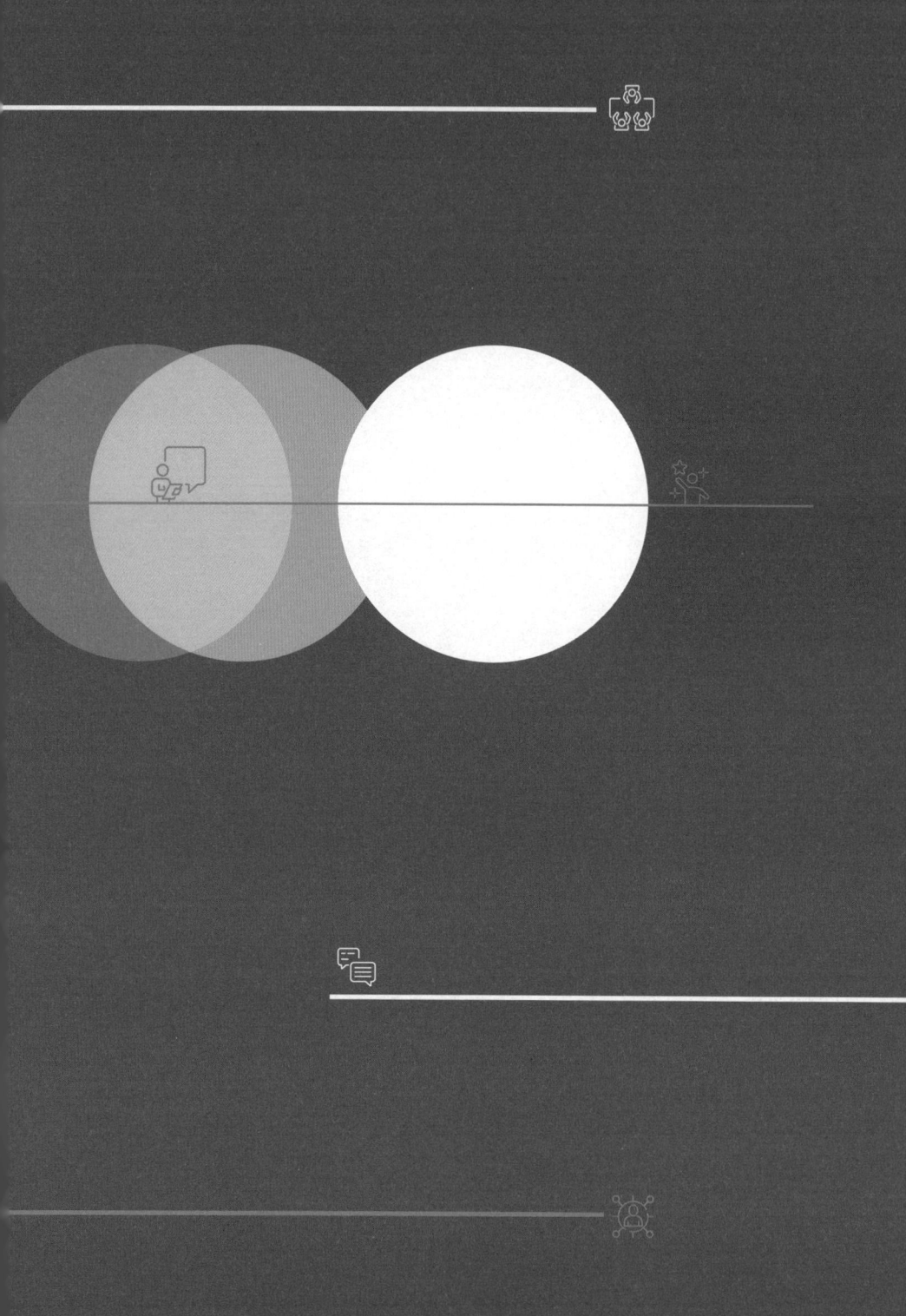

1
가장 중요했던 신입사원 초봉

사람들이 첫 직장을 선택하는 기준에 있어서 회사의 인지도와 함께 가장 중요하게 생각하는 것은 바로 신입사원 초봉이 아닐까 생각합니다. 직장을 다니는 일차적인 이유는 돈을 버는 것입니다. 구직자들에게 가장 중요한 게 연봉이라는 건 백번 맞는 말입니다.

그런데 여기서 우리가 조심해야 할 게 있습니다. 신입사원 초봉이 높은 대신 해가 지나고 직급이 올라가도 연봉 인상률이 높지 않은 회사가 있기 때문입니다. 초봉은 다른 회사 대비 좀 높아 보이지만, 나중에 주임이 되고 대리가 되고 과장이 되어도 연봉 인상 폭이 낮아 다른 회사의 같은 직급 재직자에 비해 오히려 연봉이 낮다면 그건 손해라고 볼 수 있습니다. 하지만 그걸 알아버렸을 땐 이미 너무 늦을지도 모릅니다. 따라서 단순히 신입사원 초봉만을 기준으로 회사를 고르겠다는 것은 위험한 생각입니다.

그렇다면 어떻게 해야 할까요? 먼저 내가 입사하고자 하는 회사의 리스트를 만들어 그 회사들의 신입사원 연봉뿐 아니라 직급별 연봉도 조사해서 서로 비교해볼 필요가 있습니다.

이 밖에도 연봉만큼 중요한 것이 있는데, 바로 복지입니다. 회사에서 지원해줄 수 있는 프로그램이 무엇이 있는지, 예를 들어 대학원 등록금 지원이나 의료비 지원, 자녀 교육비 지원 등 직원들을 위한 프로그램이 있는지 확인해보아야 합니다. 또 직원들을 위한 교육 프로그램은 무엇이 있는지, 회사 분위기는 어떤지, 휴가는 어떻게 사용하고 있는지 등에 대해서도 알아볼 필요가 있습니다.

회사를 떠나는 데에는 연봉도 이유가 되겠지만, 연봉 외에 회사의 분위기가 좋지 않다거나 지원 프로그램이 부실하다거나 한 것도 원인이 될 수 있습니다. 물론 모든 게 다 만족스러운 회사는 없습니다. 연봉이 높은데 야근이 많을 수 있고, 복지가 좋은데 연봉이 낮을 수 있습니다. 입사 전에 이런 내용을 알 수 있다면 어떤 부분은 내가 받아들일 수 있고, 또 어떤 부분은 양보 못한다는 식의 계산이 설 것입니다.

요즘 이런 내용들은 인터넷을 통해서도 어렵지 않게 찾아볼 수 있습니다. 하지만 가장 좋은 방법은 현재 그 회사에 다니고 있는 사람을 통해 직접 알아보는 것입니다. 따라서 내가 입사하고자 하는 회사에 다니는 직원을 알아두는 것은 아주 큰 도움이 됩니다. 학교 선배가 되었건, 친구의 지인이 되었건 최대한 인맥을 동원해서 그 회사 직원 또는 그 회사를 어떤 식으로든 경험해본 사람을 찾아내고, 그 사람을 통해 회사에 대한 정보를 얻을 수 있다면 남들보다 훨씬 더 많은 정보를 접하게 될 것입니다.

제가 아는 어떤 분은 입사하고픈 회사를 무조건 찾아갔다고 합니다. 안내 데스크에서 누구를 찾아오셨냐고 해서 본인이 이 회사에 관심이 많고 나중에 입사를 생각하고 있어서 찾아왔다고 솔직하게 이야기했다고 해요. 그랬더니 안내 데스크에서 인사 팀 직원을 만나게 해주었다고 합니다. 무작정 찾아간 회사에서 그분은 인사 팀 직원과 많은 이야기를 하게 되었고, 그 후 결국 그 회사에 입사할 수 있게 되었다고 합니다. 참고로 이분은 회사에 찾아갈 때 깔끔한 면접 복장을 하고 갔다고 합니다. 의욕과 의지를 보여주고 싶었던 거겠죠? 요즘 아무리 편한 복장을 선호하는 회사들이 많아졌다고 하지만, 공적인 목적으로 누군가를 처음 만나는 자리에 갈 때는 복장을 포함해 겉모습에 신경을 쓸 필요가 있습니다.

결국 요즘 세상은 남들과 똑같이 해서는 경쟁에서 이길 수 없는 세상인가 봅니다. 남들보다 더 많은 정보를 얻어내야 하고, 이 정보들을 가지고 남들과 다른 전략을 만들어낼 수 있어야 경쟁에서 앞서갈 수 있습니다. 무조건 열심히 한다고 반드시 좋은 결과가 나오는 것은 아닙니다. 전략을 가지고 효과적으로 접근해야 원하는 결과를 낳을 수 있다는 걸 명심해야 합니다.

내 마음속 메모장

- 신입사원 연봉만을 기준으로 첫 직장을 고르지 말자. 신입 연봉이 높아도 직급이 오를 때 연봉 인상이 적게 되는 회사도 있다.
그리고 막상 회사에 들어가보면 연봉보다 중요한 것도 많다. 입사 전에 최대한 회사에 대한 정보를 알아보는 것이 입사 후에 후회하지 않는 지름길이다.

2
어느 회사에나 백도어는 있다

    취업을 준비하는 사회 초년생들은 대부분의 정보를 인터넷을 통해 얻는 경우가 많습니다. 요즘은 워낙 인터넷에 없는 정보가 없다 보니 제가 직장생활을 시작할 때보다 기업체에 대한 정보를 얻는 것은 훨씬 수월해진 게 사실입니다. 하지만 인터넷에 없는 정보도 많이 있습니다. 특히 혼자만 알고 싶은 정보는 괜히 인터넷에 올려서 남들까지 알게 할 필요가 없겠죠? 나중에 문제가 될 것 같은 정보 역시 인터넷에 올리지 않을 것입니다. 입사 전형과 관련해 정확하지 않을 수 있는 카더라 식의 정보를 올리면 나중에 그 정보에 대한 책임을 져야 할 수도 있습니다. 그렇기 때문에 괜히 남들이 다 볼 수 있는 인터넷에 정보를 공개할 필요가 없습니다.

    이런저런 취업 관련 정보들은 사람들 사이에서 입에서 입으로 구전 동화처럼 흘러 다니곤 합니다. 그래서 어느 회사나 백도어가 있다는 이야기를 하는 것이 조심스러운 건 사실입니다. 여기서 백도어는 별 능력 없이 쉽게 들어갈 수 있는 뒷문을 뜻하지 않습니다. 다만 신입사원 채용에 지원해 이력서를 내고 면접을 거쳐 들어가는 전통적 방식에 비해 조금 더 합격할 확률이 높은 방법이 있다는 의미입니다.

여러분들이 많이 들어보셨을 인턴도 그런 방법이고, 계약직으로 입사했다가 정규직으로 전환되는 방법도 그런 방법입니다. 하지만 이런 방법보다 더 효과적인 방법은 바로 경력직으로 입사하는 것입니다. 제가 경력직 입사를 이야기하면 제일 먼저 나오는 질문이 바로 이것입니다. "저는 경력이 하나도 없는데 어떻게 경력직으로 입사하죠?" 네, 맞습니다. 경력이 없으면 경력직으로는 입사가 안 됩니다. 경력을 쌓은 후에 입사하셔야 합니다. 그래서 경력 관리 전략이 필요한 것입니다. 앞에서도 말씀드린 대로 경력직으로 입사를 할 경우에는 채용 시 주로 경력을 먼저 보기 때문에, 내가 비록 경쟁자들에 비해 학벌이나 외국어 능력이 부족하다고 해도 필요한 경력을 제대로 갖추고 있고, 면접에서 좋은 성적을 받는다면 합격할 확률이 올라갑니다.

신입으로 입사하는 경우 경력이 없기 때문에 볼 수 있는 것이 출신 학교나 어학 점수밖에 없습니다. 더 본다고 해도 자격증이나 인턴 경험 정도가 전부일 것입니다. 따라서 내가 만약 좋은 학교를 졸업하지 못했거나 학점이 좋지 않거나 영어 점수가 부족하다면 면접까지 가보지도 못하고 서류 전형에서 탈락할 확률이 매우 높습니다. 특히 내가 가고 싶어 하는 유명한 회사는 더욱 그럴 가능성이 높습니다.

그렇다면 경력을 쌓을 수 있는 회사는 어떻게 골라야 할까요? 그 해답은 바로 내가 최종 목표로 하는 회사의 홈페이지 안에 있습니다. 평소에 가고 싶었던 회사의 홈페이지에 들어가 이런저런 정보들을 검색해서 보다 보면 그 회사가 가지고 있는 다양한 기술이나 제품, 솔루션(solution)에 대한 이야기가 나올 것입니다. 사람들이 가고 싶어 하는 회사는 대체로 크고 유명한 회사일 가능성이 높기 때문에 이런 솔루션들을 자체적으로 개발하고 제공하기보다는 여러 회사와 협력 관계를 통해서 만들어 제공하는 것이 일반적입니다.

이런 회사를 '협력사'라고도 하고 '파트너사'라고도 합니다. 또 협력사와 일할 때에는 생산을 협력사가 하고 판매를 메인 회사가 하는 경우도 있고, 생산을 메인 회사가 하고 판매와 서비스를 협력사가 하는 경우도 있습니다. 실제로 이런 솔루션들은 매우 다양하고 복잡하기 때문에 한 회사의 이름으로 만들어지기는 하지만 대체로 협력사와 같이 제공하곤 합니다. 이렇게 회사가 제공하는 다양한 솔루션들을 협력 관계로 제공하는 회사 중에는 핵심 회사도 있고, 규모가 좀 작은 회사도 있습니다. 여러분이 목표하는 회사의 홈페이지에 들어가보면 협력사 중에서 주요 핵심 회사의 리스트를 찾을 수 있을 것입니다.

따라서 내가 최종적으로 목표하는 회사의 시스템을 먼저 이해하는 것이 중요합니다. 그 회사는 어떤 핵심 기술을 가지고 있고, 그 기술을 어떻게 활용해서 돈을 버는지, 그리고 그 과정에서 어떤 회사들과 어떻게 협력 관계를 만들어가고 있는지를 이해해야 합니다. 단지 이름만 들어봤다고 해서 '이 회사에 입사해야겠어!'라고 결심하는 게 아니고, 입사 지원할 회사에 대해서 적어도 내가 현재 알아볼 수 있을 만한 정보는 모두 알아보고 이해해야 한다는 의미입니다.

의외로 면접을 보다 보면 지원자 중에 지원한 회사에 대해서 제대로 알고 지원한 사람이 그리 많지 않습니다. 그저 대략적인 정보만 알아보고 지원을 하고 면접을 보러 오는 것입니다. 내가 정말 입사하고 싶은 회사라면 최선을 다해 회사 관련 정보를 최대한 알아볼 필요가 있습니다.

일단 그 회사의 돈 버는 시스템에 대해 어느 정도 이해했고, 파트너사 또는 협력사와의 관계에 대해서도 파악했다면 이제 그 파트너사나 협력사에 대한 정보를 알아볼 때입니다. 대부분 파트너사나 협력사는 내가 가고 싶어 하는 회사에 비해 규모가 작을 가능성이 높습니다. 즉, 중소기업이라고 볼 수 있을 것입니다.

지금부터는 알아낸 정보를 가지고 각 파트너사의 홈페이지에 들어가 각 회사별 정보를 공부해야 할 시간입니다. 어디에 있는지, 직원은 몇 명이고 연 매출은 어떻게 되는지, 주요 핵심 기술력은 무엇인지, 그리고 조직 구성은 어떻게 되어 있는지를 확인해봐야 합니다. 내가 목표하는 회사 홈페이지에는 이 회사가 파트너사라고 되어 있지만, 막상 그 회사의 홈페이지에 가서 확인해보면 이 회사는 내가 목표로 하는 회사와 가장 긴밀하게 일하고 있을 수도 있고, 아니면 또 다른 대기업이나 유명 회사와 파트너 관계로 일하고 있을 수도 있습니다. 중소기업의 경우 대체로 하나의 대기업과만 파트너 관계를 맺고 일하는 경우도 있지만, 여러 기업과 파트너십을 맺으며 일하고 있을 수도 있으니 확인이 필요합니다.

이렇게 꼬리에 꼬리를 무는 회사들 간의 관계를 파악하는 것이 내 커리어 전략을 만드는 데 아주 중요합니다. 내가 목표하는 회사가 글로벌 기업이라고 해도 마찬가지입니다. 주요 글로벌 기업은 한국에 지사를 두고 있으면서 한국에 있는 다양한 파트너사들과 함께 영업과 솔루션 지원을 하고 있습니다. 따라서 내가 글로벌 기업에 취업하는 것이 목표라고 한다면, 먼저 그 글로벌 기업의 한국 홈페이지에 접속하여 한국에서 협력하고 있는 파트너사가 어느 곳인지 파악하는 것이 중요합니다. 대개 적게는 10여 곳, 많게는 100여 곳 이상의 파트너사를 두고 있기 때문에 이런 회사들의 정보를 하나씩 조사하는 데도 시간이 많이 걸릴 수 있습니다. 하지만 이 중 핵심 파트너 역할을 하는 회사는 대부분 열 군데 이내입니다. 따라서 핵심 역할을 하는 회사를 찾아서 조사한다면 내가 경력을 쌓을 첫 직장에 대한 윤곽이 잡히기 시작할 것입니다.

구직자들은 늘 취업이 힘들다고 이야기합니다. 하지만 막상 사람을 뽑아야 하는 회사에서는 사람 뽑는 게 참 힘들다고 합니다. 대기업이나 유명한 회사가 아닌 중소기업은 더 그렇습니다. 제가 아는 여러 중소기업에서도 신입사원을 뽑고 싶어도 사람이 없어서 어렵다는 이야기를 많이 합니다. 대부분의 대졸 취업 준비생들은 중소기업보다는 이름이 알려진 유명한 회사에 입사하고 싶어 하는 것이 현실이기 때문입니다.

내가 가야 할 첫 직장을 찾았다면 그곳이 내가 최종적으로 목표했던 직장이라고 생각하고 최선을 다해 입사 준비를 해보시기 바랍니다. 특히 중소기업의 경우는 대기업이나 유명 기업처럼 입사 관련 정보를 얻기가 쉽지 않습니다. 따라서 직접 발품을 팔아야 합니다. 필요하다면 직접 회사를 찾아가 인사 담당자를 만나보는 것도 좋습니다. 열정적인 모습을 보여준다면 뜻하지 않게 기회가 올 수도 있습니다.

중소기업이 첫 직장으로 좋은 이유 중 하나는 대기업에서보다 많은 경험을 쌓을 수 있기 때문입니다. 모든 중소기업이 다 그런 건 아니겠지만 대기업이나 유명 회사의 핵심 파트너사 역할을 하고 있는 중소기업이라면 분명 보유하고 있는 핵심 기술이나 솔루션이 있을 것입니다. 작은 회사는 인력 구조가 단순하고 조직이 작기 때문에 핵심 기술이나 솔루션 관련 지식을 배우고 경험을 쌓는 데는 오히려 대기업보다 훨씬 유리합니다. 대기업과 비교해보면 대기업은 체계적인 교육 시스템이 갖춰져 있어서 신입사원들에게 다양한 교육 기회를 제공한다는 장점이 있지만, 중소기업과 같이 바로 실무에 투입되기는 어려운 구조입니다. 반면 중소기업은 대기업만큼 체계적인 교육 시스템은 없지만, 신입이라고 하더라도 바로 실무에 투입되는 경우가 많기 때문에 현장에서 직접 배울 수 있는 기회가 많다는 장점이 있습니다.

한 가지 알아두어야 할 것은 중소기업의 경우, 현장 업무가 상대적으로 많고 인력이 부족한 경우가 일반적이기 때문에 업무 강도가 높을 수 있다는 점입니다. 하지만 이러한 부분은 신입사원에게 빠르게 경험을 쌓을 수 있다는 장점으로 작용하기도 합니다. 두 번째로 알아두어야 할 것은 이론적인 부분을 배우기가 쉽지 않다는 것입니다. 앞서 말씀드린 대로 대기업의 경우 교육 기회가 많지만 중소기업의 경우는 그런 기회도 많지 않고, 설령 기회가 있다고 해도 시간이 없는 경우가 많습니다. 하지만 그렇다고 교육 기회를 포기하면 안 됩니다. 아무리 현장 경험이 많다고 해도 이론 교육을 받지 못한다면 진정한 지식을 쌓을 수 없습니다. 따라서 교육 기회가 있다면 꼭 놓치지 않고 받도록 하고, 혼자서도 꾸준히 공부를 해야 합니다.

신입사원 때는 미래를 위해서 스스로에게 투자하는 시기라고 볼 수 있습니다. 비용을 들여서라도 교육을 받고, 책도 많이 사서 보고, 남들이 현장에만 있을 때 이론적인 지식도 꾸준히 쌓아야 합니다. 또한 영어 역시 게을리하면 안 됩니다. 아무래도 중소기업의 경우 대기업이나 글로벌 기업에 비해 영어의 필요성이 떨어질 수밖에 없고, 따라서 누구 하나 영어를 강조하지 않는 경우가 많습니다. 하지만 그렇다고 영어를 게을리한다면 나중에 내가 가고 싶은 회사에 갈 때 걸림돌이 될 수 있습니다. 여기서 늘 기억해야 하는 것은 지금 현재 몸담고 있는 회사에 안주하면 안 된다는 것입니다. 아직 우리는 최종 목적지에 도착하지 않았기 때문입니다.

평소에 꾸준히 자기 계발을 하다 보면 어느 순간 성장한 자신을 발견할 수 있게 됩니다. 그렇게 본인의 역량이 성장하게 되면 주변에서도 하나둘 여러분의 능력을 알아봐주기 시작할 것입니다. 그리고 몇몇 회사에서는 좀 더 좋은 조건으로 오퍼를 하기 시작할 수도 있습니다. 하지만 이때 좋은 조건으로 이직을 제안받았다고 해서 자주 회사를 옮기는 것은 바람직하지 않습니다. 내가 세운 경력 관리 전략에 따라 움직여야 합니다. 오퍼를 한 회사가 나의 미래에 도움이 될 만한 회사인지, 아니면 그냥 조건만 좋은 회사인지를 봐야 합니다. 단지 조건이 조금 더 좋다는 이유로 회사를 옮기게 된다면 당장은 도움이 될지 모르지만 시간이 지나면 후회하게 될지도 모르기 때문입니다.

만약 내가 꾸준히 실력도 쌓고 있고 경력을 만들고 있지만 어디에서도 오퍼가 오지 않는다고 하더라도 실망할 필요는 없습니다. 어차피 내가 가고 싶은 회사가 정해져 있다면, 일단 그 회사에서 필요로 하는 능력을 꾸준히 만들어가고, 그 회사 사람들과 알아가는 기회를 만들어보십시오. 그렇다면 나중에라도 기회는 분명히 생깁니다.

또 하나 잊지 말아야 할 것은 이력서를 적어도 3개월에 한 번씩은 업데이트하는 것입니다. 써놓았던 이력서를 3개월이 지난 후에 다시 한번 열어보세요. 어떤 때에는 아무것도 고칠 것이 없는 경우가 있을 것입니다. 3개월 동안 이력서에 추가할 만한 활동을 한 것이 하나도 없다는 뜻이지요. 아마 조금 반성도 하게 될 거고, 무언가 새롭게 해야겠다는 의지도 생겨날 것입니다. 또 어떤 날에는 이력서에 새로

한 줄을 추가할 때도 있을 것입니다. 그건 새로 딴 자격증이 될 수도 있고, 토익 점수가 될 수도 있고, 어떤 교육 코스를 완료했다는 내용이 될 수도 있습니다. 또 어떤 중요한 프로젝트에 참가해서 이를 성공적으로 마무리했다는 경험이 될 수도 있을 것입니다. 이렇게 3개월마다 이력서를 업데이트하다 보면 몇 년 후 엄청나게 달라진 이력서를 만나게 될 것입니다. 제 경험이기도 한데, 막상 이직을 염두에 두고 이력서를 수정하려고 하면 도저히 쓸 것이 없다고 느껴지는 것이 보통입니다. 몇 년 만에 쓰는 이력서지만 새롭게 바꿀 게 없다는 걸 느끼게 되는 것이지요. 바쁘게 살았는데도 이력서에 쓸 내용이 없다는 건 어찌 보면 시간을 허비했다는 의미일 수도 있습니다. 하지만 이렇게 주기적으로 이력서를 업데이트하다 보면 분명 저처럼 시간을 흘려보낸 듯한 느낌을 받지 않을 것입니다. 요즘은 링크드인과 같이 이력서를 쉽게 정리하고 공유할 수 있는 사이트도 있으니 이를 활용하는 것도 좋겠습니다.

한번 정리를 해볼까요? 결국 내가 어떤 커리어 전략을 세우느냐에 따라 내가 원하는 곳에 입사할 확률을 훨씬 높일 수 있습니다. 그런 의미에서 신입이 아닌 경력직으로 입사하는 경우를 말씀드렸습니다. 그래서 '백도어'라는 표현을 쓴 것이고요. 이렇게 경력자를 뽑는 회사에 들어가기 위해서는 그 회사가 필요로 하는 다양한 경험과 지식을 미리 준비해야 한다는 것도 기억해두시기 바랍니다. 하나 더 덧붙이자면 내가 갖추고 있는 지식과 쌓아온 경험은 내 이력서에서 가시적으로 확인

할 수 있게 해야 하고, 이력서는 주기적으로 업데이트해야 합니다. 쉽죠? ^^

- 어느 회사나 백도어는 있다. 가고 싶은 회사가 있다면 신입사원으로 입사할 수도 있지만 경력사원으로 입사하는 방법도 있다는 걸 잊지 말자.

- 목표하는 회사가 있다면 그 회사의 홈페이지를 파보자. 그 안에 답이 있다. 그 회사와 협력 관계를 맺고 있는 다양한 중소기업 정보를 알아보고, 그중에 내가 디딤돌 회사로 갈 만한 회사를 찾아보자.

- 입사하고 싶은 중소기업을 찾았다면 직접 방문해 그 회사에 재직하는 사람을 만나 필요한 정보를 얻어보자. 적극적인 사람이 더 많은 정보와 기회를 얻을 수 있다는 걸 잊지 말자.

- 목표한 회사에 들어가기 전 디딤돌 회사에 있는 동안에도 배움을 멈추면 안 된다. 최종 목표 지점이 그곳이 아니라는 걸 잊지 말자.

- 이력서는 3개월마다 업데이트하는 습관을 들이자.
  업데이트할 내용이 없다면 반성해야 한다.

3
입사 후에 찾아오는 후회

노란 숲속 두 갈래 길

나그네 한 몸으로

두 길 다 가볼 수 없어

아쉬운 마음으로 덤불 속 굽어든 길을

저 멀리 오래도록 바라보았네

그러다 다른 길을 택했네

두 길 모두 아름다웠지만

사람이 밟지 않은 길이 더 끌렸던 것일까

두 길 모두 사람의 흔적은

비슷해 보였지만

그래도 그날 아침에는 두 길 모두

아무도 밟지 않은 낙엽에 묻혀 있었네

나는 언젠가를 위해 하나의 길을 남겨두기로 했어

하지만 길은 길로 이어지는 법

되돌아올 수 없음을 알고 있었지

먼 훗날 나는 어디선가

한숨지으며 말하겠지

언젠가 숲에서 두 갈래 길을 만났을 때

사람들이 잘 가지 않은 길을 갔었노라고

그래서 모든 게 달라졌다고

- 로버트 프로스트, 「가지 않은 길(The Road Not Taken)」

    학창 시절 교과서에 실려 있던 글을 잘 기억하는 편이 아닌데도 이 시는 살면서 문득문득 생각나곤 합니다. 로버트 프로스트가 어떤 의도로 이 시를 썼는지는 잘 모르겠지만 '가지 않은 길'이라는 제목, 맨 마지막 문장 "그래서 모든 게 달라졌다고"가 한동안 머릿속을 맴돌았습니다.

    누구나 그런 것 같습니다. 가지 않은 길에 대한 궁금증과 미련이 남다 보니 무언가를 선택한 후에 늘 후회라는 걸 하게 되곤 합니다. 당시에는 선택한 것이 최선이라고 생각되지만 시간이 지나면서 후회를 하게 되는 것입니다. 대학에 입학할 때도 그렇습니다. 누구나 자신이 진학한 학교와 학과가 최선이라고 생각합니다. 하지만 시간이 지나면 왠지 후회되기 시작합니다. '다른 학교를 갔으면 어땠을까?', '재수를 했다면 어떻게 되었을까?', '다른 전공을 택했다면 더 좋지 않았을까?' 그런 마음이 드는 순간 현재의 학교와 학과에는 애정이 식기 시작하고, 관심도 사라지는 경험을 하기 쉽습니다.

회사도 마찬가지입니다. 막상 입사를 하고 보면 내가 생각했던 회사의 모습이 아닐 수 있습니다. 막연하게 회사란 곳은 어떤 곳이고, 난 어떤 일을 하게 될 거라고 상상했지만, 내가 들어간 곳이 기대와는 전혀 다르다고 느끼고 실망할 수 있습니다. '이 회사가 아닌 다른 회사에 갔어야 하는데', '이 부서가 아닌 다른 부서로 갔어야 하는데' 하는 후회도 하게 될 것입니다. 그런데 만약 그런 느낌을 받았다면 더 이상 그곳에서 열정을 불태우거나 성과를 내기가 쉽지는 않습니다.

혹시 여러분에게 그런 마음이 생긴다면, 일단 그곳에서의 업무에 익숙해질 때까지 한번 적응해보시기 바랍니다. 생각이 많아지면 오히려 힘들어질 수 있습니다. 빨리 판단하고 아니다 싶으면 다른 곳으로 움직이는 게 맞을 수도 있습니다. 그렇지만 그렇게 내린 판단이 틀릴 경우도 염두에 두어야 합니다. 제대로 된 판단을 내리기 위해서는 현재 업무에 적응하는 게 우선입니다.

일단 현재 수행하고 있는 업무에 적응할 때까지 아무 생각 없이 앞만 보고 달려보세요. 내가 우리 부서에서, 우리 회사에서 어느 정도 업무를 익히고, 시스템이 어떻게 돌아가는지 충분히 이해했다면 그때 결심해도 늦지 않습니다. 이곳이 내가 계속 있어야 할 곳인지, 아니면 지금 떠나야 하는 곳인지 그때 판단하면 됩니다. 만약 떠나기로 결정했다고 하더라도 서두를 필요는 없습니다. 우리는 이미 그동안 꾸준히 이력서를 업데이트해왔고 관심 있는 회사에 대한 공부를 해왔기 때문입니다. 지금까지 만들어놓은 관련 회사의 인맥을 활용해 이력서를 보내주기만 하면 되는 것입니다.

하지만 회사를 떠난다고 하더라도 그 회사에서의 경력은 내 이력서에 계속 남아 있게 된다는 걸 늘 명심하시기 바랍니다. 따라서 너무 짧은 기간 동안 근무하는 건 내 이력에서 약점이 될 수 있습니다. 그렇기 때문에, 적어도 2~3년은 그곳이 내 적성에 맞는 곳이 아니라고 하더라도 최선을 다해보시길 바랍니다. 다른 곳에 가더라도 어쩌면 현재 다니고 있는 곳보다 못한 환경의 직장이 있을 수 있고, 부족해 보이는 현재의 직장에서도 배울 점이 있다는 것을 발견하실 수 있을 겁니다.

가끔 입사한 지 얼마 되지 않은 직원들이 퇴사를 결심하고 저에게 면담을 요청하는 경우가 있습니다. 퇴사를 마음먹은 이유는 다양하지만, 자신이 기대했던 업무와 실제 하게 된 일이 달라서 퇴사를 결심했다고 하는 경우가 많습니다. 하지만 팀장인 제 입장에서 보면, 그 직원들은 아직 자신의 업무를 제대로 시작도 하지 않은 상태였습니다. 그저 주변 사람들의 이야기와 부서의 분위기만으로 너무 빠르게 판단을 내린 경우가 많았습니다.

이런 직원들의 이력서를 살펴보면, 대부분 한 직장에서 오래 머물지 못하고 여러 회사를 옮겨 다닌 경력이 눈에 띕니다. 이러한 경력을 가진 직원을 선호하는 회사는 많지 않다는 것을 꼭 알아야 합니다. 대부분의 회사는 안정적이고 지속적으로 회사와 함께 성장할 수 있는 직원을 원하기 때문입니다.

따라서 새로운 환경에서 일할 때는 조급하게 생각하지 말고, 시간을 갖고 적응하는 것이 중요합니다. 처음부터 완벽하게 잘 맞는 업무란 없습니다. 시간이 지나면서 회사와 업무에 익숙해지고, 동료들과의 관계가 형성되면서 보이지 않던 장점들이 드러나기도 합니다. 성급한 결정으로 인해 기회를 놓칠 수도 있다는 사실을 생각해보면, 조금 더 인내하고 상황을 지켜보는 것이 결국에는 더 나은 선택일 수 있습니다. 직장에서 받은 첫인상이 그곳의 모든 것을 말해주지 않는다는 사실을 기억하세요. 초반에 겪는 어려움은 성장하는 데 밑거름이 될 수 있습니다. 넓은 시야를 갖고 자신에게 주어진 기회를 최대한 활용해보세요. 어느새 자신도 모르게 성취감을 느끼며 부쩍 성장해 있는 스스로를 발견하게 될 것입니다.

입사하기 전이 회사에 대해서 가장 신중하고 치열하게 고민해야 하는 시기입니다. 입사를 결정하기 전 최대한 많이 알아보고, 나와 잘 맞는 회사일지 분석을 해봐야 합니다. 그리고 일단 입사를 결정하게 되면 최선을 다해서 그곳에서 살아남아야 합니다. 입사를 쉽게 결정하고 이곳저곳 옮겨 다니는 스타일의 사람일수록 퇴사도 빠르다는 것은, 그만큼 자신의 결정에 신중하지 못했다는 방증이기도 하기 때문입니다.

많은 구직자들이 여전히 '어떤 회사를 선택할까'보다는 '어떻게 입사할까'에 대해 더 많은 고민을 하는 것 같습니다. 물론, 아무리 좋은 회사를 고른들 그곳을 원하는 모두가 입사할 수 있는 것은 아닙니다. 직장생활은 우리 인생에서 적지 않은 부분을 차지합니다. 그런 만큼 신중함과 세심함이 필요합니다. 회사를 선택하고 나서 어떻게 입사할까를 고민해도 늦지 않다는 사실을 잊지 않았으면 합니다. 입사 후 이직을 고민하는 사람들을 만나보면, '좀 더 알아보고 입사할걸'이라며 후회하는 이들이 대다수입니다. 이 글을 읽고 계신 여러분께서는 그런 후회를 남기지 않기 위해, 입사 전에 내가 입사할 회사에 대해서 충분히 알아보고 신중하게 결정하시길 바랍니다.

회사를 선택하는 과정은 단순히 직장을 고르는 것이 아니라, 우리 삶의 방향을 정하는 중요한 순간입니다. 그 선택이 우리의 하루하루에, 우리의 성장에, 나아가 인생의 큰 그림을 그려나가는 데 어떤 영향을 미칠지를 깊이 생각해보았으면 합니다. 인생은 선택의 연속이고, 그 선택들이 모여 우리의 인생을 만들어갑니다. 그러니 인생이라는 캔버스가 후회와 아쉬움 대신 기쁨과 성취로 가득 차도록, 지금 이 순간에도 최선을 다해 회사를 선택했으면 합니다. 여러분의 멋진 여정을 응원합니다.

내 마음속 메모장

- 학교나 회사에 들어가보면 내가 생각했던 모습과 달라 실망을 하기 쉽다. 하지만 회사에 들어갔다면 아무리 그곳이 마음에 들지 않고 입사한 것이 후회된다고 해도, 일단 들어간 이상 그곳의 업무에 익숙해질 때까지만이라도 한번 참고 노력해보자.

- 업무 파악도 안 된 상태에서 실망하거나 포기하는 것은 이르다. 모든 업무를 파악하고 충분히 회사에 익숙해진 상태에서 결정을 내려도 늦지 않다.

- 입사 후 회사가 마음에 좀 들지 않는다고 회사를 쉽게 옮기면 경력에 크게 마이너스가 된다. 입사한 후에 후회하지 않기 위해서는 입사 전에 내가 들어갈 회사에 대해서 최대한 많이 알아보아야 한다.

2

힘든 시간을
견뎌야 하는 이유

대학생이 된 후 처음으로 찾아간 오래된 피트니스 클럽의 벽에 붙어 있는 이 문구를 보았습니다. "No Pain, No Gain." 운동하는 사람들 사이에서는 명언으로 통하는 말입니다. 이 문구가 인생 전반에도 적용된다는 사실을 나이가 들면서 점점 더 느끼게 됩니다.

그때 관장님이 하셨던 말씀이 기억납니다. "운동한 날 잠들 때 온몸이 쑤시는 근육통이 느껴지지 않는다면, 그날은 운동을 제대로 한 게 아니다." 마치 군대에서나 들을 법한 오싹한 말이었습니다. 비슷한 말씀을 하셨던 직장 사수도 떠오릅니다. "잠자리에서 오늘 한 일에 대한 고민이 떠오르지 않는다면, 제대로 일을 한 게 아니다." 이 말은 운동하느라 힘든 시간을 보내야만 몸에 근육이 붙는 것처럼, 일할 때 고민하고 노력해야 실력이 쌓인다는 의미였던 것 같습니다.

그 문구가 피트니스 클럽에서나 직장에서나 진리로 다가오는 이유는 똑같습니다. 땀과 고통 없이 성장은 없기 때문이지요. 운동을 마친 뒤의 뿌듯함처럼, 치열한 하루 끝에 찾아오는 성취감은 결국 우리를 더 단단하게 만들어줍니다. 그래서 우리는 오늘도 'No Pain, No Gain'을 되새기며, 더 나은 내일을 위해 노력하게 되는 것 아닐까요.

인생이라는 이름의 피트니스 클럽에서 열심히 노력하는 모든 분들께 이 말을 전하고 싶습니다. 힘든 시간을 견디며 자신의 꿈을 향해 나아가는 과정이 여러분을 더 강하고 멋지게 만들어줄 것입니다. 'No Pain, No Gain'은 우리가 우리 자신에게 건네는 격려이자, 끊임없이 도전하는 삶을 살아가라는 응원의 메시지입니다.

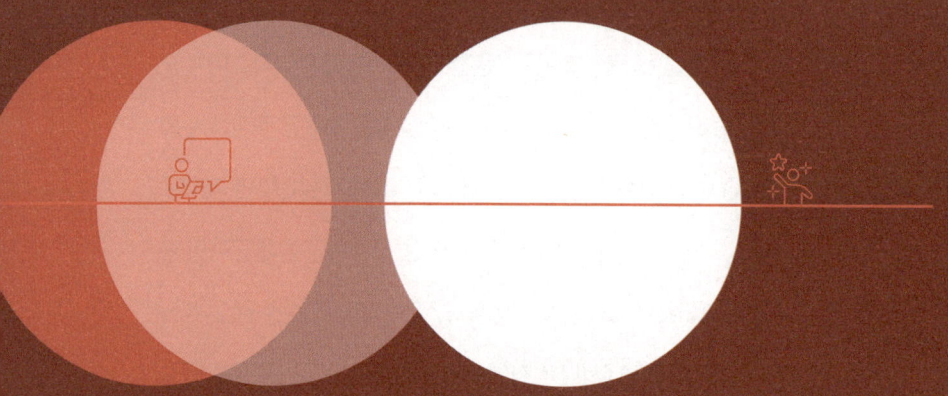

1
해결되는 고민, 해결되지 않는 고민

직장생활에 조금씩 연차가 쌓이고 소위 고참급 직원이나 관리자가 되면 후배들의 고민 상담을 자주 하게 됩니다. 직장은 다양한 사람들이 모여 정해진 시간 내에 끊임없이 주어지는 목표를 달성해야 하는 곳이다 보니 스트레스와 갈등이 일상입니다. 경쟁을 통해 살아남아야 하는 환경에서 고민이 없는 것은 오히려 이상하게 느껴질 정도니까요.

어떤 후배는 주어진 업무와 자신의 능력에 대한 고민을 이야기하고, 어떤 후배는 상사나 동료들과의 관계에 대한 고민을 이야기합니다. 또 어떤 후배는 자신의 미래에 대한 고민을 가져오기도 하고, 어떤 후배는 과거의 후회되는 경험에 대한 이야기를 하기도 합니다. 다양한 고민을 듣다 보면 제가 젊은 시절 품었던 고민과 비교하게 되기도 합니다. 생각해보면 그들의 고민은 크게 두 가지로 나누어지는 것 같습니다.

그것은 바로 해결할 수 있는 고민과 해결할 수 없는 고민입니다. 물론 직장에서의 고민은 마음만 먹는다면 대부분 해결 가능합니다. 정 해결이 어렵다면 회사를 떠나면 그만입니다. 하지만 고민거리 하나 때문에 경력을 수정해야 한다면 그건 너무 큰 손해라는 생각이 듭니다. 그럼 여기서 해결할 수 있는 고민과 해결할 수 없는 고민은 어떻게 구분해야 할까요?

해결할 수 있는 고민은, 내가 바뀌면 되는 문제들인 경우가 대부분입니다. 내가 바뀔 의지와 명분이 있다면 그건 대부분 해결이 가능한 고민입니다. 예를 들어 매일 아침 지각을 하는 게 고민이라면, 좀 일찍 일어나면 되는 것이고, 다이어트가 고민이라면 운동을 하고 식이요법을 꾸준히 실천하면 되는 것입니다. 의지로 충분히 해결이 가능하고, 누가 봐도 해야 할 이유가 충분하기 때문에 명분까지 있는 것이죠. 하지만 해결할 수 있음에도 불구하고 해결하고 싶지 않은 문제도 있을 수 있습니다. 내가 정말 싫어하는 상사나 선배에게 잘 보이기 위해 마음에도 없는 거짓 웃음을 지어야 하고, 무언가를 희생해야 한다면 그건 할 수 있다고 해도 하고 싶지가 않을 것입니다. 또 나는 해결하고 싶지만 도저히 해결이 안 되는 일도 있을 수 있습니다. 상사는 어떤 상황에서도 당황하지 않고 노련한 말솜씨로 고객을 감동시키는 발표를 하길 원하지만, 난 아무리 노력해도 고객 앞에만 서면 떨리고 말주변이 없어

감동을 주기는커녕 좋았던 분위기도 서먹하게 만들어버리고 마는 실수를 하는 것처럼요.

정리를 해보자면 첫 번째는 내가 노력하면 해결할 수 있고 해결하기 위해 노력할 만한 고민, 두 번째는 내가 노력하면 해결할 수도 있지만 절대 노력하고 싶지 않은 일에 대한 고민, 그리고 세 번째는 해결하고 싶지만 아무리 노력해도 해결할 수 없는 고민으로 구분해볼 수 있습니다. 여기서 저는 앞의 두 가지에 대해서는 일단 해결하고자 노력해보라고 권하고 싶고, 마지막 세 번째 고민에 대해서는 무리하게 해결하려고 할 필요가 없다고 말씀드리고 싶습니다.

이 글을 읽는 분들 중에 첫 번째 고민에 대한 조언에 이견을 가지는 분은 아마 없을 것입니다. 내가 노력해서 잘 풀릴 일이라면 당연히 최대한 노력하는 게 맞다고 생각하실 겁니다. 문제는 두 번째 고민입니다. 내가 할 수 있는 일이지만 마음이 가지 않아서 또는 자존심이 허락하지 않아서 절대 하고 싶지 않은 일까지 회사 일이라는 이유로 해야만 하는가 싶은 일입니다. 저는 그런 일조차 일단 해보시라고 조언을 드렸는데 이에 대해 이견을 가지거나 의문을 품는 분들이 있을 거라고 생각합니다. 물론 제 개인적인 생각이기 때문에 참고만 하시면 좋을 것 같습니다.

저는 직장생활이 인생의 전부라고는 생각하지 않습니다. 더 솔직하게 말씀드리자면, 직장생활은 돈을 벌기 위한 수단 정도라고 생각합니다. 다르게 표현해보자면 저는 직장생활을 하는 것은 연극배우가 배역을 맡는 것과 같다고 생각합니다. 마치 연극배우가 막이 오르면 무대에 올라가 자신이 맡은 역할을 수행하고, 막이 내리면 다시 일상으로 돌아가는 것과 비슷합니다. 내가 맡은 역할이 착하고 인자한 사람이라면 나는 무대에서 한없이 너그럽고 모든 걸 이해해주는 사람을 보여주면 되고, 내가 맡은 역할이 독하고 인정 없는 사람이라면 누가 봐도 매몰차고 차디찬 사람을 보여주면 됩니다. 선량한 역할을 맡았다고 해서 연극이 끝나고 돌아온 일상에서 내가 한없이 착한 사람일 필요도 없고, 무대에서 악역이었다고 해서 일상에서 내가 악한 사람으로 살아야 하는 것도 아니라는 것입니다.

직장에서의 내 역할이 내가 싫어하는 상사에게 비위를 맞추고, 하기 싫은 일을 하는 것이라면, 직장이라는 무대에서 막이 올랐을 때 무대에 올라가 그 역할을 충실히 한다고 해서 내 인생이 달라지는 것은 아니라고 생각합니다. 직장은 그저 무대이고, 직장에서 나는 연극배우이고, 연극이 끝나면 일상으로 돌아온다고 생각한다면 직장에서 자존심 상하고 기분 나쁜 일들은 훨씬 줄어들지도 모릅니다.

이 말은 직장에서의 나와 직장 밖에서의 나를 분리해서 생각하고 사는 게 낫다는 뜻입니다. 물론 그렇게 가정하고 싶어도 분리가 안 될 뿐만 아니라 하루하루가 힘들어 도저히 참기 어려울 수 있습니다. 하지만 직장생활에서 대부분의 어려움은 사실 그리 오래가지 않습니다. 정말 나쁜 상사라면 그 사람은 나쁜 아니라 다른 사람에게도 그런 상사일 가능성이 높고, 제대로 된 회사라면 그런 사람을 그 자리에 오래 두는 경우는 없기 때문입니다. 처음엔 정말 말도 안 되는 일을 나 혼자 당하는 것 같지만, 알고 보면 그 상사는 원래 누구에게나 그런 사람이었고, 머지않아 회사는 그러한 사실을 알게 되고 조치를 취할 것입니다. 따라서 힘들고 자존심이 상한다고 그냥 포기해버리지는 말자는 것입니다. 나는 불운한 주인공 역할을 맡은 연극배우다'라고 생각하고 조금만 버텨보세요. 앞서 말했듯 제대로 된 회사라면 분명 그리 오랜 시간이 지나지 않아 인사 조치를 취할 것이기 때문입니다.

주변에서 이렇게 인성에 문제가 있는 상사나 동료 때문에 골머리를 앓다가 결국 퇴사를 해버리는 사람들을 본 적이 있습니다. 본인은 아무 잘못이 없는데도 자신을 괴롭게 하는 사람들 때문에 스스로를 자책하며 자신감을 잃고 결국 회사를 떠나는 사람들을 보면서 조금만 더 참아보라고 설득하지 못한 것이 후회됩니다. 그런 일은 계속되지 않고 결국 언젠가 끝나기 때문입니다. 그런 일이 생긴다면 주변 사람들에게 알리고, 나에게는 아무 문제가 없다는 사실을 되새기며 자신감을 가져야 합니다. 앞에서도 말씀드렸지만 결국 이런 문제는 시간이 해결해주는 경우가 대부분이기 때문입니다.

세 번째로 넘어가서 내가 아무리 노력해도 원천적으로 해결이 불가능한 고민도 있을 수 있습니다. 정말 해결하고 싶지만 절대 해결이 안 되는 고민이라면, 거기에 매달려 에너지를 소비하지 마시라고 권하고 싶습니다. 살아보니 결국 안 되는 건 안 되는 거라는 걸 알게 되었습니다. 그러니 해도 안 되는 일에 스트레스받지 말고, 시간과 노력을 쏟

앉을 때 내가 잘할 수 있는 일에 더 몰두하라고 말씀드리고 싶습니다. 만약 현재 겪고 있는 문제 때문에 현재 부서나 회사에서 더 이상 성장할 수 없다면 심각하게 이직을 고려하시기 바랍니다. 그런 상황은 마치 토끼들만 있는 회사에 물고기가 입사해서 수영이 아닌 뜀뛰기로 경쟁을 하는 것과 마찬가지일 수 있기 때문입니다. 물고기는 아무리 노력해도 뜀뛰기에서 토끼를 이길 수 없습니다. 내가 토끼가 아니고 물고기라면, 수영으로 경쟁을 하는 곳에 가야 내 가치를 인정받을 수 있습니다.

직장생활과 인생은 어찌 보면 비슷한 것 같습니다. 어떤 문제가 생겼을 때 그 문제에 너무 빠지다 보면 가끔 문제의 본질을 놓치는 경우가 있습니다. 이 문제가 왜 생겼고, 이 문제를 해결하는 근본적인 방법이 무엇일까를 생각하기보다는 당장 이 문제를 어떻게 회피하고, 이 문제에서 어떻게 하면 빨리 빠져나갈 수 있을까에만 집중하게 되는 경우가 많습니다. 문제가 생겼을 때 근본적인 해결책을 찾기 위해서는 항상 본질에 집중해야 하는 것 같습니다. 당장 마음이 급하고 스트레스가 쌓여 문제에서 벗어나고 싶겠지만 그럴 때일수록 침착해야 합니다. 여러 가지 방향으로 생각을 정리하다 보면 쉽게 문제가 해결될 때도 있기 때문입니다. 그리고 이렇게 문제의 본질을 파악하고 해결했다면 다음에 비슷한 문제를 만나도 쉽게 해결이 가능하다는 것도 장점입니다.

혼자 힘으로 문제를 해결하려고 하기보다는 주변의 도움을 받는 것도 좋습니다. 그러려면 내 주변에 믿을 만한 사람이 있어야 합니다. 평소 주변에 자신을 도와줄 사람을 만들어두는 것은 그래서 중요합니다. 지금부터라도 주변에 나를 도와줄 상사, 동료, 후배를 만들어보시기 바랍니다. 나보다 높은 직급에서 나를 객관적으로 바라보고 조언을 해줄 수 있는 상사, 나와 같은 레벨에서 나를 지켜봐주고 도움을 줄 수 있는 동료, 그리고 후배의 자리에서 선배인 나를 평가해주고 가감 없이 피드백을 줄 수 있는 후배가 있다면 아마 직장생활에서 훨씬 더 큰 힘을 얻을 수 있을 것입니다.

정리해보자면 어차피 직장생활에서의 고민은 나와 떨어지려야 떨어질 수 없는 동반자 같은 관계라고 생각하셨으면 합니다. 하지만 고민을 해결하는 방식은 그 고민의 성격에 따라 달라질 수 있다는 걸 기억하시기 바랍니다. 그리고 단순히 문제에서 빨리 빠져나오려고 하기보다는 그 문제의 핵심과 문제가 발생한 근본적인 원인을 파악하는 습관을 가져보시면 좋겠습니다. 이렇게 고민을 다루다 보면 이와 비슷한 일에서도 훨씬 더 능숙한 문제 해결 능력을 갖게 되실 거라 단언합니다.

내 마음속 메모장

- 직장에서의 고민은 내가 노력하면 해결되는 고민과 아무리 노력해도 해결되지 않는 고민이 있다.

- 내가 노력해서 해결되는 고민이 있다면 일단 노력해보자. 명분이 없고 자존심이 좀 상하는 일이라고 하더라도 해결해보고 그다음에 생각해도 늦지 않는다.

- 회사에서의 나는 주어진 배역을 맡은 배우라고 생각하자. 나의 역할이 정해져 있다면 역할에 따라 어떤 행동을 하든 자존심이 상할 필요는 없다. 어차피 결말은 해피엔딩이라고 생각하고 일단 도전해보자.

- 아무리 노력해도 안 되는 일이 있다. 그런 일에는 애써 매달릴 필요가 없다. 자신감을 잃기 전에 내가 노력했을 때 성과가 나오는 다른 일을 찾아야 한다.

- 문제가 생겼을 때 단순히 그 문제에서 빨리 빠져나오려는 생각만 하지 말고 그 문제의 핵심과 문제의 근본적인 원인을 파악하는 습관을 들이자. 같은 문제가 다시 일어나지 않을 수 있게 해준다.

2
누구나 시작할 땐 멋진 계획이 있다

Everyone has a plan, until they get punched in the mouth.

위 문장을 우리말로 번역해보면 "누구나 그럴싸한 계획이 있다. 한 대 얻어맞기 전까지는" 정도일 것입니다. 이 말은 권투 선수 마이크 타이슨이 인터뷰에서 했다는 유명한 말입니다. 계획대로 모든 일이 이루어질 거라 기대하면 실패를 경험하게 되는 경우가 더 많지요. 예전에 본 「괴물」이라는 영화에서 송강호의 대사도 비슷한 맥락이었던 것 같습니다.

아들아, 절대 실패하지 않는 계획이 뭔지 아니?
무계획이야. 노 플랜.

그냥 계획하면 반드시 계획대로 안 되거든.
인생이 애초부터 계획이 없으니까 뭔 일이 터져도 상관없지.
이 많은 사람들이 '체육관 바닥에서 잡시다' 하고 계획했겠니?
그런데 이렇게 마룻바닥에 누워 있잖아.
그러니까 사람은 계획이 없어야 해.

하지만 우리에게 목표가 생겼을 때 이를 달성하기 위한 계획이 필요한 건 사실입니다. 송강호는 「괴물」이라는 영화에서 무계획이 최고라고 주장했지만, 이후 「기생충」이라는 영화에서 다시 아들에게 이렇게 이야기합니다.

아들아, 역시 너는 계획이 다 있구나?

그리고 이렇게 계획에 대한 생각이 바뀐 송강호는 이 영화로 칸에서 남우주연상을 받게 됩니다. 역시 그에게도 계획이 다 있었나 봅니다. 이토록 중요한 계획은 사실 수립하는 것도 중요하지만 그 계획을 실천하는 것이 무엇보다도 중요합니다. 다시 정리해보자면 계획은 그 자체보다는 실행함으로써 완성시켜야 비로소 그 의미를 갖습니다. 따라서 계획을 세울 때는 계획을 어떻게 완수할지를 반드시 계획에 포함시켜야 한다는 것입니다.

실패하는 사람들은 계획을 완수하는 것보다 그저 멋져 보이는 계획을 세우는 데 골몰합니다. 어떤 만화에서 본 적이 있는, 나무 한 그루를 심고 매일 그 나무를 뛰어넘다 보면 그 나무가 20미터 넘게 자랐을 때도 계속 그 나무를 뛰어넘을 수 있을 거라는 상상처럼 말입니다. 어렸을 때 본 그 만화 속의 계획은 당시에는 그럴듯해 보였지만 지금 생각해보면 애초에 달성이 불가능했습니다. 그것은 마치 연초부터 매일 팔굽혀펴기를 하려고 하는데 한 개씩 개수를 늘려서 연말에는 한꺼번에 팔굽혀펴기 365개를 하겠다는 목표와 같은 것입니다(물론 이런 어려운 계획을 달성하는 사람도 있을 수 있겠지만, 그런 사람이 '우리'가 될 확률이 높지는 않을 것입니다). 이렇게 계획을 세울 때 이 계획을 어떻게 달성할 거라는 생각 없이 그저 계획을 위한 계획을 세운다면 늘 실패를 경험할 수밖에 없습니다.

지인 한 분으로부터 자신이 지금까지 어떻게 계획을 세우고 어떻게 실천해오고 있는지에 대한 이야기를 들은 적이 있습니다. 그분은 앞으로 10년 후에 달성할 목표를 세우고, 그 목표를 달성하기 위해 매년 지켜야 할 목표를 세우고, 매년 그해의 목표를 달성하기 위한 세부 계획을 또 세운다고 했습니다. 그래서 매년 연말에는 내년 목표를 달성하기 위한 계획을 월별로 나누고, 다시 주간으로 나눈다고 했습니다. 그분이 보여준 연간 계획표를 보면서 저는 잠시 멍해졌습니다. '아… 이렇게 계획을 세우고 실천하는 사람도 있구나….'

그분의 그런 철저한 계획은 이미 십수 년간 이어온 습관이었고, 이를 통해 그분은 이미 많은 목표를 달성하고 있었습니다. 그 정도로 계획을 세우고 실천하는 것은 쉽지 않다고 생각합니다. 이렇게 철저하게 인생을 살아가는 분이 있는데 내가 그동안 너무 쉽게 계획이라는 걸 세우려고 했구나 하고 반성하는 마음이 생긴 것이 사실입니다. 타이슨이 한 말처럼 계획이 그냥 계획으로 끝난다면 날아오는 주먹을 피할 수는 없을 것입니다. 하지만 그 계획에 실천이 따른다면 분명 상대방의 주먹 한 방에 나가떨어지는 건 피할 수 있을지도 모릅니다.

직장생활을 하다 보면 내가 원하든 원하지 않든 수많은 계획을 세우게 됩니다. 그러나 이때 그저 계획을 위한 계획을 세우는 사람과 실제로 목표를 완수하기 위한 계획을 세우는 사람은 분명 그 끝이 다를 거라고 생각합니다. 물론 어떤 경우에는 무계획이 오히려 나을 수도 있겠지만, 내가 세운 계획이 달성된다는 전제가 있다면 분명 계획은 우리에게 원하는 결과를 가져다줄 것입니다.

저는 지금 직장생활을 하는 후배님들께 가능한 한 많은 계획을 세워보라고 말씀드리고 싶습니다. 너무 거창한 계획이 아니어도 좋습니다. 아침에 10분 일찍 일어나 맨손체조를 한다는 것도 좋고, 일주일에 한 번 부모님께 안부 전화를 드린다는 것도 좋고, 한 달에 한 권씩 책을 읽는다는 계획도 좋습니다. 이런 작은 목표들이 생기고, 그것들이 달성되면서 조금씩 바뀌어가는 스스로를 발견할 수 있을 것입니다. 그러면 그에 따라 조금 더 큰 목표가 생기고, 또 이를 달성하기 위한 계획이 세워질 것입니다. 목표와 계획 수립, 그리고 점진적인 실천과 실천의 완성을 경험하면서 점점 업그레이드 되어가는 스스로를 발견하게 된다면 가장 좋은 일일 겁니다. 그러니 일단 계획을 세우는 것 자체만으로 여러분은 이미 인생에서 일종의 성공을 경험한 것입니다.

예전에 유행했던 광고 문구가 생각납니다. "작은 차이가 명품을 만듭니다." 사소해 보이는 계획을 세우고 날마다 그것을 찬찬히 실천하기 시작하는 사람이 있고, 크고 거창한 목표를 세우고 아무것도 하지 않는 사람이 있다고 쳐봅시다. 두 사람의 차이는 처음엔 그렇게 크지 않습니다. 하지만 세월이 흐른 후, 두 사람은 다른 삶을 살게 될 거라 확신합니다. 아주 작은 차이가 성공과 실패를 가른다는 사실을 기억하시고 오늘부터라도 그 작은 차이를 만들기 위한 계획을 세워보면 어떨까요?

여러분의 성공을 기원합니다.

내 마음속 메모장

- 계획은 계획만으로는 큰 의미가 없다. 계획은 그 계획이 완성됨으로써 의미를 갖는 것이다. 실패하는 사람은 계획을 완수하는 것을 고려하지 않고 그저 계획을 위한 계획을 세우기 때문에 실패한다.
- 계획을 세울 때는 반드시 어떻게 실천할 것인지를 계획에 포함해야 한다.
- 가능한 한 많은 계획들을 세워보자. 작은 계획을 세우고, 그 계획대로 수행하면서 더 큰 계획을 세우고, 또 실천하는 방법을 활용해보자.

3
오늘을 위해 살 것인가?
내일을 위해 살 것인가?

> 니들은 내일만 보고 살지?
> 내일만 사는 놈은, 오늘만 사는 놈한테 죽는다.
> 나는 오늘만 산다.

그 유명한 「아저씨」라는 영화에서 원빈의 대사입니다. 「아저씨」는 딸처럼 아꼈던 소미를 납치한 악당들에게 아저씨로 분한 원빈이 복수를 하는 내용입니다. 오늘만 사는 아저씨 원빈은 두려운 것도, 잃을 것도 없기 때문에 무엇이든 할 수 있을 것 같았기에 저런 말을 했을 것입니다. 누군가와 대결할 때 오늘만 사는 사람을 이긴다는 건 쉽지 않은 것이 사실입니다.

'破釜沈舟(파부침주)'라는 고사성어도 비슷한 의미입니다. 초한지에 나오는 항우가 진나라 군대와 싸우기 전에 파부, 즉 가마솥을 깨트려 더 이상 먹지 않을 각오를 하고, 침주, 즉 배를 침몰시켜 전투에서 지더라도 후퇴하지 않겠다는 각오로 싸운다는 이야기에서 비롯한 말로, 전투에 있어 승리하지 못하면 죽는다는 각오로 싸운다는 의미입니다. 어찌 보면 원빈이 말한 것처럼 "오늘만 사는" 항우의 군사들에게 진나라가 크게 패했다고 볼 수 있습니다.

이처럼 내일은 없다는 생각으로 오늘을 위해 전력투구하는 것은 오늘 있을 전투에서 승리하는 데 큰 강점으로 작용할 수밖에 없습니다. 그저 현재에 집중할 수 있기 때문입니다. 과거도 미래도 생각하지 않고 현재에만 집중해서 산다면 오늘 하루 최선을 다할 수 있고 후회 없는 날을 보낼 수 있겠지요.

물론 직장생활에서도 오늘만 산다는 마음가짐이 더 낫게 작용할 때가 있을 수 있습니다. 해결하기 어렵거나 정말 중요한 문제를 빠듯한 기한 내에 완수해야 할 때에는 내일을 생각하지 않고 오늘만 생각하며 임할 수도 있습니다. 그렇지만 전에 말씀드린 대로 직장생활이 여러분의 인생 전체가 될 수는 없습니다. 따라서 아무리 중요한 일이라고 하더라도 그것에 여러분의 모든 것을 바칠 필요는 없습니다. 여러분은 오늘만 사는 게 아니기 때문입니다.

그래서 저는 직장생활을 하는 후배님들에게 내일을 위해 살아달라고 조언하고 싶습니다. 가끔 회사는 의도적이든 아니든 여러분에게 주인의식을 강조하고, 회사를 위해 온몸을 던지는 것이 필요하다고 이야기할지도 모릅니다. 하지만 그런 말을 들었다고 해서 회사를 위해 내 삶을 희생하겠다는 생각을 하거나 미래를 고려하지 않고 내 에너지를 모조리 회사에 쏟아붓겠다는 생각을 할 필요는 없습니다. 시간이 지나고 보면 이렇게 오늘만 사는 사람들은 오히려 회사에서 길게 가는 경우가 많지 않기 때문입니다.

어떤 프로젝트가 너무 중요하기 때문에 내가 몸이 좋지 않음에도 프로젝트에 참여해서 몇 달간 무리하며 일했다고 가정해보겠습니다. 결과적으로 프로젝트는 성공했지만 나는 몸이 아파 병가를 내야 하는 상황이 올 수 있습니다. 회사는 처음에는 충분히 휴식을 취하라고 시간을 줄 수 있겠지만, 병가가 길어지거나 그 이후 건강에 문제가 생겨 업무를 수행하는 데 계속 영향을 준다면 그런 사정을 계속 이해해줄 회사는 많지 않을 것입니다. 그건 이 회사에 문제가 있어서가 아닙니다. 대부분의 회사에는 중요한 업무가 계속 있습니다. 그렇기 때문에 업무를 수행한 후 아파서 누워 있는 직원을 언제까지나 기다려줄 수 없습니다.

업무뿐만이 아닙니다. 예를 들어 내가 현재 회사에 아주 만족하고 좋은 대우를 받고 다니고 있는데 갑자기 헤드헌터에게 연락이 와서 다른 회사로의 이직을 제안받는 경우도 있을 수 있습니다. 이때 어떤 사람은 그 헤드헌터를 마치 잡상인처럼 대하는 경우가 있습니다. 나는 이직할 마음도 없는데 누군지도 모르는 사람에게 자꾸 전화가 오니 짜증이 날 수도 있을 것입니다. 하지만 우리는 오늘만 살지 않습니다. 내일 당장 무슨 일이 일어날지 모릅니다. 따라서 현재 이직을 할 생각이 전혀 없다고 해도 이런 연락이 왔을 때는 가급적 헤드헌터를 만나보고, 현재 상황에 대해서 들어보고, 어떤 경로를 통해서 나에게 연락이 왔는지, 그리고 구인을 하고 있는 회사가 어떤 곳이고 어떤 역할을 할 사람을 찾고 있는지에 대해서 알아두는 게 좋습니다. 아울러 이런 기회에 헤드헌터를 한 명쯤 알아두는 것도 미래에 큰 도움이 됩니다. 지금 당장은 아쉬울 게 없을지도 모릅니다. 그러나 당장 내가 바쁘고 관심 없다고 아무것도 알아보지 않는 것은 결코 미래를 위한 행동이라고 볼 수 없습니다.

일상 업무에서도 마찬가지입니다. 내가 하는 업무의 양이 100이라고 한다면, 이 중 20 정도는 미래를 위해 투자해야 합니다. 단순히 현재 수행하고 있는 업무에만 내 모든 역량을 쏟는다면 나는 더 이상 발전이 없을 것이기 때문입니다. 가끔 후배 직원들을 보면 하루 종일 본인의 업무에서 빠져나오지 못하는 직원들이 있습니다. 물론 일이 많아서 그럴 수 있습니다. 아침부터 저녁까지 모든 시간을 투자해도 일이 도무지 끝나지 않아서 그럴 수도 있습니다. 하지만 이럴 때일수록 내 시간의 일부는 미래를 위해 투자해야 합니다. 사실 냉정하게 보면 시간이 부족하다기보다는 마음의 여유가 없기 때문에 시간을 낼 수 없는 경우가 많습니다. 눈코 뜰 새 없이 바쁜 하루하루를 살면서 여유를 찾는다는 것이 말처럼 쉽지 않더라도 이것은 선택이 아닌 필수입니다. 평소에 100만큼의 역량을 발휘할 수 있다면 그중 20만큼은 미래를 위한 공부도 하고, 미래를 위한 운동도 하고, 미래를 위한 휴식도 해야 나의 가치가 오래 지속될 수 있습니다. 내가 지금 가지고 있는 모든 역량을 다 소비해버리고 산화해버리지는 말자는 것입니다.

번아웃(burn out) 증후군이라는 말을 들어보셨을 것입니다. 많은 직장인들이 번아웃 증후군을 겪습니다. 특히 요즘은 업무 환경이 유연해지면서 공간과 시간의 제약을 받지 않게 되었습니다. 언제 어디서나 업무가 가능해지다 보니 하루 종일 업무에서 벗어나지 못하는 사람들이 많아졌고요. 그러다 보니 직장인들 사이에서 이런 증상이 부쩍 많이 나타나고 있는 것 같습니다. 누구보다도 뛰어난 업무 실적을 보이고 회사에 특별히 불만도 없던 직원이 어느 날 갑자기 번아웃을 호소하며 회사를 떠나는 것을 보면서 안타까울 때가 한두 번이 아니었습니다.

누군가 이야기했듯 직장생활은 마라톤이고, 인생은 그보다 긴 울트라 마라톤입니다. 하루하루를 단거리 달리듯이 뛸 수는 없습니다. 어느 정도는 체력을 아끼고 에너지를 아껴두어야 오래 달릴 수 있고, 예상치 못한 일에 대처할 수 있습니다. 어차피 내일도 하루만 지나면 오늘이 된다는 것을 기억하시고, 내일을 위해 내가 가진 것을 투자한다는 마음으로 임한다면 힘든 일에도 조금 더 유연하게 대응할 수 있고, 쉽게 지치지 않을 것이라고 생각합니다.

영화 「아저씨」에서 원빈은 소미를 위해 오늘만 살았지만, 현실, 특히 직장에서 우리는 오늘보다는 내일을 생각하고, 내 역량의 일부는 꼭 아껴뒀다 내일을 위해 투자하자고 조언해드리고 싶습니다. 우리의 삶은 영화가 아니니까요. ^^

내 마음속 메모장

- 아저씨는 오늘만 살았지만 직장인들은 내일을 생각하면서 살아야 한다. 오늘만을 위해 살지 말고 내일을 대비하자.

- 주어진 시간을 모두 지금 하는 일에 쏟지 말자. 80은 지금 하는 일에, 나머지 20은 미래를 준비하는 데 투자하자.

- 회사 일 하다가 아프면 나만 손해다.
아무리 회사 일이 중요해도 내 건강은 챙겨가면서 일하자.

4
실패에 대응하는 자세

누구에게나 실패한 경험은 있습니다. 지금 한창 성공 가도를 달리고 있고, 한 번도 실패한 적이 없을 것 같은 잘나가는 이사님도, 성공한 CEO도, 그 어떤 입지전적인 인물들도 실패를 경험하지 않고 그 자리까지 올라가지는 못했을 것입니다. 어쩌면 오히려 실패를 충분히 겪어봤기 때문에 지금 성공한 사람의 자리에 올라가 있을지도 모릅니다.

그렇다면 왜 누군가는 실패를 기반 삼아 성공을 거두고, 또 누군가는 실패한 다음 더 큰 실패를 겪는 걸까요? 그건 아마도 실패를 만났을 때 그것에 대응하는 자세부터 달랐기 때문일 것입니다. 성공하는 사람은 실패를 만났을 때 배우려고 합니다. 내가 왜 실패를 했는가에 대해서 냉정하게 분석하고, 이번 도전에서 어떤 문제가 있었고, 이런 실패를 반복하지 않으려면 어떤 노력을 해야 하는지를 고민합니다. 그리고 고민에서 그치지 않고 이를 통해 스스로에 대한 변화를 선택합니다. 따라서 한번 실패하더라도 그다음엔 같은 실패를 하지 않게 되고, 성공이라는 길로 나아갈 수 있게 되는 것입니다. 하지만 실패에 실패를 거듭하는 사람은 실패를 만났을 때 스스로를 자책하고 낙담하면서도 실패로부터 배우려고 하거나 변화를 택하지 않습니다. 실패에 실망하기는 하지만 실패의 원인이 스스로에 있다기보다는 주변 환경에 있다고 생각하거나 단순히 운이 나빠서 그렇게 되었다고 생각합니다. 그래서 더욱 자포자기하게 되는 것입니다.

실패한 사람에게 물어봅니다. "정말 당신은 절실하게 성공을 원했나요?" 만약 그 질문에 "정말 절실했다"라고 답한다면, 그리고 그렇게 절실했는데도 불구하고 실패하고 말았다고 이야기한다면, 그 원인은 둘 중 하나일 확률이 높습니다. 첫 번째는 방법이 잘못된 것입니다. 너무나 절실했지만 목표까지 가는 방법이 잘못되었기 때문에 실패했다고 볼 수 있습니다. 따라서 만약 이다음에 성공을 하고 싶다면 방법을 바꾸어야 합니다. 하지만 만약 그 사람이 선택한 방법이 잘못된 것이 아니었다면, 두 번째 원인은 결국 목표가 잘못된 것이라고밖에 볼 수 없습니다. 다시 말해 내 능력과 내 적성으로는 이룰 수 없는 목표를 잡은 것이겠지요. 정말 절실했고, 그래서 최선을 다했고, 방법도 틀리지 않았는데 실패했다면, 그건 내 능력이 부족한 것이고, 내 적성에 맞지 않는 것이라는 의미입니다. 만약 이런 결론이 나왔다면 다시 도전을 해 볼 필요조차 없습니다. 목표를 바꾸어야 한다는 결론이 나왔기 때문입니다. 이 결론이 그 목표를 꼭 성공시키고 싶어 하는 도전자에게는 너무 가혹하게 들릴지도 모르지만 어쩌면 지금이라도 목표를 바꾸는 게 더 나은 선택일 수 있습니다.

우리 인생에서 첫 번째로 만나는 가장 큰 시험은 아마도 수능 시험이 아닐까 합니다. 수능을 통해 대학이 결정되고, 대학이 결정되는 것과 함께 앞으로의 인생이 결정된다고 믿기 때문에 우리는 중학교, 아니 초등학교 때부터 그렇게 많이 공부를 하고 있는지도 모릅니다. 이렇게 중요한 수능에서 원하는 결과를 얻지 못했을 때 많은 학생들은 재수를 선택합니다. 하지만 통계적으로 봤을 때 재수를 통해 점수가 월등하게 올라가 원하는 대학에 진학할 확률은 그리 높지 않다고 합니다. 일년 내내 수능 준비만 했는데도 수능 점수는 비슷하게 나오거나 오히려 떨어지는 경우도 있다고 합니다. 왜 이런 결과가 나올까요?

절실함에 있어 큰 변화가 없었다고 가정했을 때, 같은 사람이 같은 방법으로 같은 목표에 도전했을 때 그 결과는 크게 차이가 나지 않기 때문입니다. 따라서 결과에 큰 차이를 만들기 위해서는 도전하는 사람과 그 목표가 달라지지 않는다는 가정하에 절실함에서 큰 차이를 만들거나 방법이 달라지는 수밖에는 없다는 걸 알 수 있습니다. 즉 같은 사람이 같은 목표에 또 한 번 도전한다면 방법이 바뀌거나 절실함이 커져야 결과가 달라진다는 의미입니다.

하지만 우리는 지금도 이 단순한 이치를 깨닫지 못하고 사는 것 같습니다. 저 역시 살면서 수많은 도전을 해보았고, 그 도전에서 성공과 실패를 거듭하면서 살고 있지만, 한번 실패한 목표에 다시 도전할 때, 저 스스로 도전하는 자세를 변화시키거나 도전하는 방법을 획기적으로 바꾸려고 시도해본 적이 별로 없었던 것 같습니다. 그저 '이번엔 운이 나빴으니 다음번엔 되겠지' 하는 마음이었고, 같은 방식으로 한번 더 도전한 적이 많았습니다. 물론 그러다 운 좋게 목표를 이룬 경우도 있었지만 그건 말 그대로 운이 좋아서였습니다. 정말 꼭 성공이 필요한 순간에는 이렇게 운에 기대는 방식은 위험할 수밖에 없습니다.

80점이 커트라인인 시험에 이번에 79점을 맞아 탈락했다고 가정해 보겠습니다. 다음에 1점만큼만 더 노력하면 합격이 가능할까요? 답은 '아닐 수도 있다'입니다. 내가 받은 79점은 사실 운으로 얻은 점수일 수도 있습니다. 거기엔 내 실력 이상으로 받은 점수도 포함되어 있을 수 있기 때문입니다. 만약 정말 1만큼 더해서 점수를 1점 올렸지만 이번 시험에서는 운으로 받은 점수가 없어 다시 79점으로 탈락한다면 어떨까요?

따라서 항상 목표는 내가 원하는 것보다 훨씬 위에 두는 것이 좋습니다. 만약 내 목표가 99점이라면 어떨까요? 지금까지 80점을 넘기기 위해 노력했던 방식으로는 99점을 달성하지 못할 것입니다. 따라서 지금까지 유지해왔던 공부하는 방법도 바꾸어야 하고, 공부하는 시간도 더 늘려야 하겠지요. 그렇게 99점을 목표로 달린다면 80점을 목표로 했을 때보다 합격할 확률이 훨씬 더 높아질 것이라는 건 말씀드리지 않아도 아시겠지요.

누구나 실패할 수 있습니다. 하지만 똑같이 실패를 겪었다고 해도 실패를 통해 성공을 쟁취하는 사람과 좌절해 주저앉는 사람이 있습니다. 지금도, 앞으로도 우리는 그 두 사람 중 한 사람이 될 것입니다. 실패를 제대로 바라볼 수만 있다면, 실패로 인해 내가 변화할 수만 있다면 분명 그 실패는 나에게 약이 될 것입니다. 나에게 약이 된 실패는 분명 다음 성공을 위한 힘이 되어 돌아올 것입니다. 지금 여러분이 실패와 만났다면 그 실패를 약으로 만들기 위해 노력해보시면 좋겠습니다. 실패를 애써 외면하려고 하거나 실패의 원인을 주위의 탓으로 돌린다거나, 실패에 낙담하지 마시고 성공을 위한 특효약을 만들 수 있는 기회가 왔다고 생각해보시기 바랍니다. 그리고 냉정하게 그 실패를 받아들이고 변화를 택해보십시오.

여러분이 실패를 만났을 때 외면하거나 낙담하지 않고, 이를 발전의 기회로 만들려고 노력하는 순간, 분명 그 실패는 여러분에게 큰 성공을 가져다줄 것입니다.

내 마음속 메모장

- 살면서 누구나 실패를 만나지만 이 실패에 어떻게 대응하느냐에 따라 다음번에 성공할 수도, 실패할 수도 있다.

- 정말 절실하게 원했는데도 도전에 실패했다면, 그 이유는 두 가지 중 하나이다. 도전 방법이 잘못되었거나 목표 자체가 잘못되었기 때문이다. 만약 방법에 문제가 없었다면 목표가 잘못된 것이다.

- 같은 사람이, 같은 방법으로, 같은 목표에 도전한다면 그 결과는 같을 수밖에 없다. 결과를 바꾸기 위해서는 도전 방법을 바꾸거나 더 절실해져야 한다.

- 실패를 만났을 때 그 실패에 낙담하거나 실망하지 않고, 다음번 성공을 위한 약으로 받아들일 수 있다면 그 실패는 분명 나중에 성공이라는 결과를 가져다준다.

3
신입사원이 지켜야 할 것들

누구나 신입 시절이 있습니다. 지금 여러분 앞에 계시는, 산전수전 다 겪고 모든 업무에 능통하신 부장님이나 심지어 회사를 이끌고 계신 사장님, 회장님도 신입사원 시절은 있었습니다. 물론 일부 회장님의 경우는 잘 모르겠습니다.^^

신입 시절은 직장생활 중 월급도 가장 적고 업무도 가장 단순하며 존재감도 제일 없는 조무래기 시절이다 보니 사실 여기저기 불려 다니며 혼나고 실수하는 일이 잦을 수밖에 없습니다. 내가 앞장서서 업무를 추진하기보다는 누군가의 보조로서 역할을 수행할 수밖에 없는 시기이기도 합니다. 물론 요즘 MZ 세대들의 경우에는 조금 다른 생각을 가지고 있을지도 모르지만요. 허나 결국 회사의 주요 결정권자들은 MZ 세대가 아니기 때문에 대부분의 회사에서 신입사원에게 요구되는 역할과 그들에 대한 기대치는 비슷비슷하다고 볼 수 있습니다. 이미 고참이 되어버린, 소위 고인 물 입장에서 보면 신입사원에 대한 생각은 크게 두 가지로 나뉘게 됩니다.

하나는 신입사원의 장점이라고 볼 수 있는 신선함에 대한 기대입니다. 신입사원이 회사에 들어와 사내 분위기를 조금 더 밝고 새롭게 해줄 수 있고, 지금까지 답습해오던 여러 가지 업무 방식을 좀 더 색다른 시각으로 바라보고 개선할 수 있는 아이디어를 줄 수 있을 것이라고, 또 선배들에게도 활력을 불어넣어줄 수 있을 거라고 생각합니다.

두 번째는 업무 증가에 대한 우려입니다. 신입사원이 들어오게 되면 바로 사수(mentor)가 정해지고 사수는 신입사원에게 하나부터 열까지 업무를 가르쳐야 합니다. 물론 대기업의 경우 연수 프로그램이 따로 있긴 하지만, 연수를 받았다고 업무를 다 파악할 수는 없기 때문에 사수는 자기의 업무 외에도 신입사원들에게 부서 업무에 대한 교육을 따로 해야 하고, 이들이 회사에 적응할 수 있도록 관리해야 합니다. 이는 업무뿐 아니라 회사의 문화나 부서의 분위기에 신입사원이 적응하도록 돕는 것도 포함되기 때문에, 가끔 신입사원이 들어오는 것을 부담스러워하는 직원들도 있습니다. 또 겨우 어느 정도 교육을 시키고 업무에 익숙해진 시점에서 회사를 떠나겠다는 신입사원도 생기곤 합니다. 그런 이유로 신입을 받아서 시간 들여 교육시키고, 쓸 만하면 떠나버리는 경우를 피하기 위해 신입사원보다는 경력 사원을 선호하는 회사도 늘어나고 있습니다.

어쨌거나 신입사원이 회사에 들어오면 대부분의 고참들은 이 두 가지 생각을 하며 신입사원을 바라보게 됩니다. 이때 이제 막 회사에 입사한 신입사원은 어떻게 행동해야 할까요? 어떤 자세로 회사 생활에 임해야 회사에 빠르게 적응하고 선배들에게 신뢰를 얻을 수 있을까요?

신입사원이 처음 접하게 되는 다양한 문제와 그것을 해결할 수 있는 방법에 대한 생각을 함께 해볼까 합니다. 사실 직장에서의 이런 문제는 꼭 신입사원만의 고민은 아닐 수 있습니다. 이직을 한 경우나 팀을 옮기는 경우에도 비슷한 상황이 발생하기도 하기 때문에 같이 생각해보면 좋은 문제일 것 같습니다.

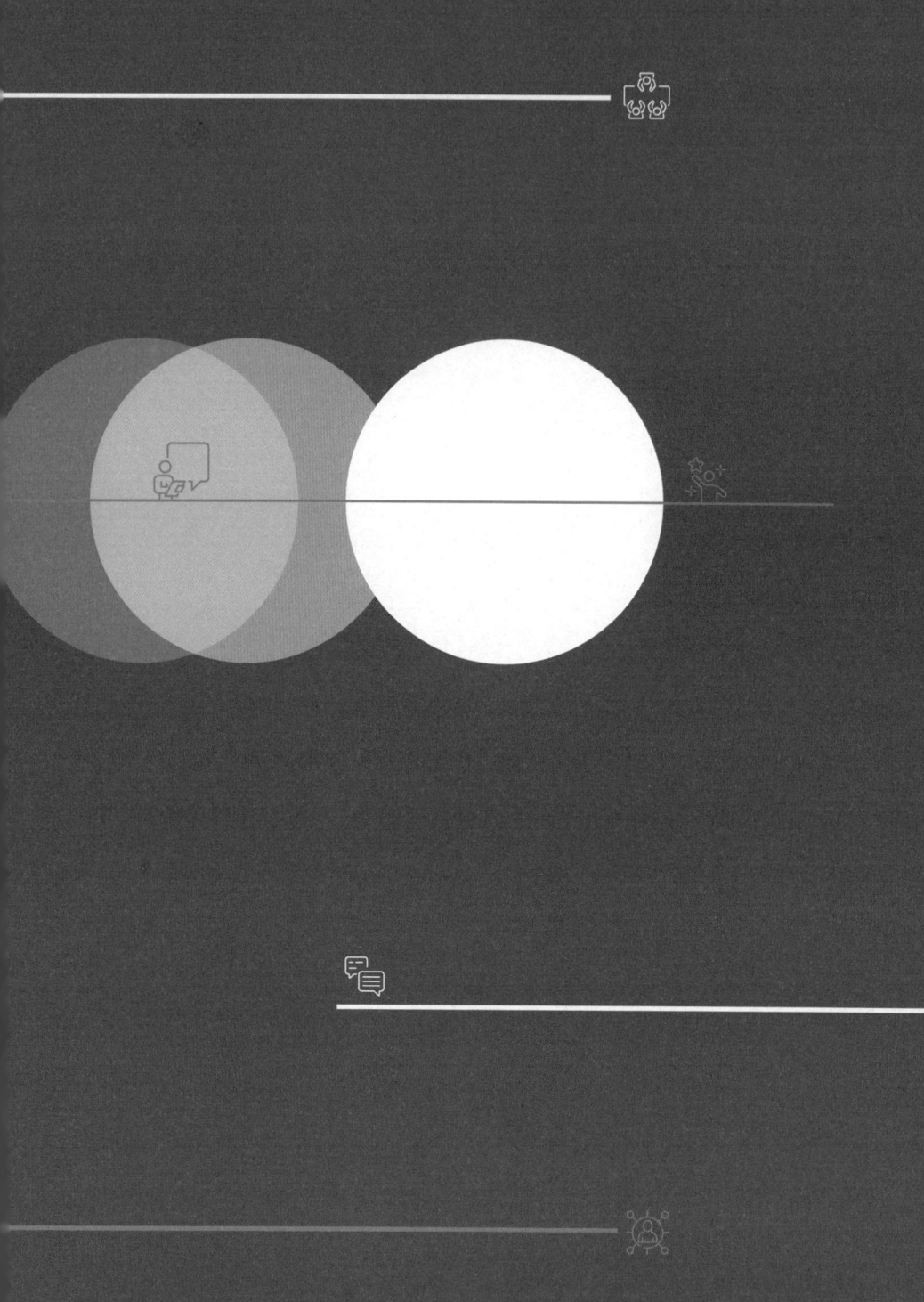

1
MBTI가 어떻게 되세요?

요즘 젊은 후배들이나 학생들에게 가끔 듣는 말입니다. "MBTI가 어떻게 되세요?"라는 질문. 그리고 그에 이어지는 "T 같아요" 또는 "J 같아요" 등의 대답들. 예전에는 혈액형이나 별자리를 물어보며 사람의 성향을 파악했다면, 요즘에 사람들 사이에 성향을 파악하는 가장 트렌디한 방식은 아마도 MBTI가 아닐까 합니다.

MBTI(Myers-Briggs Type Indicator)는 스위스의 정신과 의사인 칼 융의 이론을 바탕으로 모녀 사이인 캐서린 쿡 브릭스와 이사벨 브릭스 마이어스가 사람들의 다양한 성격을 효과적으로 평가하기 위해 개발했다고 알려져 있습니다. MBTI에서 각 척도를 설명하자면, 내향적인 성향은 I(introversion), 외향적인 성향은 E(extroversion), 직관적인 성향은 N(ntuition), 감각적인 성향은 S(sensing), 감정과 인간관계를 중시하는 성향은 F(feeling), 논리를 중시하고 분석적인 성향은 T(thinking), 계획을 중시하는 성향은 J(judging), 즉흥적인 성향은 P(perceiving)라고 합니다. 이렇게 사람의 성향을 16가지로 나누어 사람을 분석하고 자신과 잘 맞는 사람의 성향, 잘 맞지 않는 사람의 성향까지 살펴보는 건 꽤나 흥미롭고 재미있습니다. 특히 새로 입사한 신입사원이나 젊은 직원들의 경우에는 MBTI를 잘 알고 관심도 많아 보입니다. 그래서 본인의 MBTI뿐 아니라 주변 사람들의 MBTI까지 척 보면 척 하고 맞힐 수 있게 되는 것 같습니다.

하지만 내 성향이 I인데 나는 다른 사람과 함께 있으면 불편하고 혼자 있는 게 편하다고 회사에서 I의 성향을 그대로 드러낼 수 없습니다. 내가 J가 아니고 P라고 해서 회사에서 담당하는 업무가 계획을 짜는 건데 그냥 그때그때 느낌대로 하자고 할 수도 없는 것입니다.

MBTI를 꽤나 신뢰하는 젊은 직원들을 보다 보면 '나는 P라서 그런 건 안 맞아', '나는 I라서 원래 그런 건 잘 못해' 같은 생각을 은연중에 가지고 있는 경우를 가끔 봅니다. 꼭 젊은 직원이 아니더라도 팀원들 중에는 자신의 원래 성향과 다른 일을 해야 할 때 힘들어하거나 포기하려고 하는 경우가 보입니다. 아무래도 여러 사람이 모여 팀을 이루고 그 팀 안에서 다양한 업무를 진행해야 하는 곳이 직장이다 보니 꼭 MBTI를 분석해보지 않더라도 어떤 사람이 나와 잘 맞고 어떤 사람이 나와 잘 맞지 않는지도 알게 되고요. 하지만 회사는 그 사람의 MBTI를 감안하여 업무를 부여하지는 않습니다. 어떤 때는 그 사람의 성향과 다른 일을 주기도 하고, 어떤 때는 내가 하기 싫은 일도 해야만 하는 때가 있습니다. 뿐만 아니라 내 MBTI와 가장 상극인 사람이 내 상사, 내가 가르쳐야 하는 후배가 될 수도 있는 곳이 바로 회사입니다. 따라서 내가 가진 성향이 무엇이든 직장에서는 직장에서 필요로 하는 MBTI 유형에 맞게 스스로 변화할 수 있어야 합니다.

내가 원하는 사람과 내가 원하는 일만을 하고 싶은 사람이 있다면, 냉정하게 말해서 그 사람은 회사 생활에 맞지 않는 사람입니다. 그런 사람은 직장생활이 아니라 자기만의 일을 해야만 합니다. 너무도 당연한 말이지만 내가 만약 직장생활을 하고 있는 사람이라면 회사를 나에게 맞추려고 할 게 아니라 나를 회사에 맞추려고 해야 하기 때문입니다. 내가 I 성향을 가지고 있다고 해도 업무에서만큼은 E적인 성향을 보여줄 수 있어야 하고, 내가 P적인 성향을 가지고 있다고 해도 필요하다면 J적인 성향을 보여줄 수 있어야 합니다. 이렇게 업무에 맞게 스스로 변화를 시도하다 보면 오히려 내가 원래 가지고 있는 성향이 P이기 때문에 P가 가지고 있는 융통성을 추가로 발휘해서 J적인 업무를 수행함으로써 보다 효과적으로 업무를 처리할 수도 있게 됩니다.

직장인이 되어 일을 한다는 것은 회사가 원하는 일을 수행해주고 회사로부터 이에 상응하는 대가를 받는 것을 의미합니다. 내가 월급을 받는 중이라면 당연히 그만큼의 가치를 회사에 제공하는 것이 진정한 프로의 자세라고 볼 수 있습니다. 회사를 들어오기 전까지 대부분의 사람들은 학생 신분으로 살아왔을 것입니다. 사실 학생 때는 가끔 수업을 빼먹어도, 내가 하고 싶지 않은 일을 하지 않아도 큰 문제가 없었습니다. 그땐 돈을 내고 학교에 다녔기 때문입니다. 하지만 직장인이 된 이상, 이제는 돈을 받고 직장을 다니고 있는 것입니다. 회사가 지속적으로 나에게 돈, 즉 월급을 줄 수 있게 하려면 나의 존재 이유를 계속해서 회사에 보여주어야 한다는 걸 잊지 않아야 합니다.

학교에서는 조교나 교수님들의 눈만 신경 쓰면 되는 단순한 구조였다면 회사는 나와 일하는 동료, 내 선배, 내 상사까지 층층시하의 많은 사람들이 나를 보고 있다는 것을 잊으면 안 됩니다. 어찌 보면 아마추어에서 처음으로 프로 무대를 밟는 아주 중요한 순간에 혹시 나의 마음 자세는 아직도 아마추어에 머물러 있는 건 아닌지 돌아보는 것이 좋습니다.

이제부터 회사에서 나는 E가 됐다가 I가 되기도 하고, S가 됐다가 N이 되기도 하고, T가 됐다가 F가 되기도 하고, J가 됐다가 P가 되기도 해야 합니다. 그리고 이제부터는 MBTI가 뭐냐고 직장에서 누군가 물어본다면 지금 업무에 가장 적합한 MBTI를 말해주어야 합니다. 그리고 회사에 있는 동안에는 회사에서 원하는 MBTI를 가진 나로서 업무를 수행하면 되는 것입니다. 업무를 마치고 퇴근을 하게 되면 그때부터는 여러분의 진짜 MBTI로 돌아오셔도 됩니다. 내일 출근 전까지는요. ^^

회사에서 여러분의 진짜 MBTI는 아무 의미가 없습니다. 사실 회사 역시 여러분의 진짜 MBTI에는 관심조차 없을지도 모릅니다. 다만 여러분이 담당하는 직무에 적합한 성향을 가졌는가에 대해서는 관심이 있을 수 있습니다. 이것이 내 진짜 MBTI보다는 회사가 원하는 MBTI를 보여주어야 하는 이유이기도 합니다.

이 이야기를 들으시는 분들 중에는 '회사가 너무 삭막한 거 아냐? 내가 아무리 회사에서 월급을 받는다고 해도 살면서 가장 많은 시간을 보내는 회사라는 곳에서 이렇게까지 나를 숨기고 단지 돈을 벌기 위해 여길 다녀야 할까?'라는 생각을 하는 분이 있을지도 모르겠습니다. 그리고 또 어떤 분은 지금 몸담은 직장이 제가 말한 것과는 완전히 다르다고 느끼는 분이 있을지도 모르겠습니다. 맞습니다. 제가 한 이야기에는 조금 과장이 있을 수 있습니다. 또 회사라는 곳도 알고 보면 직원들의 성향을 세심하게 배려하고 직원들을 보호해주는 따뜻한 곳이기도 합니다. 하지만 겉으로 따뜻해 보인다고 속까지 그런지는 알 수 없습니다. 그리고 사업이 잘될 때, 즉 모든 일이 별 탈 없이 잘 돌아갈 때와 회사의 상황이 어려워질 때는 회사의 모드가 달라질 수도 있다는 걸 기억해야 합니다. 내가 만약 회사의 생리를 알고 미리 준비할 수 있다면, 지금 나를 숨기고 회사가 원하는 모습을 보여준다는 것이 조금 삭막한 느낌이 들더라도 조금씩 준비하고 노력해야 합니다. 그래야 뒤늦게 찾아올지 모르는 후회를 최소화할 수 있기 때문입니다.

우리가 등산을 갈 때 산을 잘 오르기 위한 등산복을 입고, 수영을 할 때 물살을 뚫고 앞으로 잘 나갈 수 있는 수영복을 입고, 달리기를 할 때 잘 뛰고 땀을 흡수할 수 있는 러닝복을 입듯이 회사에 갈 때는 직장생활에 필요한, 직장생활을 잘하기 위한 옷을 입어야 합니다. 그것들 중 하나가 직장에서 필요로 하는 MBTI가 될 수 있다는 것을 기억해주시기 바랍니다.

- 직장에서는 나의 실제 MBTI 유형이 중요하지 않다. 직장에서 필요로 하는 성향을 내가 만들어낼 수 있어야 한다.
- 등산할 때 등산복을 입고, 수영할 때 수영복을 입듯이 회사에 출근할 때는 직장에서 직무별로 필요한 MBTI 유형에 나를 맞추어보자.

2
회사가 신입사원에게 기대하는 것

　앞서 신입사원에게 선배들이 기대하는 것과 우려하는 것에 대한 이야기를 드렸습니다. 회사가 신입사원을 뽑는 이유는 여러 가지가 있겠지만 몇 가지를 정리해보면 다음과 같습니다. 경력 사원에 비해 상대적으로 적은 비용을 투입해서 회사에 인력을 추가할 수 있다는 점, 신입다운 패기를 통해 회사에 신선한 분위기를 만들어낼 수 있다는 점, 회사의 문화와 가치를 수용하고 전파하는 데 적극적으로 앞장설 수 있다는 점, 마지막으로는 성장 가능성이 무한하다는 점이 아닐까 합니다.

　회사가 신입사원을 왜 뽑았는지를 이해해야 하는 이유는 바로 회사의 기대치에 최대한 부합하는 것이 중요하기 때문입니다. 신입사원으로 입사했는데 들어오자마자 낮은 월급에 불만을 제기하고 직원 복지 프로그램에만 관심을 갖는다거나, 새롭고 신선한 아이디어를 내기보다는 선배들의 업무 수행 방식을 그대로 답습하려고 한다거나, 스스로 성장하려는 모습이 보이지 않는다고 한다면 회사는 이 사람이 신입사원으로서의 가치가 없다고 판단할 것입니다.

내가 맡은 역할이 신입사원이라면, 그리고 회사가 신입에게 어떤 걸 기대하고 있는지를 잘 알고 있다면, 일단 그런 모습으로 나를 만들어 그들에게 보여주는 것이 우선되어야 합니다.

대부분의 회사는 자신들만의 인재상을 가지고 있습니다. 어떤 회사는 이를 사무실 곳곳에 액자로 만들어 붙여두기도 하고, 어떤 회사는 홈페이지에 게시해두기도 합니다. 또 어떤 회사는 회사의 오너가 훈시 때마다 이야기하곤 합니다. 물론 너무 뻔한 소리처럼 들리겠지만 그것을 잘 기억해두고, 가급적 신입 시절에는 그에 부합하는 모습을 보여주는 것이 좋습니다. 대부분의 회사는 그 회사의 인재상에 맞는 직원을 우대해서 다른 직원들에게 모범 사례로 만들려는 경향이 많습니다. 그렇기 때문에 여러분이 회사가 원하는 모델에 맞아떨어진다고 회사가 판단하는 순간, 여러분은 훨씬 더 많은 기회를 얻을 수 있게 됩니다.

또한 입사 초기에는 가능한 한 많은 선배들과 대화하는 시간을 갖는 것이 중요합니다. 앞서 회사가 신입사원에 기대하는 것에 대해 말씀드렸지만 같이 일하는 선배들도 새로 들어온 직원에게 거는 각자의 기대가 있을 수 있기 때문입니다. 따라서 선배들과의 대화를 통해 선배들이 기대하는 것에 대해 자연스럽게 알아갈 필요가 있습니다. 처음부터 무조건 내가 생각하는 방향으로 뒤도 안 돌아보고 전력 질주를 하는 것보다는 오히려 처음 출발이 조금 늦다고 하더라도 이렇게 회사의 기대, 선배들의 기대에 대한 충분한 정보를 바탕으로 내가 뛰어가야 할 방향을 잡은 다음 출발하는 것이 목표 지점에 더 빨리 도착할 수 있는 방법이기도 합니다.

누구나 일을 처음 시작하는 단계에서는 의욕도 크고, 기대도 높고, 성공에 대한 조급함이 많을 수밖에 없습니다. 따라서 나 혼자 생각하고 나 혼자 판단하고 나 혼자 노력하다가 크게 실망하는 경우를 겪곤 합니다. '이렇게 하면 칭찬을 듣겠지'라고 생각했다가 오히려 꾸중을 듣는 경우가 생기다 보면 스스로를 자책하고 자신감도 잃게 될 수 있습니다.

간혹 누군가는 이런 조언을 합니다. "내가 신입이라고 해서 신입으로서의 생각에만 얽매이지 말고 모든 일에 부서장의 마인드, 사장의 마인드로 임해라." 이 말은 부서장이나 사장처럼 행동하라는 뜻이 아닙니다. 부서장과 사장은 여러분에게 어떤 것을 기대할까를 생각해보라는 것입니다. 여러분이 부서장의 입장이 되어, 사장의 입장이 되어 신입사원에게 어떤 것을 기대할까를 생각해보면 그 답을 빠르게 얻을 수 있을 것입니다. 가끔 신입사원 중에는 신입사원답지 않다는 평가를 듣는 직원도 있습니다. 이 말은 꼭 나쁜 말이 아닐 수도 있습니다. 신입사원답지 않게 능숙하고, 노련한 면이 있다는 뜻일 수도 있습니다. 하지만 경우에 따라서는 신입사원이 갖추어야 할 패기가 부족하고 신선함이 떨어진다는 의미일 수도 있습니다. 내가 맡은 역할이 신입사원이라면 그 회사에서, 그 팀에서 나에게 기대하는 역할을 해주는 것이 가장 바람직하다는 것을 항상 기억해야 합니다.

기대되는 모습이 사실 내 본모습이 아니라고 하더라도 상관없습니다. 어차피 나는 직장이라는 무대에서 연극을 하는 배우라는 걸 기억하고 있다면 이런 모습을 보여주는 것쯤은 아무 문제가 없을 것입니다. 회사의 인재상과 선배가 기대하는 그림에 가장 잘 맞는 신입으로서의 모습을 보일 수 있다면 회사에서 성공하는 것은 그리 어려운 일이 아닐 것입니다. 그리고 이렇게 나를 바꾸어보는 것은 꼭 회사만을 위한 것도 아니라는 걸 점점 느끼게 될 것입니다. 대부분 회사의 인재상은 사회에서 기대하는 인재상과 일치하고, 한 번이라도 이런 인재상에 내 모습을 맞추어갈 수 있다면 다른 어떤 경쟁에서도 앞서는 여러분을 발견하게 될 것입니다. 처음엔 어색하고 나와 맞지 않는 느낌이 들 수도 있지만, 일단 시작하고 하나하나 맞추어나가다 보면 점차 적응하기 수월해질 것입니다. 여러분이 가지고 있는 무한한 가능성을 회사가 원하는 인재상에 맞추어보는 것, 그게 바로 직장생활의 시작입니다. 그리고 그런 시작을 통해 여러분은 분명 큰 성장을 이루어낼 수 있습니다.

지금 42.195km의 풀코스 마라톤을 거뜬하게 완주하는 많은 사람들도 처음에는 1km를 뛰고 숨이 가빠서 멈추는 사람들이었습니다. 쉽지 않은 도전일수록 성공했을 때의 성취감은 더 클 것입니다. 여러분이 이 도전을 멈추지만 않는다면, 그리고 진심으로 성공하기 위한 노력을 계속하기만 한다면, 못할 일은 없을 것입니다. 마라톤 풀코스의 결승 테이프를 끊고 들어오는 여러분의 모습을 상상하며 지금부터 첫걸음을 내디뎌보시기 바랍니다.

- 내가 생각하는 신입사원의 자세가 아니라 회사가 원하는 신입사원의 자세로 직장생활에 임하자.
- 내가 맡은 역할이 신입사원이라면 회사에서, 팀에서 나에게 기대하는 역할을 해주는 것이 최고라는 것을 항상 기억하자.
- 내가 가지고 있는 가능성을 회사의 인재상에 맞추어가는 것이 직장생활의 시작이다.

3
신입사원의 권리

 회사에 처음 입사하게 되면 의외로 내가 할 수 있는 게 별로 없다는 걸 느끼게 됩니다. 심지어 대학에서 배운 전공도 딱히 업무에 도움이 되지 않는다는 느낌도 받게 됩니다. 회의 시간에 선배들의 대화 역시 도무지 무슨 말인지 이해가 되지 않습니다. 분명 한국어 같은데 왜 하나도 이해가 안 가는 건지, 무슨 약자는 그렇게도 많이 쓰는지, 어디서부터 시작해야 될지 모든 것이 막막하기만 합니다.

 사실 직장생활을 시작하기 전에는 뭔가 잘할 것 같은 자신감도 있었고, 깔끔한 양복을 입고 목에 사원증을 걸고 출근하는 직장인에 대한 환상 같은 것도 있었을 것입니다. 하지만 막상 일을 시작하고 보면, 내가 과연 여기서 살아남을 수나 있을까 하는 두려움마저 생기게 됩니다. 모든 것이 뭔가 어색하고 낯설기만 한 신입사원 시절, 과연 어떻게 해야 이 시기를 현명하게 보낼 수 있을까요?

　　우리가 가장 큰 두려움을 느끼는 순간은 바로 두려움과 맞서기 직전이라고 합니다. 만약 내가 주사 맞는 것이 가장 두려운 사람이라면 가장 큰 공포를 느끼는 순간은 아마도 내 팔에 주삿바늘이 들어오기 직전일 것입니다. 막상 주사를 맞는 순간에는 두려움이 오히려 줄어드는 경험을 해보셨을 것입니다. 내가 만약 번지점프를 하는 상황에 놓여 있다면, 가장 큰 두려움을 느끼는 순간은 역시 뛰어내리기 직전일 것입니다. 점프대에서 뛰어내리는 순간에는 오히려 두려움은 사라지게 됩니다. 마찬가지로 신입사원 시절 가장 두려운 순간은 아직 일을 시작하기 전이겠지요. 막상 업무를 시작하게 되면 두려움은 사라지고 일에 집중할 수 있게 되기 때문입니다.

　　따라서 내가 잘할 수 있을까에 대한 걱정보다는 일단 어떤 일이건 맡아서 해보는 것을 추천해드립니다. 선배들도 신입에게 일을 주기가 부담스러울 수 있겠지만, 먼저 나서서 해보겠다는 후배에게는 그래도 한번 맡겨보겠다는 생각이 들 수 있습니다. 실수하지 않겠다는 생각으로 망설이거나 겁먹기보다는 그냥 한번 해보자는 식으로 덤벼들어 보시기 바랍니다. 처음 신입사원이 일을 했을 때 그 일을 완벽하게 잘 해낼 확률은 50% 미만일 것입니다. 하지만 신입사원에게는 다른 직원들이 가지지 못하는 몇 가지 특권이 있다는 걸 아셔야 합니다. 그건 바로 모르는 건 물어볼 수 있다는 것, 실수해도 어느 정도까지는 이해받을 수 있다는 것, 그리고 회사에서 잘릴 염려가 상대적으로 낮다는 것입니다.

아무래도 신입이다 보니 모르는 것이 많을 수밖에 없고, 모르는 것을 물어보는 것은 열심히 일하려는 좋은 태도로 보입니다. 오히려 처음에 모르는 게 나왔을 때 그냥 얼버무리고 넘어갔다가 나중에 그걸 몰라서 힘들어하기보다는 모르는 게 있을 때마다 계속 질문해서 알려고 하는 모습을 보이는 것이 좋습니다. 실수에 대해서도 '괜히 이 일을 했다가 실수하면 어떡하나' 하고 걱정할 필요가 없습니다. 만약 신입이 실수를 하게 된다면 그에 대한 책임은 그 일을 한 신입사원보다는 그 신입사원을 지도한 선배 사원에게 있는 경우가 많습니다. 제대로 가르치지 않았거나 관리하지 않은 책임인 거죠. 물론 실수 없이 일을 잘 해낸다면 그것만큼 좋은 건 없겠지만, 그래도 실수가 두려워 아예 시도조차 하지 않는 것보다는, 실수를 하더라도 시도를 해보고 직접 부딪쳐 보는 경험을 하는 것이 훨씬 좋습니다. 이런 경험은 비록 당시엔 고통스러울 수 있지만, 시간이 갈수록 값진 경험으로 남게 될 것이기 때문입니다. 또한 모든 회사가 그런 것은 아니겠지만 회사의 사정이 나빠져 구조조정을 하더라도 가장 먼저 정리되는 대상은 재직 기간 몇 년 이상의 직원인 경우가 많습니다. 즉 아직 입사한 지 얼마 안 된 신입사원을 내보내는 경우는 없다는 것입니다. 물론 인건비가 낮다는 이유도 있지만, 신입사원에게는 앞으로 무한한 성장 가능성이 있기 때문이기도 합니다.

이처럼 신입사원에게만 주어진 특권을 잘 이해하고 있다면 이를 잘 활용할 수 있어야 합니다. 괜히 실수할까 봐 기죽거나 질문하는 걸 두려워할 필요도 없고, 구조조정에 대한 염려를 하지 않아도 되기 때문에 오히려 이 시기에 내가 해보고 싶은 걸 마음대로 해볼 수 있다는 장점이 있습니다. 가끔 실수를 하더라도 선배들이 시도해보지 않았던 새로운 방법을 시도해보기도 하고, 엉뚱하지만 발상의 전환을 유도하는 질문을 선배들에게 던져보기도 하면서 자기만의 색깔을 분명하게 만들어나가야 하는 시기입니다. 이 시기를 효과적으로 잘 활용할 경우 앞으로의 커리어를 내가 원하는 방향으로 만들어볼 수도 있고, 나중에 두고두고 써먹을 수 있는 좋은 경험을 해볼 수 있습니다. 하지만 신입사원 시절을 아무 생각 없이 그저 시키는 일이나 기계적으로 수행하고, 실수가 두려워 아무것도 시도해보지 않고 지나쳐버린다면 그저 한 명의 색깔 없는 조직원이 되어 의미 없이 연차만 쌓이기 시작할 것입니다.

여기서 우리가 꼭 기억해야 할 중요한 점은 언제까지나 내가 신입사원으로서의 권리를 누릴 수는 없다는 것입니다. 좀 있으면 내 후배가 들어오고, 그 후배는 나보다 더 푸릇푸릇하고, 나보다 더 초롱초롱한 눈으로 선배들에게 신선한 질문을 할 것이고, 더 큰 열정을 보여줄 것입니다. 그러면 이제 나는 마치 막내가 태어나 이제 더 이상 부모님에게 관심을 못 받게 되는 큰아이처럼 선배들의 눈에서 점점 벗어나게 될지도 모릅니다. 그때 가서 후회해도 소용이 없습니다.

신입이 들어오기 전에, 나에게 신입이라는 타이틀이 사라지기 전에 하루빨리 나의 색깔을 만들고 필요한 경험들을 쌓아두어야 신입을 벗어나도 커리어를 계속 만들어낼 수 있습니다. 회사는 결코 여러분에게 시간을 한없이 주지 않는다는 것을 명심하시기 바랍니다. 조금 실수해도 되고, 조금 엉뚱한 질문을 할 수 있는 신입이라는 타이틀을 가지고 있는 지금, 가장 소중한 이 시간을 유용하게 활용해보시기 바랍니다. 분명히 여러분의 미래가 달라질 것입니다.

내 마음속 메모장

- 내가 잘할 수 있을까 걱정할 시간에 일단 무슨 일이든 시작해보자. 먼저 손 들고 나서면 된다.
- 모르는 게 있을 땐 아는 척하지 말고 솔직하게 모른다고 이야기하고 배우자. 마음껏 질문할 수 있는 것도 신입의 특권이다.
- 신입으로서의 특권도 후배가 들어오면 끝난다. 그전에 최대한 신입사원의 특권을 누리자.

4
안 되는 이유보다 될 수 있는 방안을 찾자

사실 이 장의 제목은 제가 신입사원 시절 늘 들었던 LG 그룹의 행동강령 중 하나였습니다. 30년이 넘는 시간이 지났지만 희한하게도 이 말은 계속 귓가를 맴돌고 있는 것 같습니다. 처음 이 말을 들었을 때는 '뭐 저런 말이 다 있지?' 하는 생각도 들었습니다. '시키면 무조건 하라는 소리구나'라는 느낌도 들었습니다. 하지만 직장생활 연차가 점점 쌓이면서 이 말은 무언가 행동하기에 앞서 자꾸 되새기는 말이 되었습니다.

사실 직장생활을 하다 보면 상사로부터 지시받는 많은 업무들 중 제대로 완수하기 까다롭거나 시작 전부터 어려움이 느껴지는 일들이 있습니다. 이런 일을 상사가 시키면 시작하기 전부터 의욕이 꺾이고, 어떡하면 내가 이 일에서 빠져나갈 수 있을까 하는 생각부터 들기 마련입니다.

그렇지 않아도 어려운 일인데 시작 전부터 이렇게 안 하고 싶은 마음이 드는 일을 하게 된다면 그 일의 결과는 안 봐도 뻔한 게 사실입니다. 머릿속에는 이미 그 일이 잘 안될 수밖에 없는 수십 가지 이유가 준비되어 있기 때문입니다. 솔직히 이야기하자면 저 역시 상사에게 이런 일을 받았을 때 드는 첫 생각은 '저 사람이 날 싫어하나? 왜 어차피 안될 일을 나한테 시키나?'였습니다. 또 '자기도 못할 일을 내가 만만하다고 시키는 건가?'라는 생각이 들기도 했습니다. 하지만 일을 시키는 상사가 그런 제 마음을 모를까요? 어차피 상사도 그 일이 그만큼 까다롭고 쉽지 않다는 걸 알면서 저에게 시켰을 것입니다.

어쩌면 저보다 더 잘 알고 있을지도 모릅니다. 그런데 그런 상사 앞에서 왜 이 일이 안 될 수밖에 없는지, 왜 이 일이 어려운지를 굳이 설명할 필요가 있을까요? 일단 나에게 주어진 일이라면 그 일이 정말 어렵고 까다로운 일이라고 하더라도 한번 부딪쳐보는 게 중요합니다. 말씀드린 대로 상사도 이미 이 일이 쉽지 않다는 걸 알고 있습니다. 그런 일을 시켰을 때 오히려 내가 흔쾌히 "한번 해보겠습니다!"라고 답한다면 상사는 어떤 기분이 들까요? 분명 그 사람이 그 일을 잘 마칠 수 있도록 도와주고 싶다는 마음이 자연스럽게 생길 것이고, 쉽지 않은 일인데 군소리 없이 하겠다고 나서는 태도에 한편으로는 고마움도 느낄 것입니다. 그리고 혹시라도 그 일이 성공적으로 마무리되지 않더라도 그 사람에게 크게 책임을 물으려 하지도 않을 것입니다.

제가 관리자로 있을 때였습니다. 정말 까다로운 고객이 있었는데, 어떤 엔지니어가 담당해도 해결이 안 되고 상황이 점점 더 꼬여가고 있었습니다. 회의 시간에 새로운 엔지니어를 배정하려고 하는데 팀원 중 아무도 나서려고 하지 않았습니다. 이미 그 고객사가 어떤 곳인지 너무도 잘 알고 있던 팀원들은 어떻게든 그 일을 하고 싶지 않았던 것입니다. 저 역시 그 상황을 잘 알고 있었기에 누구 한 사람 지명하기가 쉽지 않았습니다. 그때 한 팀원이 본인이 해보겠다고 나섰습니다. 힘든 일인 걸 알면서도 굳이 씩씩하게 나서주는 그 팀원이 너무 고맙고 대견했습니다. 물론 그 팀원이 그 문제를 완벽하게 해결한 것은 아니었지만 그 일은 그 팀원을 다시 보는 계기가 되었습니다.

회사에서 일을 하다 보면 쉽게 해결하기 어려운 일을 맡게 되는 경우가 종종 생깁니다. 그때마다 어떻게 그 일을 받아들여야 할지 고민스럽기만 합니다. 할 수 있다고 선뜻 말하기엔 자신감이 생기지 않습니다. 꼭 상사와의 업무 협의에서뿐만이 아닙니다. 고객이나 협력업체와의 미팅에서도 내가 잘 모르는 것에 대한 질문이나 요구 사항을 듣는 경우가 생깁니다. 이럴 때 첫 대응이 중요합니다. 내가 잘 모른다고 얼버무리거나 자신감 없이 대응하면 상대방은 나를 믿지 못하게 될 것입니다.

업무 지시를 하는 상사에게 자신감 없는 모습을 보이거나 나에게 질문을 하는 고객이나 파트너에게 흔들리는 모습을 보인다면, 그들이 나에게 신뢰를 가질 수는 없을 것입니다. 이런 상황에 대응하는 원칙이 있습니다. 일단 자신감 있는 태도로 "네, 할 수 있습니다"라고 이야기하는 것입니다. 물론 고객이나 협력업체와의 협의에서 어떤 요구 조건에 대해서든 "네!"라고 대답할 수는 없습니다. 이 말은 요구 조건을 다 들어주라는 것이 아니라 일단 긍정적으로 대응하라는 뜻입니다. "네, 최대한 가능하도록 해보겠습니다"라고 해도 좋습니다. 어떤 말이 되었건 대응은 긍정적이어야 합니다. 첫 대응이 긍정적인 것과 부정적인 것은 듣는 사람에게 매우 다른 느낌을 줍니다.

첫 대응이 긍정적일 때 상대는 나에게 좋은 느낌을 받습니다. '이 사람이 뭔가 하려고 하는구나', '이 사람이 나에게 호의적이구나'라는 긍정적인 느낌을 받게 되면 그 사람 역시 나를 우호적인 태도로 대하게 될 것입니다. 내가 부정적으로 나오는데 긍정적인 느낌을 받을 사람은 아무도 없을 것입니다. 당장 자신이 없고 어렵더라도 일단 상대방 앞에서는 자신감을 보여야 합니다.

신입사원 시절에는 경험도 별로 없고 아는 것도 별로 없어 아무래도 움츠러들기 마련입니다. 하지만 고객이나 협력업체와의 미팅에서 내가 신입사원이라고 봐주는 일은 없습니다. 그들에게 나는 우리 회사를 대표하는 사람입니다. 따라서 이럴 때일수록 더욱 자신감 있는 모습을 보이는 것이 중요합니다. 일단 잘 아는 척, 자신감 있는 척하고 뒤에서 철저히 공부하고 준비하면 되는 것입니다. 내가 그들보다 경험도 부족하고 아는 것도 없다고 마냥 웅크리고만 있다가는 그들에게 신뢰를 얻을 수 없습니다. 쉽지 않겠지만 밖에 나가면 일단 '나는 회사를 대표하는 사람'이라는 생각으로 다른 회사 사람들을 만나야 합니다. "제가 아직 신입사원이라서요"나 "저는 아직 경험이 없어서요" 같은 변명은 통하지 않습니다. 말씀드린 대로 신입사원은 실수할 수 있습니다. 너무 걱정하지 마시고 일단 자신감을 잃지 말고 맞서보시기 바랍니다. 물론 한두 번 실수할 수는 있겠지만 그렇다고 자신감이 꺾일 필요는 없습니다.

앞에서는 일단 자신감을 갖고 큰소리쳐놓고, 뒤에 가서 내가 큰소리친 부분을 책임지기 위해 끊임없이 노력하다 보면 스스로 성장하는 자신을 발견하게 될 것입니다. 안 되는 이유보다 될 수 있도록 하는 방안을 찾아서 하나하나 이루어내는 스스로를 상상해보십시오. 얼마나 대견하고 기특합니까? 그런 태도는 꼭 회사만을 위한 것이 아니라 스스로의 성장을 위한 것이라는 사실을 꼭 기억하고, 지금부터라도 한번 작은 일부터 실천해보시기 바랍니다. 물론 말처럼 쉬운 일이 아니라는 걸 저 역시 잘 알고 있습니다. 하지만 어려운 일이 있을 때 한 발 뒤로 물러서지 않고, 오히려 한 발 앞으로 나서게 되면 지금까지와 달라질 것이라는 사실은 분명합니다.

내 마음속 메모장

- 상사가 나에게 어려운 일을 시킬 때, 상사는 그 일이 쉽지 않은 일이라는 것을 이미 알고 있다. 굳이 상사에게 그 일이 어렵다는 것을 설명할 필요는 없다.
- 고객이나 협력업체를 대할 때는 무조건 긍정적으로 대하자. 내가 상대를 긍정적으로 대할 때 상대도 나에게 긍정적인 대응을 하게 된다.
- 일단 자신감을 가지고 큰소리치자. 뒤에서 더 노력하면 된다.

5
저는 회식이 싫어요

90년대 초, 제가 처음 회사에 다니던 시절에는 모든 회사가 주 6일 근무제였습니다. 토요일 오전까지 근무를 하고 퇴근을 하면 토요일 오후와 일요일에 쉬는 게 일반적이었습니다. 그러다 90년대 말쯤 글로벌 회사로 이직을 한 후 처음 주 5일 근무를 경험했을 때는 매주가 연휴 같은 느낌이 들 정도였습니다.

첫 직장은 주 6일 근무인 데다 그렇다고 퇴근 시간이 정해진 것도 아니었습니다. 일주일에 4일 이상 야근하는 것이 기본이었고, 야근이 없는 날은 회식이 있어 퇴근은 늘 밤 12시를 넘겼습니다. 지금은 회식 문화가 많이 달라져서 근사한 식당에서 맛있는 식사와 함께 와인이나 맥주를 마시고 10시 전에 회식을 마치는 경우가 많아졌지만, 그 시절 회식은 늘 자정을 넘겨 누구 하나가 쓰러져야 끝이 나거나 체력 좋은 선배를 만나면 여의도 한강공원에서 이튿날 새벽 해 뜨는 모습을 보며 소주병을 정리하곤 했던 기억이 납니다. 체질적으로 술이 안 맞고 회식 자리를 좋아하지 않았던 저는 회식이 있는 날에 늘 마음이 편치 않았습니다. 몸도 피곤하고 쉬고 싶은데 매번 3차를 넘기는 데다 마지막엔 꼭 싸움이 나거나 누군가 쓰러지고 나서야 끝이 나는 회식이 마음에 들지 않았던 것 같습니다. 하지만 지금처럼 회식이 싫다고 내 맘대로 빠질 수 있는 상황도 아니었기에 회식이 끝날 때까지 긴장을 놓지 않고 버티곤 했습니다. 이렇게 회식을 배웠던 세대들이 지금 회사의 높은 자리에 올라가 있습니다.

앞서 말씀드린 대로 요즘의 회식 문화는 이전과는 다르게 많이 바뀌었습니다. 하지만 임원님들이나 사장님들의 마음 한편에는 그들이 배웠던 회식 문화에 대한 그리움이 남아 있을지 모릅니다. 그렇다고 제가 여러분들에게 그분들에게 익숙한 옛날 회식 문화를 따라 하라는 것은 아닙니다. 하지만 회사에 그런 문화를 겪은 사람들도 있다는 것을 알고 나면 지금까지 도무지 이해가 가지 않았을 그분들이 그래도 조금은 이해가 가지 않을까 하는 마음에서 말씀드린 것입니다. '회식이 뭐라고 저렇게 중요하게 생각할까?', '왜 할 일도 많은데 때마다 회식을 하려고 할까?'라는 생각이 들 때, '혹시 그런 문화 속에서 지금까지 계속 직장생활을 해왔기 때문이 아닐까' 하고 한번 생각해보면 조금은 그분들의 마음이 이해가 될지도 모르겠습니다.

어차피 가야 하는 회식이라면 참석해서 내가 원하는 것을 얻어내는 것도 좋은 전략일 수 있습니다. 평소에 먹고 싶었던 메뉴를 마음껏 먹는다든지, 업무에서 벗어나 기분 전환을 하는 기회로 만드는 것입니다. 이를 위해서는 회식이 있을 때 앞장서서 장소를 알아보거나 메뉴를 정하는 역할을 맡는 것도 좋습니다. 괜히 내가 좋아하지도 않는 메뉴를 선택하게 놔두는 것보다는 오히려 기왕 가는 회식을 내가 원하는 방향으로 만드는 것입니다. 이렇게 회식 총무 역할을 하다 보면 이 기회에 평소에는 업무 이야기 외에는 대화를 해볼 수 없었던 팀장님이나 부장님과도 장소나 메뉴 선정에 대한 이야기를 나눠볼 수 있고, 자연스럽게 그분들과 친해지는 기회가 될 수도 있습니다. 또 꼼꼼하고 계획을 잘 세운다는 점을 어필하는 기회로 활용할 수도 있습니다. 물론 업무를 잘하는 것이 제일 중요하긴 하지만 다양한 분야에서 윗사람에게 좋은 인상을 줄 수 있다면, 그것 역시 회사 생활에 도움이 되기 때문입니다. 내가 원하는 맛있는 메뉴도 고르고 윗사람에게 좋은 기억도 남긴다면 회식도 꽤 괜찮은 경험이 될 수 있습니다.

회사가 업무를 위해 만들어진 조직이다 보니 모든 것이 정해진 프로세스로 딱딱 움직이는 삭막한 곳인 건 맞습니다. 하지만 회식을 하다 보면 팀원들 사이에 개인적인 친분을 쌓을 수 있는 기회가 생기기도 합니다. 아무리 일로 맺어진 사이라고 해도 사실 친한 관계가 되면 사적인 감정이 작용하지 않을 수가 없습니다. 원래는 안 되는 일도 친한 관계에서는 들어주는 경우도 있고, 중요한 정보도 먼저 알 수 있게 되기 마련입니다.

회사에는 각각의 업무 담당자가 있고 그 담당자에게는 업무 영역이 정해져 있기에 내가 그 사람에게 무언가를 부탁했을 때 그 사람 입장에서는 모든 요청을 다 들어줄 수 없는 경우가 대부분입니다. 그래서 무언가 도움을 받기 위해서는 이를 위한 문서를 작성해야 하고, 그것을 부서장을 통해 승인을 받고 업무를 진행하는 게 일반적이지만, 만약 그 담당자와 친한 사이가 된다면 이런 공식적인 절차의 일부를 생략해도 되는 경우가 생기게 됩니다. 일을 해본 사람이라면 이 둘의 차이가 얼마나 큰지 알 수 있을 것입니다. 바로 회식은 이런 기회를 만들어 줄 수 있는 사람들과 친분을 쌓을 수 있는 시간입니다. 그것도 대부분 내 돈을 들이지 않고 말입니다.

사람들은 회사 생활에서 가장 중요한 것은 업무 능력이라고 이야기합니다. 하지만 회사에서의 승진과 연봉 인상이 꼭 업무 능력으로만 결정되는 것이 아니라는 것을 어느 정도 연차가 쌓이면 느낄 수 있습니다. 그런 모습을 보면서 가끔은 이 회사가 제대로 돌아가는 회사인지, 도대체 평가 기준이 무엇인지 억울하고 의아할 수 있습니다. 저 역시 회사가 업무 능력만으로 모든 걸 평가한다고 자신 있게 말씀드릴 수 없을 것 같습니다. 그리고 우리가 아는 그 업무 능력이라는 것이 꼭 업무적인 결과에서만 나타난다고 이야기할 수도 없을 것 같습니다. 회사는 직원을 평가할 때 모든 항목을 다 보려고 합니다. 그 안에는 맡은 일을 얼마나 잘해내는가에 대한 평가도 있겠지만, 회사나 팀을 위해서 얼마나 기여하고 있느냐에 대한 평가도 있고, 스스로의 발전을 위해 어떻게 노력하고 있는가에 대한 평가도 있을 수 있습니다. 또 이 사람이 얼마나 업무에 대한 순발력이 있고, 조직에 대한 충성도가 높은가에 대한 평가도 할 수 있습니다.

그게 바로 회사에 있는 매 순간 긴장해야 되는 이유이고, 주어진 모든 환경에서 최선을 다해야 하는 이유입니다. 이건 단순한 일이니까, 지금은 커피 마시는 시간이니까, 지금은 회식이니까 아무렇게나 해도 아무 영향이 없을 것이라는 생각은 사실 위험한 생각일 수 있습니다. 이전에 말씀드린 대로 회사는 친목 단체가 아니라는 걸 늘 명심하시기 바랍니다. 웬만한 회사라면 세상 무엇보다 따뜻하고 누구보다 직원을 생각하는 것처럼 조직을 포장하지만, 사실 이렇게 회사가 직원을 배려하는 이유는 그 직원을 통해 회사의 목표를 이루어야 회사의 존재 가치가 생기기 때문입니다. 그 직원이 회사에 더 이상 필요하지 않다거나, 대체 가능한 더 싼 인력을 찾았을 경우 회사는 너무나도 냉정한 모습을 보일 것입니다. "회식은 업무의 연장이다"라는 말이 꼭 틀린 말은 아니라는 걸 기억해두셨으면 합니다.

사실 회사에서 일어나는 일은 어느 것 하나 허투루 생각할 만한 게 없습니다. 신입사원에게 주어지는 단순한 업무에서도 경우에 따라 배울 수 있는 것들이 있고, 커피 마시며 나누는 가벼운 대화에서도 중요한 정보를 얻을 수 있고, 회식 자리에서도 많은 배움을 얻어 갈 수 있습니다. 몸이 피곤하다고 회식을 빠지거나, 회식이 즐겁지 않다고 내내 조용히 구석 자리만을 지키지 마시고, 이 시간 역시 내가 회사에서 성공할 수 있는 기회를 얻는 시간이라고 생각해보십시오. 집에 돌아가는 차에 오르기 전까지는 최선을 다해보십시오. 오래 직장생활을 해본 고인 물 입장에서 말씀드리자면, 회사에서 일어나는 모든 일에서 의미를 한번 찾아보십시오. 분명 지금까지 보이지 않던 무언가가 보이게 될 것이고, 그걸 통해서 또 다른 기회를 얻을 수 있게 될 것입니다.

결국 성공과 실패는 작은 차이에서 시작되고, 그 차이를 제대로 활용했을 때 완성된다고 생각합니다. 누구나 모든 일에 자신의 취향이 있고 이에 따라 호와 불호가 있을 수 있지만, 회사에 있는 동안만큼은 가능한 한 '호'를 많이 보여야 기회가 더 많이 온다는 사실을 꼭 기억하시기 바랍니다.

내 마음속 메모장

- 어차피 가야 하는 회식이라면 내가 필요한 것을 얻어내는 기회로 만들어 보자.
- 회식 자리에서 맺은 사적인 친분이 어쩌면 회사 업무에 도움을 줄 수도 있다는 사실을 잊지 말자.
- '회식은 업무의 연장'이라는 말은 틀린 말이 아니다. 회사에 있는 동안만큼은 어느 자리에서든 긴장하고 내 역할에 충실하자.

6
신입사원이 회사를 떠나는 이유

    제가 대학에 다니던 시절에는 졸업 후의 목표가 대부분 취업이었습니다. 물론 일부는 대학원에 진학하거나 유학을 떠나는 경우가 있었지만, 일반적인 경우 대학 졸업을 하면 취업은 당연한 수순이었습니다. 요즘 대학생들을 보면 학교 졸업 후 옛날보다 훨씬 더 다양한 선택을 하는 것으로 보입니다. 전보다 많은 학생들이 유학을 떠나고 대학원으로 진학하고 있습니다. 또 졸업 후 창업을 선택하는 젊은이들도 늘어나고 있다고 합니다.

    하지만 오히려 취업 시장은 더 치열해진 것 같습니다. 제가 학교를 졸업하던 90년대 초반은 취업이 그렇게 힘들지 않았던 기억이 납니다. 최근에는 대기업들의 신입사원 모집도 줄어들었고, 공시 경쟁률도 높아지면서 취업에 실패하고 방황하는 젊은이들도 늘어나고 있는 추세라고 합니다. 그런데 막상 치열한 경쟁을 뚫고 취업에 성공한 사람들이 채 일 년도 되지 않아 회사를 떠나는 비율이 더 높아졌다고 합니다. 왜 그런 걸까요?

어느 설문 조사를 보니 회사를 떠나는 가장 큰 이유가 바로 '열악한 근무 환경'이라고 합니다. 열악한 근무 환경이란 말에는 여러 가지가 포함되겠지만, 퇴사자들의 이야기를 들어보면 생각보다 높은 업무 강도, 근무 분위기, 사업장 환경 등 입사 전 생각했던 회사와 막상 들어가서 일해본 실제 회사와 차이가 크게 났기 때문에 퇴사를 결정하게 되었다고 합니다.

부모 세대는 사실 이 말을 쉽게 이해하기 어려워합니다. 그렇게 가고 싶어 하던 꿈의 직장에 열심히 공부해서 어렵게 입사해 기뻐한 것도 잠시, 1년도 안 돼 퇴사했다는 이야기를 하는 자식들을 바라보며 실망감을 감추지 못합니다. 지금보다 훨씬 더 열악한 환경에서도 참고 견디면서 신입사원 시절을 보냈고, 하루하루 직장생활에 익숙해지며 한 직장에서 청춘을 바치다 정년을 맞았던 부모 세대가 보기에 자식 세대는 아직도 철이 덜 든, 세상을 모르는 미숙아로 보일지도 모릅니다. 하지만 자식 세대는 한 번뿐인 인생을 내가 원하지도 않는 식으로 단지 월급 때문에 남의 눈치 봐가며 모든 걸 포기하고 살아갈 수는 없다고 생각합니다. 당연히 부모 세대의 걱정이 마음에 와닿지 않을 수밖에 없습니다. 평소에 꿈꿨던 직장생활은 그런 것이 아니었기에 과감하게 사표를 던지고 나오는 것이 지극히 당연한데 그런 자신을 응원해주지는 못할 망정 왜 이해도 못해주는지 답답한 마음이 들기도 할 것입니다. 과연 무엇이 정답일까요?

요즘 신입사원들이 회사를 떠나기로 마음먹는 두 번째 이유는 바로 개인의 낮은 성장 가능성이라고 합니다. '이 회사에서는 내가 성장하기 어렵겠구나' 또는 '여기서는 무언가 배울 게 없겠구나'라는 생각에 회사를 떠나게 된다는 것입니다. 제 생각에는 첫 번째 이유보다는 두 번째 이유가 무척 합리적으로 보입니다. 성장 가능성이 정말 낮은 회사라면 그런 회사를 떠나기로 결정하는 것은 현명한 판단이라고 생각합니다. 사실 근무 환경이 좀 힘들거나 업무 강도가 높다고 하더라도 내가 업무를 통해 배울 것이 있고 하루하루 성장하는 느낌을 받는다면 성취감을 느끼는 것이 당연합니다. 그러한 상황에서 회사를 떠나겠다는 마음이 쉽사리 들지는 않을 것입니다. 하지만 단순한 업무가 반복되고, 회사가 직원의 성장에 관심이 없다는 것이 느껴진다면 힘든 업무 환경을 참아가며 회사를 다니겠다고 생각하는 직원은 많지 않을 것입니다.

저는 이제 막 사회생활을 시작하는 젊은 직장인 여러분께 회사가 아무리 힘들어도 무조건 참아야 한다고 말씀드리고 싶지는 않습니다. 하지만 내가 배울 게 있고, 성장할 부분이 보인다면 어느 정도 결과를 얻을 때까지 그곳에서 한번 참고 견뎌보라고 권하고 싶습니다. 내가 원하는 환경이 아니라도, 업무 강도가 생각보다 높더라도 내가 올라가고 싶은 레벨에 올라갈 때까지, 내가 필요로 하는 지식을 얻을 때까지만 한번 버텨보라고 이야기하고 싶습니다. 그리고 그걸 얻었을 때 과감하게 이직을 선택하라고 말씀드리고 싶습니다. 사람의 성격이 시간이 지난다고 바뀌지 않는 것처럼 회사의 문화 역시 쉽게 바뀌지 않습니다. 어떤 회사의 업무 환경에 문제가 있다고 할 때, 아무리 참고 견뎌도 그 환경이 획기적으로 변화하기는 쉽지 않을 것입니다. 그러니 내가 원하는 걸 얻었다면 그런 회사에 계속 남아 있을 이유는 없는 것입니다.

그리고 다음 회사를 고를 때는 입사 전에 여러 가지를 최대한 꼼꼼하게 알아보시기 바랍니다. 그저 월급이 조금 많아서, 아는 사람이 거기 있어서, 이직 타이밍이 맞아서 회사를 선택하지 말기를 부탁드립니다. 인생을 걸어야 하는 회사를 운에 맡겨 선택할 수는 없습니다. 최대한 따져보고 최대한 나에게 맞는 곳을 고르시기 바랍니다.

그런데 이렇게 나에게 맞는 곳을 내 맘대로 고르기 위해서는 내가 가지고 있는 게 있어야 합니다. 그게 바로 실력이고 경험입니다. 그래서 아무리 힘들어도 내 실력을 만들 때까지는, 내 경험을 쌓을 때까지는 이겨내야 하는 것입니다. 가야 할 길이 있고 이루어야 할 목표가 있기 때문에 이곳에서 지금의 어려움을 견디는 것입니다. 만약 이곳이 내가 달성할 목표에 도움이 되지 않는다면, 내가 가야 할 길과 맞지 않는다면 과감하게 떠나는 것이 옳은 선택일 수 있습니다. 부모님 세대는 웬만한 곳에서도 참고 견디고 버텨왔지만 이제는 그럴 필요가 없습니다. 비록 지금 당장 부모님이 실망하실 수 있고, 못 미더워하실 수 있지만 어느 정도 시간이 흐른 뒤에는 분명 부모님도 여러분을 이해해주시고 응원해주실 것입니다. 지금 당장은 힘들어도, 옳다고 생각되는 선택을 하시기 바랍니다.

그리고 한 가지 더 당부드리고 싶은 말씀은, 첫 직장은 무조건 여러분이 얼마나 많이 배우고 성장할 수 있는 곳인지를 보고 선택하라는 것입니다. 첫 직장에서 배움과 성장을 이루면 그다음 직장부터는 내가 원하는 연봉이나 환경이 자연스럽게 따라오게 되어 있습니다. 첫 직장에서 오직 연봉 때문에 배움도 포기하고, 성장도 포기하고, 근무 환경까지 포기하지는 말았으면 합니다.

이러한 선택이 여러분을 올바른 자리로 이끌 것입니다. 비록 주변에서 우려가 있을 수도 있지만 정말 여러분이 심사숙고해서 결정한 것이라면, 그 결정이 틀릴 리가 없습니다. 여러분의 결정을 믿고 한번 나아가보시기 바랍니다. 그러고는 뒤돌아보지 말고 한번 끝까지 밀어붙여보십시오. 어느덧 여러분은 원하는 자리까지 가 있는 스스로를 발견하게 될 것입니다.

- 배울 것이 있는 회사라면 근무 환경이 힘들어도, 당장 그만두고 싶어도 내가 원하는 것을 다 배울 때까지만 참아보자. 모든 걸 다 배운 다음 과감하게 떠나자.

- 인생을 걸어야 하는 곳이 바로 직장이다. 직장을 고를 때는 최대한 신중하게 판단하자. 알아볼 것들을 다 알아보고 들어가야 후회하지 않는다.

- 첫 직장은 무조건 배움과 성장을 이룰 수 있는 곳을 선택하자. 내가 원하는 연봉은 다음 직장부터 실현하자.

직장생활 돌아보기

객관적인 시선에서 신입사원 시절의 자신을 평가해보세요. 그리고 다시 그때로 돌아가게 된다면 회사 생활을 어떻게 하고 싶은지도 적어보세요.

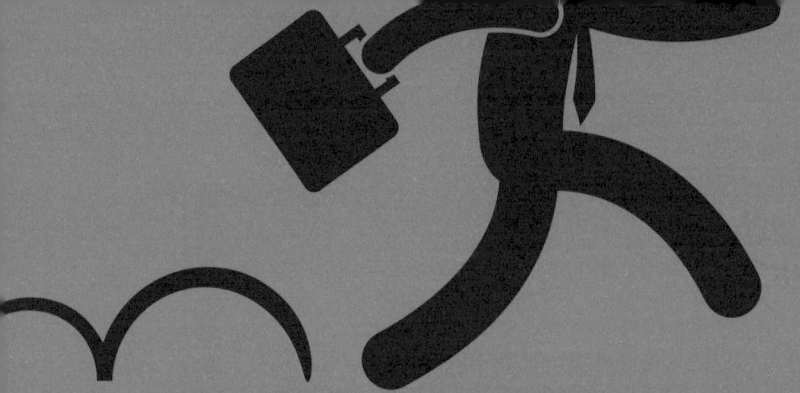

4
상사는 하늘일까?

'군사부일체'라는 말이 있습니다. 임금과 스승과 아버지는 같다는 뜻으로, 그만큼 스승의 은혜가 크다는 의미로 해석되는 말입니다. 하지만 무척 옛날에 나온 말이어서 그런지 이제는 상황이 좀 달라진 것 같기도 합니다. 그렇다면 상사는 어떤 존재일까요? 여러분이 직장인이라면 혹시 군사부일체라는 말에 이제는 스승 대신 상사를 넣어야 하는 건 아닐까요?

집보다 더 많은 시간을 머무는 회사라는 곳에서 나의 업무 분배와 인사 고과를 책임지고, 이와 함께 연봉 인상과 승진까지 결정하며, 이로 인해 결국 회사에서의 목숨줄을 쥐고 있다고 봐도 크게 틀리지 않은 상사라는 분, 어쩌면 그분은 임금님보다도 아버지보다도 더 높은 분으로 보이기까지 합니다. 결국 상사와의 관계가 좋은지 여부에 따라 회사 생활이 즐겁고 편안하게 풀릴 수 있는지가 상당 부분 결정됩니다. 그렇기 때문에 회사에서 상사와의 관계가 중요할 수밖에 없는 것은 당연하다고 볼 수 있습니다.

모든 열정을 회사에 쏟아부어 일했는데도 상사가 알아주지 않아 억울해하는 직원도 있고, 상사에게 잘 보이려 온갖 방법을 동원해봤지만 오히려 역효과만 봤다는 직원도 있습니다. 반면에 상사를 크게 신경 쓰지 않는 것 같지만 상사에게 지지를 받는 직원도 있고, 남들보다 딱히 일을 많이 하는 것 같지도 않은데 상사에게 늘 좋은 평가를 받는 직원도 있습니다.

어떤 차이 때문일까요? 기왕이면 일을 적게 하고도 상사에게 좋은 평가를 받고 싶은 게 당연한 욕심이고, 그렇게까지는 안 된다고 하더라도 내가 일한 만큼은 인정받고 싶은 게 인지상정입니다. 과연 상사는 나를 평가할 때 내가 기대하는 만큼 나를 인정해줄 수 있을까요? 상사에게 제대로 된 평가를 받기 위해서는 어떻게 해야 하는 것일까요?

상사가 AI로 대체되기 전까지는 상사 역시 감정을 가지고 있고, 상사 역시 우리와 같이 월급 받는 직장인이며, 상사 역시 우리가 겪었던 어려움을 겪었으며, 성공하고자 하는 욕망을 우리와 똑같이 가지고 있다는 걸 이해해야 합니다. 즉 상사에 대해 충분히 알아야 상사의 기대치를 파악할 수 있으며, 그렇게 되면 내가 상사에게 어떻게 행동해야 가장 효과적인 관계를 유지할 수 있는지 어느 정도 결론을 얻을 수 있습니다. 결국 상사도 자기 위에 있는 상사를 모시는 사람이고, 누구나 언젠가 상사가 되기 때문에 상사를 충분히 이해하는 것은 직장생활에 꼭 필요합니다.

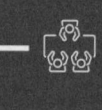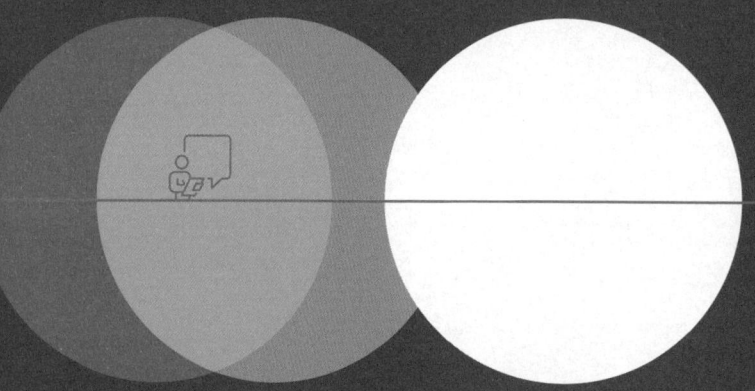

1
왜 상사와 친해져야 할까

　　상사는 팀원들에게 업무를 배정하고, 업무를 조정하고, 업무 능력을 평가하며, 이를 통해 승진과 연봉 인상 여부를 결정하는 중요한 역할을 담당합니다. 그리고 이런 중요한 사항들은 회사가 나름대로 정해놓은 규정에 따라 진행되게 되어 있습니다. 다시 말하자면 아무리 상사라고 해도 일 잘하는 직원에게 평가를 나쁘게 줄 수도 없으며, 주변에서 좋은 평가를 받는 직원을 승진에서 누락시킬 수도 없는 것이 회사라는 조직입니다.

　　상사는 자기 팀에 속한 직원에게 평가와 승진에 대한 중요한 결정을 내리는 것이 당연합니다. 하지만 그렇다고 상사 마음대로 결정을 내릴 수는 없습니다. 상사 또한 이와 같은 결정에 대해 자신의 상사와 인사 팀에 승인 절차를 밟아야 하기 때문입니다. 따라서 이론적으로는 상사가 누구든 눈치 보지 않고 내가 할 일만 100% 잘해낼 수 있다면 굳이 상사와 친해지려고 노력할 필요도 없고, 상사의 눈 밖에 날까 봐 걱정할 필요도 없습니다.

하지만 이는 이론적으로 그렇다는 것입니다. 일단 '솔직히 내가 주어진 업무를 100% 잘해낼 수 있는가?'라는 질문에 자신 있게 그렇다고 대답할 수 있는 사람은 많지 않을 것입니다. 회사에서 일을 해보신 분은 아시겠지만 주어지는 모든 일이 정도의 차이만 있다 뿐이지 불확실성이 없는 일이 없습니다. 또 상대적이지 않은 일도 없습니다. 따라서 그 일에 대한 준비를 100% 할 수도 없을 뿐 아니라 나 혼자만의 힘으로 완벽하게 하는 것도 쉽지 않은 경우가 많습니다. 다양한 방식으로 상사나 팀원의 지원을 받아야만 성공적으로 일을 마무리할 수 있는 경우가 많기 때문에 주어진 업무를 100% 나 혼자 잘 완수한다는 것은 말처럼 쉽지 않습니다.

또 상사의 평가가 회사의 가이드라인에 맞추어 진행되는 것은 맞지만 그 가이드라인 안에도 주관적인 평가 항목이 상당히 많이 존재합니다. 평가 결과에 상사의 주관적인 판단이 들어가지 않는다는 보장이 없는 것입니다. 예를 들어 '이 직원이 평소에 팀을 위해 많은 공헌을 하고 있는가?'라는 평가 항목이 있다면, 이에 대한 평가에는 상당 부분 상사의 주관적인 판단이 개입될 수 있습니다. 물론 평가 항목은 팀의 성격에 따라 달라질 수 있습니다. 영업 팀의 경우 대부분의 직원 평가가 그 직원의 영업 실적으로 결정되기 때문에 직원 각각이 올린 매출

실적으로 평가를 하는 경우가 많습니다. 이렇게 매출만으로 평가를 받는다면 상사의 주관적 평가가 개입하기는 쉽지 않을 것입니다. 하지만 이런 경우에도 예컨대 내가 담당하는 고객이 다른 직원에 비해 매출 올리기가 쉽지 않은 경우가 있을 수 있습니다. 남들이 다 꺼리는 까다로운 고객을 담당하게 되거나 최근 이미 많은 구매를 해버렸기 때문에 앞으로 몇 년간은 추가 구매가 없을 것이 예상되는 고객을 담당하게 된다면 아무리 열심히 노력해도 매출을 올리기가 쉽지 않을 것입니다. 그런데 고객에 대한 담당 직원의 배정은 주로 상사가 하기 때문에 평가에 대한 주관적인 개입이 없더라도 고객 배정에서 손해를 본다면 평가를 잘 받기 어려울 수 있습니다.

이뿐만이 아닙니다. 직원에게 교육 기회를 부여하는 권한도 상사에게 있고 휴가 일정 조정 같은 근태 관리도 상사가 담당하기 때문에 꼭 평가 항목이 아니라고 하더라도 상사가 직원의 성과를 평가하는 데 관여할 수 있는 방법은 너무나도 많습니다.

간혹 상사에게 친해지려고 다가가면 자존심이 상한다고 생각하는 분들도 있고, 단지 상사라는 이유로 먼저 고개를 숙여야 하느냐고 생각하는 분들도 있을 것입니다. 그분들은 '상사랑 꼭 잘 지낼 필요가 있나? 나는 내 일만 똑바로 하면 되는 거 아닌가?'라고 이야기하곤 합니다. 사실 그런 생각이 꼭 틀렸다고 볼 수는 없습니다. 하지만 내 일을 잘하려면 알게 모르게 상사의 도움이 필요한 것도 사실입니다. 따라서 그런 분들에게는 굳이 상사랑 잘 못 지낼 필요가 있는지 되묻게 됩니다.

 상사와 잘 지내라는 말은 꼭 그 상사의 비위를 맞추면서 아부하라는 의미가 아닙니다. 상사를 좀 더 이해하려고 노력해보라는 의미입니다. 상사가 무엇을 기대하고 있고, 어떤 고민을 하고 있으며, 우리 팀이 어떻게 발전하기를 원하고 있을까에 대해 한번 생각해보라는 의미입니다. 그래서 가능하다면 상사의 기대에 부합될 수 있도록 계획을 잡고, 상사의 고민을 같이 해결하기 위해서 노력해보고, 상사가 바라는 팀이 될 수 있도록 힘을 모아보는 것입니다. 굳이 매일 아침 상사에게 커피를 조공하거나 점심시간마다 상사와 점심 약속을 잡지 않더라도, 만약 여러분이 이렇게 상사의 마음을 이해하려고 노력하고, 상사의 기대에 어긋나지 않도록 노력하는 모습을 보여준다면 상사는 여러분에게 믿음을 가질 수 있게 될 것이고, 이를 통해 여러분과 상사는 자연스럽게 친해지게 될 것입니다.

 간혹 "우리 상사는 능력도 없으면서 팀원들을 이용하려고만 해요"라든지 "우리 상사는 도대체 배울 만한 게 하나도 없어요"라고 이야기하는 사람도 있습니다. 네, 저도 직장생활을 하면서 이런 경우를 종종 경험했습니다. 심지어 다른 팀에 있는 저에게 찾아와서 이런 하소연을 하는 사람도 있었습니다. 아무리 생각해도 그 상사는 인간성이 나빠서 친해지고 싶지 않은 상사라고요. 네, 맞습니다. 가끔 상사 중에는 정말 돼먹지 못한 상사도 있습니다. 하지만 제가 여러분에게 드리고 싶은 말씀은 그런 상사라고 하더라도 일단은 친하게 지내라는 것입니다.

저는 여러분에게 그 상사를 마음속 깊이 사랑하라고 말씀드리는 것이 아닙니다. 그저 상사로서 존경하라는 것입니다. 그 상사가 인간성이 좋거나 배울 점이 많아서 존경하라는 의미가 아니고, 현재 나의 상사 자리에 있기 때문에 존경하라는 것입니다. 그렇게 인간성도 안 좋고, 배울 게 없는 사람인데도 불구하고 여러분의 상사 자리까지 올라갔다는 점, 그 점을 존경하라는 것입니다. 그리고 그 상사가 기대하는 바를 만족시킬 수 있도록 여러분에게 노력해보라고 이야기하는 것입니다. 다른 직원들은 그 상사가 싫어서 피하려고 하고 무시하려고 해도, 일단 여러분의 상사라는 지위에 있는 동안만큼은 그 상사가 가자고 하는 방향으로 가보시기 바랍니다.

어떤 상사이건 상사와 친한 관계를 유지하는 것은 중요합니다. 아무리 상사라고 해도 자신이 마음속으로 신뢰하고 좋아하는 직원에게 표나게 잘해주기는 어렵습니다. 하지만 신뢰하지 않고 좋아하지 않는 직원에 대해서는 자신이 가진 다양한 권한을 이용해서 충분히 그 직원의 성공을 막을 수 있는 자리에 있는 사람이 상사라는 것을 꼭 기억하시기 바랍니다. 굳이 상사와 자존심 싸움을 하거나 상사의 인간성까지 평가해서 상사와 좋지 않은 관계를 유지할 필요가 없는 이유입니다.

회사는 내가 좋아하는 사람들과 꾸려가는 친목 단체가 아니고, 매달 일정한 돈을 받고 노동력을 제공하기로 약속한 곳입니다. 이곳에 모인 사람은 내가 사장이 아닌 이상 내 마음대로 선택할 수는 없습니다. 따라서 내 상사로 와 있는 사람이 인간성도 좋고 친절할 확률과 별로 좋지 않은 인간성을 가진 사람일 확률은 반반이라고 볼 수 있습니다. 하지만 어떠한 경우라고 하더라도 우리는 프로 정신으로 똘똘 뭉쳐 그분과 최대한 친한 사이로 지내야 하고, 그의 기대에 맞추어가면서 내가 얻어낼 수 있는 최대한의 효과를 누릴 수 있다는 걸 명심하시기 바랍니다. 어차피 내가 성공하게 되면 상사는 바뀌게 되어 있기 때문입니다.

- 상사와 굳이 나쁘게 지낼 필요는 없다. 상사가 해줄 수 있는 것이 의외로 많다는 것을 잊지 말자.
- 상사와 잘 지내라는 말은 상사의 비위를 맞추며 아부하라는 의미가 아니다. 상사의 입장을 좀 더 이해해보려고 노력하라는 의미이다.
- 배울 점이 없는 상사라고 하더라도 존경해라. 그렇게 배울 것이 없는 상사인데도 불구하고 지금 그가 내 상사 자리에 있다는 것이 그를 존경할 만한 이유이다.
- 내 상사가 인간성도 좋고 친절할 확률과 인간성이 나쁠 확률은 반반이다.

2
좋은 스토커도 있다

스토커의 의미를 찾아보면 '상대방의 의사와 상관없이 상대방을 쫓아다니면서 상대방에게 위협을 가하는 사람'이라고 나와 있습니다. 하지만 여기서 제가 이야기하려는 스토커는 그런 사람이 아닙니다. 마치 스토커처럼 상대방에게 최대한 관심을 가지고 그 사람이 무엇을 기대하는지, 그 사람이 중요하게 생각하는 포인트는 무엇인지, 그 사람은 어떻게 일하는 걸 선호하는 스타일인지 등에 대해 꼼꼼하게 알아내자는 의미입니다. 그리고 여기서 그 대상은 바로 우리의 상사입니다.

'나는 상사와 잘 통한다.' 이 말은 무슨 의미일까요? 이 말은 상사의 의도를 정확하게 파악할 수 있고, 상사가 중요하게 생각하는 것이 무엇인지 알고 그것을 수행할 수 있다는 의미라고 봅니다. 보통 상사의 마음을 잘 헤아리는 경우 그 사람은 상사와 잘 통한다고 말합니다. 이렇게 상사와 잘 통하는 것은 직장생활에서 꽤나 유리한 면이 많습니다. 어떤 직원은 아무리 노력해도 상사의 기대에 부응하지 못하고 낙담하는 반면, 이렇게 잘 통하는 직원은 조금만 노력해도 상사의 기대를 충분히 만족시킬 수 있고, 이를 통해 좋은 평가를 받을 수 있기 때문입니다. 급기야 나중에는 상사가 무슨 이야기만 했다 하면 다른 직원들이 이 사람에게 몰려가 방금 상사의 말은 어떤 의미였는지를 물어보게 됩니다. 또 상사 역시 자기의 의도를 잘 파악하는 직원을 신뢰하고, 그에게 중요한 일을 우선적으로 줄 수밖에 없게 되는 것입니다.

물론 이렇게 상사와 잘 통하는 것, 이것은 타고나는 경우도 있습니다. 사람 사이에는 궁합이라는 게 있습니다. 상사와 궁합이 잘 맞을 경우 내가 딱히 노력하지 않더라도 상사와 잘 통하게 되는 것입니다. 하지만 이런 경우만을 기다리는 것은 직장생활을 운에 맡기는 것이라고 볼 수 있기 때문에 어떤 상황에서도 상사와 잘 통하기 위한 노력이 필요한데 그것은 바로 상사에 대해 무한한 관심을 갖는 것입니다.

상사에게 관심을 가져야 할 부분은 딱히 정해져 있지 않습니다. 왜냐하면 모든 부분에 관심을 가져야 하기 때문입니다. 상사의 출근 시간은 언제인지, 퇴근은 언제 하는지, 어떤 스타일의 옷을 주로 입는지, 일할 때 큰 그림을 그리는 것을 좋아하는 스타일인지, 아니면 하나하나 꼼꼼하게 챙기는 스타일인지, 회의 시간에는 말을 많이 하는 편인지, 아니면 상대의 말을 들으려고 하는 편인지, 유머를 좋아하는 스타일인지, 엄근진 스타일인지, 하다 못해 취미나 가족 사항, 경력까지. 알아낼 수 있는 모든 정보를 알아내는 것이 필요합니다.

일하기도 바쁜데 왜 이렇게 상사의 세세한 부분까지 살펴야 하는가에 대해 의문을 가지는 분들도 있을 수 있습니다. 물론 이와 같은 상사의 정보를 알려면 시간도 써야 하고 관심도 가져야 하니 번거로울 수밖에 없습니다. 하지만 일단 어느 정도의 시간과 노력으로 상사의 정보를 알아내게 되면, 상사의 지시와 행동에 대해 좀 더 이해할 수 있게 되고, 또한 상사의 업무 처리 방식에 대한 예측까지도 어느 정도 가능하게 된다는 장점이 생깁니다. 또한 그 상사가 부하 직원을 좋게 평가하는 포인트에 대한 힌트도 얻을 수 있게 됩니다.

예를 들어 정해진 출근 시간보다 훨씬 일찍 출근하는 상사라면 아무래도 본인과 비슷하게 아침 일찍 출근하는 부지런한 직원을 좀 더 좋게 볼 가능성이 크고, 자료를 꼼꼼하게 작성하는 상사라면 부하 직원 역시 그런 스타일을 선호하게 될 것입니다. 큰 그림을 보는 것을 좋아하는 상사에게 하나부터 열까지 세세하게 설명하려고 하는 직원은 갑갑하게 보일 수 있고, 무슨 일이 생기면 무조건 현장으로 나가는 걸 선호하는 상사에게 사무실에서 전화 통화만으로 업무를 처리하려는 직원이 좋게 보일 리 없습니다. 꼼꼼하게 모든 걸 기록하는 상사라면 회의를 하거나 업무 지시를 할 때 직원들 역시 자신처럼 꼼꼼하게 메모하는 것을 선호할 것이고, 지시를 들으며 그저 고개만 끄덕이고 있는 직원을 좋게 볼 리가 없습니다.

'그때는 맞고 지금은 틀리다'라는 말처럼 상사에 따라서 어떤 상사는 말 잘하는 직원을 똑똑하다고 생각하고, 어떤 상사는 그런 직원을 말만 번지르르하다고 생각할지도 모릅니다. 따라서 상사의 스타일을 파악하고 그 상사에게 맞는 스타일로 일하는 것이 중요한 것입니다. 앞서 이야기했던 MBTI 역시 그런 면에서 중요할 수 있습니다. 상사의 MBTI를 알게 된다면 그에 맞는 업무 스타일로 스스로 맞추어보는 것입니다. 어차피 업무를 위해 써야 하는 시간이고 에너지라면 기왕이면 상사가 선호하는 스타일로 진행하는 것이 상사에게 좋은 평가를 받을 수 있습니다. 그렇기 때문에 이렇게 상사의 스타일을 이해하는 것은 시간 낭비가 아니고 오히려 시간을 절약할 수 있는 포인트입니다.

또한 가급적 상사와 시간을 많이 보내는 것이 유리합니다. 상사와 같이 있으면 늘 불편하고 딱히 할 이야기도 없어서 의도적으로 상사와의 자리를 피하는 사람이 있습니다. 그 직원의 입장에서는 상사를 싫어하는 것은 아니지만 그렇다고 상사와 친해질 필요도 없다고 생각하기 때문에 거리를 두는 것입니다. 또는 상사와의 사적인 대화가 꼭 필요하다고 생각하지 않을 수도 있습니다. 하지만 상사의 입장에서 보면 이와 같은 행동은 그 직원에 대한 오해를 빚게 할 수도 있습니다.

직원의 입장에서는 쉽게 이해가 가지 않을 수도 있지만 상사라는 자리는 꽤나 외로운 자리입니다. 직원이었을 때는 힘든 일이 생겼을 때 같이 마음을 터놓고 이야기할 같은 팀 동료들이 있었지만, 상사가 되면 누구와도 쉽게 편안한 마음으로 이야기하기가 어렵습니다. 팀원들 앞에서는 상사로서의 체면 때문에 힘든 내색을 할 수도 없고, 그렇다고 다른 팀 팀장들에게 마음을 터놓고 한탄을 할 수도 없는 것입니다. 그런데 자기 팀 직원들이 본인을 슬슬 피하려고 한다면 그걸 기분 좋게 받아들이기는 힘들 것입니다.

상사와 가급적 많은 시간을 보내야 하는 이유는 그 시간이 그냥 낭비하는 시간이 아니기 때문입니다. 일반적인 업무 시간보다 그렇게 상사와 보내는 시간 동안 훨씬 더 많은 정보를 얻을 수 있고, 또 그때 본인의 요구 사항을 관철시킬 수도 있게 되기 때문입니다. 사실 회사에는 업무 절차라는 것이 있고 상사와의 협의도 정해진 업무 협의 시간이나 면담 시간을 통해서 이루어지는 것이 맞긴 하지만, 실제 현실은 조금 다릅니다. 커피 마시는 자리에서 또는 담배 피우는 자리에서 나눈 이야기가 업무에 반영되기도 하고, 사적인 자리에서 나눈 대화가 회사에서 나눈 이야기보다 더 효과적으로 전달되기도 합니다. 공과 사를 구분하는 것이 맞긴 하지만 상사 역시 감정을 가지고 있는 사람이기 때문에 현실에서는 사적인 시간이 중요하게 작용할 수도 있다는 것을 이해해야 합니다.

그렇다고 상사를 하루 종일 쫓아다니라는 의미는 아닙니다. 하루에 한 번, 적어도 이틀에 한 번 정도는 시간을 내서 상사와 대화를 해보라는 것입니다. 처음부터 이런 시간을 만드는 것이 쉽지 않을 수도 있습니다. 하지만 앞에서 말씀드린 대로 상사를 잘 관찰해보면 분명 여러분에게 필요한 시간을 찾아낼 수 있을 것입니다. 그런 기회가 오면 처음부터 하고 싶은 이야기를 꺼내지 마시고, 상사의 이야기를 듣는 기회로 활용하십시오. 그리고 어느 정도 이런 시간이 익숙해졌을 때 본인이 하고 싶은 이야기나 요청 사항을 꺼내보시기 바랍니다. 회사 내의 공식적인 자리에서보다 훨씬 더 효과적으로 메시지가 전달된다는 것을 느낄 것입니다.

하지만 여기서 절대 잊지 말아야 할 것이 있습니다. 상사의 스타일에 맞추어 행동하는 것, 그리고 상사와 사적인 시간을 만드는 것은 일단 기본적으로 자신에게 주어진 업무를 성실하게 잘 수행하고 있다는 전제하에 이루어져야 한다는 것입니다. 본인에게 주어진 업무는 제대로 못하면서 상사의 스타일에 맞추어보겠다고 어설프게 굴거나 상사에게 개인적으로 친한 척을 한다는 느낌을 주면 이를 좋게 볼 상사는 아마 없을 것입니다. 주어진 일을 성실하게 잘하면서 상사의 스타일에도 맞추려고 노력하고, 가끔 개인적인 대화를 통해 업무의 어려움을 이야기한다면 그건 충분히 상사가 이해할 수 있습니다. 하지만 그게 아니라면 결코 좋은 평가를 받기는 어려울 것입니다.

일단 주어진 업무를 성실하게 수행하면서 상사의 스타일에 맞출 수 있도록 노력해보시기 바랍니다. 분명 지금보다 수월하게 직장생활을 하실 수 있을 거라고 생각합니다.

- 상사에게 관심을 가져야 할 부분은 딱히 정해져 있지 않다. 왜냐하면 상사의 모든 부분에 관심을 가져야 하기 때문이다.
- 상사의 스타일을 파악하고 그에 맞는 스타일로 일하는 것이 가장 효율적인 업무 방식이다.
- 상사라는 자리는 의외로 외로운 자리이다. 가급적 상사와 많은 시간을 보낼 수 있도록 해보자.
- 상사의 스타일에 맞추는 것, 그리고 상사와 시간을 많이 보내는 것은 일단 내가 맡은 업무에서 충분히 성과를 만들어낸 다음에 이루어져야 한다. 본인의 업무도 제대로 못하면서 어설프게 상사에게 다가가지는 말자.

3
잘나가는 상사 만들기

 가끔 동료들과 이야기를 하다 보면 자신의 상사를 질투하는 경우가 있습니다. 물론 없는 자리에서야 임금님 욕도 한다고 하니 상사에 대한 뒷얘기를 하는 것이 잘못된 것은 아닐 겁니다. 하지만 자신의 상사를 질투하거나 라이벌로 생각해서 괜히 주는 것도 없이 미워하거나 은근히 잘 안되기를 바라는 것은 다시 한번 생각해봐야 할 행동입니다.

 물론 가끔은 나한테만 힘든 일을 배정하거나 내 연봉만 박하게 주는 것 같아 상사가 미울 수 있고, 하는 것 없이 월급만 챙겨 가는 것 같은 상사에게 나쁜 감정을 가질 수도 있습니다. 그래서 은근히 상사가 잘나가는 게 배 아프고, 상사가 윗사람으로부터 칭찬을 듣는 게 싫을 수도 있습니다. 사실 직원들이 따르고 존경하는 상사들도 많지만, 그 반대의 경우도 종종 있는 것이 현실입니다.

그런데 상사에 대해 이렇게 좋지 않은 감정이 들었다고 해서 그런 감정을 밖으로 표출하는 건 결코 바람직한 일이 아닙니다. 아무래도 상사에 대한 싫은 감정이 있다 보니 타 부서 직원과 있을 때나 동료들과의 사적인 자리에서 그 상사에 대해 좋지 않은 이야기를 할 수 있습니다. 그런데 이런 이야기는 의외로 당사자인 상사에게 생각보다 빠르고 정확하게 전달되는 경우가 많습니다. 술김에 조금 솔직하게 해버렸던 상사에 대한 험담이나, 장난삼아 농담 반 진담 반으로 했던 상사에 대한 나쁜 이야기들이 누군가의 입을 통해 다시 상사에게 전달되는 경우가 종종 있습니다. 물론 상사는 그런 이야기를 전해 들었다고 하더라도 당사자를 불러 진위를 파악하려고 하지는 않을 것입니다. 만약 진위를 파악하려고 당사자를 불렀다면 오해를 풀고 사과를 해서 문제를 더 악화시키지는 않도록 할 수도 있을 것입니다. 하지만 그런 기회가 잘 생기지 않다 보니 내가 실수로 했던 상사에 대한 험담이 돌고 돌아 상사에게 들어갈 때는 처음에 입에서 나갔을 때보다 훨씬 더 심각한 상태가 되고, 그럼으로써 상사와의 관계는 돌이킬 수 없는 강을 건너게 되는 것입니다.

굳이 안 해도 될 말이나 행동을 해서 왜 스스로 무덤을 파려고 하는 걸까요? 이런 행동은 잠시 스트레스가 풀리는 효과가 있을지는 모르지만, 그 효과에 비해 부작용이 너무 크다고 볼 수 있습니다. 아무리 상사에 대한 좋지 않은 감정이 있어도, 아무리 그 사람이 싫어도 내가 회사라는 조직에 있는 동안만큼은, 내가 그 상사의 조직에서 일하고 있는 동안만큼은 어떠한 상황에서도 이런 내색을 하거나 싫어하는 티를 내면 안 됩니다. 이건 상사를 위해서가 아니고 바로 여러분을 위해서 드리는 말씀입니다.

　더 정확하게 말씀드리자면 상사에 대한 부정적인 감정을 머릿속에 갖는 것부터가 잘못된 것입니다. 아무래도 상사에 대한 부정적인 생각을 계속 하다 보면 언젠가는 그런 생각이 행동이나 말로 나올 수밖에 없게 되고, 그런 언행을 해버리면 반드시 다른 사람에 의해 상사의 귀에 들어가게 됩니다. 그러므로 아무리 마음에 안 드는 상사가 있다고 해도 마음속으로 끊임없는 자기최면을 해야 합니다. 상사를 좋아할 수는 없다고 해도 최소한 그 사람을 미운 사람으로 여기지는 말아야 하는 것입니다. 이것이 쉽지 않다는 걸 저 역시 잘 알고 있습니다. 하지만 직장생활이라는 것은 다 그런 것이라고 생각하고 견뎌야 합니다. 어차피 다른 조직에도, 다른 회사에도 맘에 안 드는 상사는 어디에나 존재합니다. 앞서 말씀드린 대로 내가 원하는 걸 얻을 때까지는 견뎌보시기 바랍니다.

　더 나아가 저는 여러분께 상사를 그냥 미워하지 않는 단계에서 끝내지 말고 상사를 칭찬하고, 그의 성공을 돕는 사람이 되라고 말씀드리고 싶습니다. 대놓고 상사 앞에서 입에 발린 말을 하라는 의미가 아니고 주변 사람들과 있을 때 상사에 대한 칭찬을 자연스럽게 하라는 의미입니다. 여러분이 자연스럽게 상사에 대한 칭찬을 주변 사람들에게 하게 되면, 그 역시 언젠가는 상사의 귀에 들어가게 됩니다. 그리고 그 효과는 앞에서 이야기했던 상사의 험담을 했을 때와는 반대가 될 것입니다. 아무리 흠이 많은 상사라고 하더라도 한두 가지 장점은 있을 것입니다. 그렇지 않았다면 그 사람은 절대 상사라는 자리에 올라갈 수 없었을 것입니다. 지금까지 그런 장점이 보이지 않았다면 이제부터라도 한번 찾아보시기 바랍니다. 정말 이상한 회사가 아니라면 아무 능력이 없는 사람을 여러분의 상사 자리에 올려놓지는 않았을 것입니다. 그리고 여러분이 조금 더 열린 마음으로 상사의 장점을 찾게 되었다면 이제 그 장점을 혼자만 알고 끝내지 마시고, 주변 사람들에게 자연스럽게 전달해보시기 바랍니다. 언젠가 돌고 돌아 그 이야기를 들은 상사는 첫째, 여러분이 장점이라고 이야기했던 그 부분에 있어 좀 더 잘해보려고 노력할 것입니다. 그리고 둘째, 그 말을 해준 여러분에게 고마움과 신뢰를 갖게 될 것입니다. 그런 좋은 결과는 바로 여러분의 칭찬 한마디에서 시작된 것입니다. 그럼에도 불구하고 굳이 상사에 대한 험담을 해서 나에게까지 피해가 가는 나쁜 결과를 만들어낼 필요는 없는 것입니다.

    가끔 직장생활을 하다 보면 이상하게 다른 팀 상사들은 다 좋은 사람 같은데, 유독 우리 팀 상사만 여러 가지로 문제가 있는 사람처럼 보이는 경우가 있습니다. 이게 바로 조상님 때부터 이어지던 '남의 떡이 커 보이는' 현상이라고 볼 수 있습니다. 그래서 왠지 팀을 옮기고 싶기도 하고 저 팀 상사가 우리 팀으로 오면 좋겠다는 생각을 해보기도 합니다. 하지만 실상은 "그놈이 그놈이다"라는 말로 대부분 결론이 나곤 합니다. 다른 팀 상사를 부러워할 시간에 우리 팀 상사에게 좀 더 집중하는 것이 직장생활에는 훨씬 더 보탬이 되곤 합니다. 특히 업무 중에 내가 특별히 공을 세우게 되는 경우나 전체 직원들 앞에 서게 되는 경우, 우리 상사보다 더 높은 임원이나 사장님 같은 분들과 대화를 하게 되는 경우가 있을 때, 이런 자리에서 공을 상사의 덕으로 돌린다면 그동안 늘 별로였던 우리 팀 상사도 점점 내가 원하던 멋진 상사로 변화하기 시작할 것입니다.

사실 평소에 상사의 도움을 받았고, 상사에게 고마움을 느끼는 경우라고 하더라도 막상 큰 공을 세워 임원이나 사장님에게 칭찬을 듣게 되거나, 전 직원 앞에 서서 발표를 하는 자리에 서면 긴장이 되어 직속 상사에 대한 고마움의 인사를 잊어버리는 경우가 종종 있습니다. 그런 자리가 자주 있지 않기 때문에 더욱이 직속 상사를 챙기는 것이 매우 중요합니다. 높은 사람에게 칭찬을 받는 것에 심취해서 막상 자신의 직속 상사를 챙기지 못하게 되면, 상사는 두고두고 이 부분에 대해 서운한 감정을 느끼게 되고, 언제 어디서 서운함이 행동으로 드러날지 모릅니다. 만약 지금까지 상사와 좋은 관계를 유지하고 있었다고 하더라도 그 한 번의 실수로 모든 노력이 수포로 돌아갈 수도 있습니다. 따라서 특히 이렇게 모든 공이 여러분에게 쏠릴 때 그 공을 자신의 직속 상사에게 돌리는 모습을 보여야 한다는 것을 잊지 마시기 바랍니다. 여러분이 이렇게 자신의 공을 직속 상사에게 돌린다고, 듣는 사람이 '아~ 이게 사실은 이 사람의 능력이 아니었고, 직속 상사가 잘해서 된 거구나!'

라고 생각하지 않습니다. 오히려 '이 사람이 능력만 좋은 게 아니고 겸손하기까지 하구나'라고 생각할 것입니다. 듣는 상대에게도 점수를 더 받을 수 있고, 심지어 공을 돌린 상사에게까지 좋은 인상을 줄 수 있다면 그런 인사를 하지 않을 이유가 없겠지요?

만약 여러분이 상사의 자리에 있다고 가정해보겠습니다. 여러분의 직원이 자신의 업무도 잘 수행해나가면서, 평소에 주변 사람들에게 상사인 여러분을 칭찬하고, 심지어 공을 세우고 칭찬을 듣는 자리에서조차 자신의 공을 상사인 여러분의 덕으로 돌린다면 여러분은 어떤 기분이 들까요?

사실 사람의 마음을 사로잡는 것은 거창한 것이 아니라고 생각합니다. 어차피 나의 상사인 사람을 내가 괜히 질투하고 미워하고 시기해봐야 내 마음만 불편하고, 내 표정만 어두워질 수밖에 없습니다. 함께 일하는 동안만큼은 그 사람의 장점을 보려고 노력하고, 그 장점을 다른 사람에게도 알리고, 혹시 여러 사람 앞에 설 기회가 왔을 때 상사에게 고마움을 전한다면, 그러한 처신은 여러분에게 좋은 결과로 돌아올 것입니다.

너무나도 속이 들여다보이는 뻔한 행동 같지만 직장에서 이런 이치를 이해하고 행동하는 직원과 그저 자기 감정대로만 행동하는 직원은 결과에 있어 매우 차이가 난다는 걸 꼭 기억하시기 바랍니다.

내 마음속 메모장

- 상사에 대한 부정적인 감정을 밖으로 표출하는 행동은 절대 해서는 안 된다. 상사는 그런 일이 있었다는 것을 결국 알게 될 확률이 높고, 부정적인 감정을 숨기지 않은 나에게 그 피해가 돌아오기 때문이다.

- 아무리 흠이 많은 상사라도 한두 가지 장점은 있을 것이다. 아무 장점도 없었다면 결코 그 자리까지 올라가지 못했을 것이다. 지금 당장 그 장점을 찾아보자.

- 우리 팀 상사보다 다른 팀 상사가 괜찮아 보이는 이유는 남의 떡이기 때문이다. 사람은 어차피 거기서 거기다.

- 내가 칭찬받을 때 상사에게 그 공을 돌린다고 나의 성과가 과소평가되지 않는다. 기회가 왔을 때 상사에게 공을 돌려보자.

4
상사를 위한 진정한 조언이 떠오를 때

어떤 예능 프로그램에서 유재석이 한 초등학생에게 "잔소리와 충고의 차이는 뭘까요?"라는 질문을 한 적이 있습니다. 그 질문을 받은 초등학생은 이렇게 대답합니다.

"잔소리는 왠지 모르게 기분이 나쁜데요. 충고는 더 기분이 나빠요!"

다른 사람을 위한다고 하는 잔소리나 충고가 막상 듣는 사람 입장에서는 기분이 나쁘다는 건 어른이나 아이나 큰 차이가 없는 모양입니다. 직장생활을 하다 보면 잔소리나 충고를 종종 듣거나 하게 됩니다. 상사나 선배 사원이 후배 사원에게 잔소리를 하거나 조언이나 충고를 해주기도 하지요. 앞으로 잘하라는 의도에서 이런 행동을 하지만 받아들이는 사람 입장에서는 항상 고맙지는 않을지도 모릅니다.

또 다른 경우는 후배 직원이 선배나 상사에게 조언을 하는 경우입니다. 이런 경우가 자주 없을 것 같지만 의외로 이런 상황도 직장에서는 자주 발생합니다. 어떤 업무는 상사에 비해 부하 직원이 더 많은 경험과 지식을 가지고 있는 부분도 있고, 어떤 부분은 상사가 업무 내용을 잘못 파악하고 있어 수정이 필요한 경우도 있습니다. 이 외에도 상사의 말과 행동이 일치하지 않아 업무에 혼선이 생겼다거나 상사의 잘못된 판단이나 행동 때문에 정해진 업무에 차질이 생겨 개선이 필요한 경우가 생기기도 합니다.

이때 업무에 관한 지식이나 업무 파악과 같은 객관화가 가능한 부분은 그 대상이 상사라고 하더라도 충분히 커뮤니케이션이 가능합니다. 업무 회의나 개인 면담 등을 통해서 잘못된 부분에 대해서 충분히 설명하면 이를 시정하면 되는 것입니다. 이에 대해서 상사가 문제를 지적한 부하 직원을 나쁘게 보는 경우는 없을 것입니다. 물론 이 경우에도 문제 제기를 할 때 자신의 감정을 드러낸다거나 개인 면담을 통해서 전달해도 될 내용을 팀원이 모두 있는 자리에서 굳이 상사에게 이야기하지 않도록 주의해야 합니다. 상사가 불편한 감정을 느낄 수도 있기 때문입니다. 상사가 잘못 이해하거나 잘못 파악한 문제를 시정하는 것이 목적인지, 아니면 문제를 잘못 이해한 상사를 팀원들 앞에서 망신줌으로써 내 기분을 푸는 것이 목적인지를 잘 생각해보아야 합니다. 잘못된 문제를 시정하는 것이 목적이라면 그 목적을 이룰 수 있는 가장 효과적인 시간과 장소를 찾아 가장 효율적인 방법으로 해결하면 되는 것입니다. 그 문제 때문에 내가 불편을 겪었다거나 손해를 봤다고 하더라도 뒤늦게 분풀이용으로 문제 제기를 하는 경우 더욱 큰 손해를 볼 수도 있기 때문입니다.

특히 조심해야 할 부분은 바로 상사의 치명적인 단점에 대해 지적하거나 조언하는 것입니다. 물론 그 조언은 상사가 잘되기를 진심으로 바라는 마음에 하는 충언일 수도 있습니다. 다른 사람들은 용기가 없어 상사에게 제대로 피드백을 주고 있지 않으니 내가 나서서라도 상사에게 가감 없는 조언을 해주고 싶을 수도 있습니다. 그리고 이제는 나와 상사와의 사이에 어느 정도 신뢰가 쌓였으니 이 정도 직언은 가능할 것이라고 판단했을 수도 있습니다. 하지만 어떤 사이에서도 그 사람의 단점을 있는 그대로 지적하는, 조언이라는 이름의 직언은 기분이 좋을 수가 없습니다.

심지어 부부 사이에도 이건 마찬가지입니다. 퇴근하고 돌아온 남편에게 부인이 오늘 자신이 옆집 아주머니와 말다툼한 이야기를 풀어놓는다고 가정해보겠습니다. 부인은 속으로 남편이 자기 편을 들어주기를 기대하고 이야기했지만, 정작 남편은 부인의 행동에 대해서 논리적으로 판단하며 "이 부분은 옆집 아주머니도 문제가 있지만 다른 부분은 당신에게도 잘못이 있는 거야"라고 냉정하고 정확한 판결을 내린다면 어떤 기분이 들까요? 기분 나쁜 마음은 가라앉지 않고 오히려 더 커질 것이고 남편에 대한 서운함마저 들게 될 것입니다. 하지만 남편 입장에서는 부인의 이야기를 들어보니 분명 부인이 잘못한 부분이 있어서 부인을 위해 솔직하게 이야기해준 건데 왜 화를 내는 건지 이해가 안 갈지도 모릅니다. 이렇게 부부 사이에서도 가끔은 정확한 판단이나 지적이 오히려 역효과를 내는 경우가 있습니다. 그런데 회사에서는 어떨까요? 어설프게 상사를 위한답시고 직언을 했다가 오히려 그 상사의 기분을 상하게 하고 상사와의 사이에 깊은 골이 생길 수도 있습니다.

심지어 상사의 단점에 대한 이런 지적이 정확하면 정확할수록 상사는 더욱 더 기분이 나빠집니다. 상사도 이미 본인의 단점을 알고 있고, 이를 콤플렉스로 여기고 있을 수도 있으며, 주변 사람으로부터 이미 이와 비슷한 지적을 받았을 수도 있습니다. 그런데 팀원이 이런 자신의 단점을 직언을 한답시고 가감 없이 지적한다면, 그걸 고맙게 받아들일 상사는 많지 않을 것입니다. 특히 외국계 회사의 경우 상사와 격의 없이 서로 친구처럼 이름을 부르고 편하게 지내는 경우가 많습니다. 그런데 그렇게 지낸다고 해도 상사와는 결코 친구가 될 수 없다는 사실을 명심해야 합니다. 친구 사이에도 이런 직언은 조심해야 하는데 심지어 상사에게 직언을 하는 것은 정말 특별한 경우가 아니라면 피하시면 좋겠습니다.

정말 그 상사가 잘되기를 원한다면 가급적 그 상사의 단점을 찾으려고 하지 말고 장점을 찾으려고 해보시기 바랍니다. 그리고 단점에 대해 직언을 해줄 생각보다는 장점에 대한 칭찬을 해줄 생각을 해보시기 바랍니다. 또한 그 상사를 위한다는 이유로 그 사람의 부족한 점에 대한 조언을 해주려고 하지 마시고, 여러분이 그 상사로부터 조언을 들으려고 해보시기 바랍니다. 상사에게 찾아가 본인의 부족한 점을 솔직히 털어놓고 상사의 조언을 요청한다면, 상사는 그런 직원에게 더 신경을 써주려고 할 것입니다.

가끔은 나의 진심을 상대가 오해해서 서로 서운한 감정이 생기고 가까웠던 사이가 멀어지는 경우가 있습니다. 분명 좋지 않은 의도는 없었는데 결과가 나쁘게 나오게 되면 '내가 저 사람을 너무 믿었구나'라든지 '앞으로는 저 사람과 거리를 둬야겠구나'라는 생각을 하면서 커다란 실망감을 느끼게 됩니다. 이런 문제가 발생하는 경우는 그 사람에게 너무 솔직하게 모든 걸 다 이야기했기 때문인 경우가 많습니다.

직장생활에서 잊지 말아야 할 한 가지는 누구에게도 내 마음을 다 열어 보이면 안 된다는 것입니다. 아무리 친한 직장 동료라고 하더라도, 내가 너무나도 존경하는 선배나 상사라고 하더라도 절대로 여러분의 모든 감정과 속내를 드러내지는 않아야 합니다. 직장이라는 곳은 친목 단체가 아닙니다. 저마다 목적을 이루기 위해 사람들이 모인 곳이고 그 목적에 따라 언제든 서로의 관계가 달라질 수 있는 곳입니다. 누군가를 깊이 신뢰해서 했던 한마디가 나중에 어떤 결과로 나에게 돌아올지 모릅니다. 특히 본인이 상사와 친해졌다고 생각해서 충심으로라도 직언을 하는 것은 조심해야 합니다.

여러분의 상사는 여러분에 대한 모든 권한을 다 가지고 있는 사람입니다. 그 사람의 마음이 변했을 때 가장 큰 영향을 받을 수밖에 없는 사람은 바로 여러분이라는 것을 잊어서는 안 됩니다. 앞으로 내가 좋아하는 그 상사를 위한 진정한 조언이 떠오른다면 그걸 바로 상사에게 이야기하기보다는 '나는 정말 완벽한 사람일까?'라는 생각을 해보며 여러분 스스로를 돌아보는 기회로 바꾸어보시기 바랍니다. 남들이 개선되기를 바라는 시간에 스스로를 개선하려는 노력을 하면 어쩌면 더 좋은 결과를 얻게 될지도 모릅니다.

내 마음속 메모장

- 상사의 의견이 잘못되어 바로잡고 싶다는 생각이 든다면, 먼저 감정을 자제한다. 그리고 생각을 전달하기에 최대한 효과적인 타이밍과 방법을 생각하자.
- 상사의 단점을 정확하게 지적하면 할수록 상사는 더욱 기분이 나빠진다.
- 상사가 잘되기를 바란다면 그 상사의 단점을 찾지 말고 장점을 찾아보자.
- 직장생활에서 잊지 말아야 할 한 가지는 누구에게도 내 마음을 다 열어서는 안 된다는 것이다. 직장은 친목 단체가 아니기 때문이다.

5
명분이 없다 아입니까? 명분이

몇 년 전 우연한 기회에 극장에서 봤던 「범죄와의 전쟁」이라는 영화는 배우 최민식과 하정우의 연기가 매우 인상적이었습니다. 말단 세관 공무원으로 시작해 특유의 친화력과 로비 능력으로 범죄 조직의 우두머리 자리까지 오르는 최민식이 건달 하정우를 처음 만나 도움을 청했을 때 하정우는 이런 말을 합니다. "명분이 없다 아입니까? 명분이." 한낱 건달 세계에서도 상대 조직을 쳐들어가기 위해서는 명분이 필요하다는 이야기입니다.

명분은 직장생활에서도 아주 중요하게 작용합니다. 업무 협조를 위해 추가 인력이나 예산을 지원받아야 할 경우, 새로운 투자 계획을 세우는 경우, 조직 변경이 필요할 경우, 심지어 1박 2일로 부서 워크샵을 가거나 회식을 하는 경우에도 이를 위한 명분이 필요한 곳이 바로 회사라는 조직입니다.

일반적으로 외국 회사에서는 'justification'이라고도 하는 명분은 회사 입장에서 '그 일을 왜 진행해야만 하는가?', '그 일을 진행했을 때 기대되는 이익은 무엇인가?', '다른 일보다 그 일이 더 중요한 이유는 무엇인가?', '왜 지금 이 일을 꼭 해야만 하는가?'와 같은 다양한 질문에 대해 답을 만들어내는 과정이라고 볼 수 있습니다. 아무래도 시간과 인력과 비용을 투자해야 하는 회사 입장에서는 어떤 일에 우선순위를 두고 진행할 때 그렇게 꼭 해야만 하는 이유가 있어야 할 것입니다. 또한 모든 조직에서는 대부분의 결정 과정에 보고 라인을 통한 승인 과정이 필요한데, 승인 과정에서 결재권자에게 그 일의 진행에 대한 승인을 얻기 위한 용도로도 사용되곤 합니다.

같은 일이라도 명분이 분명한 일은 아무래도 승인도 잘 받을 수 있고 진행이 빠르게 되는 반면, 명분이 부족한 일은 우선순위에서도 밀리고 일을 진행하는 데도 어려움이 있을 수밖에 없습니다. 따라서 직장에서는 어떤 일을 하더라도 시작 전에 충분한 명분을 만드는 것이 중요합니다. 머릿속에는 이 일을 왜 빨리 시작하지 않으면 안 되는지에 대한 수백 가지 이유가 있지만, 그걸 문서로 만들어내지 못하거나 그 이유가 타당하지 않을 경우 아무리 중요하고 시급한 일이라도 그 일이 제대로 진행되기는 쉽지 않습니다. 또한 이러한 명분은 결재권자의 공감을 이끌어낼 수 있어야 합니다. 나에게 중요한 일이라고 해도 결재권자가 중요하다고 생각하지 않는 일이라면 쉽게 승인을 받을 수 없기 때문입니다.

회사에는 이렇게 어떤 일을 해야 하는 명분을 아주 잘 만들어내고, 이를 통해 회사의 지원을 적극적으로 이끌어냄으로써 본인의 성과를 최대한 달성하는 직원이 있습니다. 반면, 매일 야근까지 하며 일을 하지만 그 일을 왜 해야 하는지에 대한 주변 사람들의 공감을 이끌어내지 못하고 혼자서만 일에 매달려 빠져나오지 못하는 직원도 있습니다. 심지어 상사도 그 직원이 도대체 무슨 일을 저렇게 열심히 하고 있는지 알지 못하는 경우도 생기곤 합니다. 그런 직원들과 이야기를 해보면 "저 혼자 할 수 있는 일이라서 따로 지원을 요청하지 않았어요"라든지 "혼자서라도 열심히 하다 보면 언젠가는 알아주지 않을까요?"라고 이야기를 합니다. 지원이 필요하지 않고 혼자 하면 되는 일이니 일을 해야 하는 명분을 고민하거나 일에 대해 보고할 생각도 하지 않았고, 그렇게 해도 언젠가는 상사나 주변 사람들이 알아줄 거라고 생각하는 것입니다. 또 어떤 직원은 이렇게 일의 명분을 만들고 이를 보고하는 절차가 번거롭다고 생각하거나 괜히 일하는 티를 필요 이상으로 내는 것이라고 생각해서, 명분을 만들어내려고 노력하는 것 자체가 가식적이라고 느낄 수도 있습니다.

하지만 혼자 할 수 있는 일이라도 일을 해야 하는 명분을 만들어내는 것은 꽤나 중요합니다. 그리고 그걸 상사와 주변에 알리는 것 또한 매우 중요합니다. 뒤에 가서도 이런 이야기를 드릴 기회가 있겠지만 솔직히 회사에서 나 혼자 열심히 일하면 언젠가는 알아줄 거라는 생각은 아주 잘못된 생각입니다. 그 일이 왜 필요한가에 대해 대외적으로 공감을 얻지도 못한 채 혼자 묵묵히 일만 하는 직원을 상사가 다 이해하고 좋은 평가를 주는 경우는 흔하지 않습니다. 또한 혼자 일하니까 명분을 이야기할 필요가 없다는 생각도 바람직하지 않습니다. 본인에게 들어가는 인건비 역시 회사의 투자입니다. 따라서 본인이 하고 있는 일이 회사에 꼭 필요한 일이고, 우선순위가 높은 일이라는 명분이 있어야 하며 이에 대해 상사의 공감도 얻어야 하는 것입니다.

명분을 만들어내는 것에 탁월한 직원은 상사나 주변 사람으로부터 많은 지원을 받을 수 있기 때문에 같은 일이라도 훨씬 수월하고 빠르게 진행할 뿐 아니라 일이 끝나고 이에 대한 평가도 좋게 받을 수밖에 없습니다. 아무래도 상사를 비롯한 많은 사람들이 참여하는 일이다 보니 많은 사람들이 관심을 갖게 되고, 그 일의 성공을 바라게 됩니다. 일이 성공적으로 완료되면 그에 대한 평가 역시 좋게 할 수밖에 없는 것입니다. 때문에 같은 일이라도 가급적 많은 사람이 참여할 수 있도록 해야 하는 것입니다.

어떤 프로젝트를 혼자 두어 달간 끙끙대며 진행해서 결국 완료한 케이스가 있고, 또 다른 비슷한 프로젝트는 여러 명이 참여해서 몇 주 안에 완료됐다고 가정해보겠습니다. 후자는 아무래도 여러 명이 참여했으니 빨리 끝날 수밖에 없었겠지만 많은 인원이 참여했기에 그만큼 많은 사람들의 입에 오르내리고 더 많이 알려질 수 있었을 것입니다. 따라서 프로젝트 완료 후에도 많은 사람이 그 프로젝트를 이야기하고,

아무래도 좋은 평가를 내리는 사람도 많을 수밖에 없었을 것입니다. 두 경우의 차이는 시작할 때 명분이 있었는가 없었는가입니다.

이렇게 일에 대한 명분을 효과적으로 만들어내기 위해서는 지금 내가 하고 있는 일뿐만 아니라 회사의 전략과 목표, 그리고 현재 시장과 경쟁사의 상황, 트렌드의 변화까지 일과 관련된 주변 상황에 대한 이해가 필요합니다. 명분을 만들어내는 데 필요한 충분한 정보가 있어야 이를 통해 여러 사람이 공감할 수 있는 명분을 만들어낼 수 있게 되고, 지원을 받을 수 있기 때문입니다. 오직 지금 내가 하고 있는 일에만 빠져 이런 주변 상황을 모르고 있거나 관심이 없다면 제대로 된 명분을 만들어 주변 사람들에게 공감을 얻기란 상당히 어려운 일입니다.

삼국지를 보면 제갈공명이 군대를 이끌고 위나라를 토벌하러 나가면서 당시 촉나라의 황제이던 유비의 아들 유선에게 출사표를 올리는 장면이 나옵니다. 이 출사표에서 제갈공명은 선친 유비가 이루고 싶었던 꿈이 무엇이었고, 지금 천하의 정세는 어떠하며, 왜 지금 북벌을 해야 하는지에 대해 이야기합니다. 누가 봐도 왕의 명령으로 위나라를 공격하기 위해 떠나는 상황이었지만 제갈공명은 어린 왕에게 출병의 명분을 설명하고 필승의 의지를 다지기 위해 충정 어린 마음으로 출사표를 올린 것이었습니다. 같은 일을 해도 이렇게 명분을 가지고 진행했을 때 그 일의 결과에 대한 평가는 크게 달라질 수 있는 것입니다.

어차피 회사를 다니는 동안에는 수많은 업무를 진행하게 되어 있습니다. 하지만 같은 일에도 평가가 엇갈리는 경우가 많이 발생합니다. 그 이유는 어떤 명분을 가지고 업무를 진행했는지에 따라 평가가 갈리기 때문입니다. 그저 일만 열심히 해야겠다는 생각보다는 일을 하기 전에 '왜 이 일을 해야 할까?', '이 일이 왜 다른 일보다 우선이 되어야 할까?'를 생각해보시기 바랍니다. 이렇게 일의 명분을 고민하는 버릇을 들이고, 명분을 효과적으로 만들어낼 수 있게 된다면 여러분은 같은 일에서도 분명 더 좋은 평가를 받는 사람이 되어 있을 것입니다.

내 마음속 메모장

- 같은 일을 해도 명분이 분명한 일은 승인도 쉽게 받을 수 있고 평가도 좋다. 반면, 명분이 분명하지 않은 일은 승인에서도 밀리고 완료한 후에도 좋은 평가를 받기 어렵다.
- 나 혼자 할 수 있으니까 명분을 만들어 보고할 필요가 없다는 생각은 잘못된 것이다. 회사는 나 혼자 다니는 곳이 아니기 때문이다.
- 업무에 대한 효과적인 명분을 만들어내기 위해서는 업무에 대한 이해뿐 아니라 회사의 전략, 시장 환경, 경쟁 상황 등 많은 관련 지식을 충분히 이해하고 있어야 한다.
- 똑같이 일을 해도 평가가 달라지는 이유는 그 일이 어떤 명분으로 진행되었는가에 차이가 있기 때문이다.

6
나쁜 상사를 만났을 때

직장생활에서 좋은 상사를 만나게 되는 것은 꽤나 큰 행운입니다. 늘 나를 배려해주고, 나의 발전을 위해 다양한 지원을 해주며, 내가 주어진 업무를 잘 마무리 지었을 때 칭찬과 격려를 아끼지 않고 이에 대한 충분한 보상까지 해주는 상사가 있다면 아무리 삭막한 직장생활이라지만 회사에 출근하는 맛이 나는 것이 당연합니다.

하지만 좋은 상사를 만난다는 것은 말 그대로 행운입니다. 대부분의 경우 상사는 내가 꿈에 그리던 이상적인 상사는 아니며, 내 사정을 고려해주기보다는 회사의 사정이나 상사 자신의 입장이 먼저이고, 잘한 일에 대해서는 칭찬을 아끼면서도 작은 실수 하나도 결코 쉽게 넘기지 않는, 힘들고 가까이하기 어려운 사람인 경우가 대부분입니다. 하지만 그렇다고 이런 상사가 나쁜 상사라는 의미는 아닙니다.

상사의 스타일은 워낙 다양하지만 몇 가지 유형으로 분류해볼 수 있습니다.

첫 번째로 누가 봐도 괜찮고 좋은 상사입니다. 말 그대로 나와 소통이 잘되고, 나를 잘 알아주며 업무에 대한 경험과 지식도 많아 함께 있을 때 일의 효율도 올라가고 회사 다니는 맛이 생기게 하는 상사입니다. 물론 이 상사가 나에게만 좋은 상사이고 다른 직원들에겐 그렇지 않을 수도 있겠지만 어쨌건 이런 상사를 만나게 되면 일단 상사에 대한 리스크는 없다고 봐도 될 것 같습니다.

두 번째 유형은 자신의 감정을 드러내지 않고 일에만 집중하는 상사입니다. 직원들과 감정적인 소통을 하기보다는 주어진 업무에 집중해서 성과만으로 직원을 평가하는 스타일입니다. 사적인 대화나 농담을 싫어하고 직원의 개인적인 상황에 대해서도 고려하지 않는 경향이 있습니다. 이런 상사는 딱히 편애하는 직원도 없고, 그렇다고 딱히 싫어하는 직원도 없습니다. 이런 상사를 만나면 그저 시키는 일만 잘하면 됩니다. 업무 성과가 떨어진다면 어떠한 다른 사정을 설명해도 받아들여주지 않는 경향이 강하기 때문에 주어진 업무에 대해 성과를 제대로 보여주는 것이 중요합니다. 상사와의 대화에서도 개인적인 내용보다는 주제를 항상 업무에 맞추고 일에 대한 이야기를 위주로 대화하는 것이 좋습니다.

세 번째 유형은 이성보다는 감정이 앞서는 상사입니다. 그런 사람은 대체로 감정의 기복이 많고 그때그때 지시 사항이 변합니다. 기분이 좋을 때는 한없이 인자한 모습을 보이지만 무슨 일로든 화가 나면 포악한 모습을 보여 자신의 진짜 모습이 무언지 헷갈리게 하고, 직원들을 혼돈에 몰아넣습니다. 이런 상사는 직원의 객관적 업무 성과보다는 직원이 자신과 어떤 관계인지에 좀 더 치중합니다. 따라서 일단 감정을 건드리지 않는 것이 우선이고, 대화할 때 상사의 자존감이 낮아지지 않도록 주의해야 합니다. 또한 가급적 상사의 기분을 신경 쓰면서 소통을 시도하는 것이 유리합니다. 대하기 쉽지 않은 상사이긴 하지만 모든 사람에게 동일한 감정선을 유지하고 있기 때문에 팀원들끼리 좀 더 단합하는 효과가 생기기도 합니다.

네 번째 유형은 꽤나 전략적이고 정치적인 상사입니다. 이런 상사는 머리도 좋고 업무 파악 능력도 우수하며 언변도 뛰어난 경우가 많습니다. 회사의 전략을 잘 이해하고 있고 업무 능력도 탁월하며, 윗사람들과의 관계도 아주 좋습니다. 따라서 승진도 빠른 편이고 회사에서 중요한 일이 있을 때 늘 중심에 있는, 한마디로 잘나가는 상사인 경우가 많습니다. 하지만 철저하게 자기 편과 남의 편으로 편 가르기를 좋아합니다. 자기 편이라고 생각하면 성공하는 데 아낌없는 지원을 해주지만, 자기 편이 아니라고 생각하면 적으로 간주하고 밟으려고 하는 경향을 보입니다. 머리가 좋기 때문에 이런 상사에게 찍힐 경우 사실 빠져나가기가 만만치 않습니다. 이런 상사는 다른 팀에서 보기에는 좋은 상사로 비춰질 수도 있지만, 막상 이런 사람 밑에서 일을 하다 보면 쉽지 않은 사람인 것을 알 수 있습니다. 하지만 회사를 계속 다닐 생각이 있다면 이런 상사와는 무조건 잘 지내야만 합니다. 나쁜 상사이지만 잘 보면 배울 것도 많고, 친하게만 지낼 수 있다면 나에게도 큰 도움을 줄 수 있는 사람이기 때문입니다.

물론 상사는 이 밖에도 수백 가지의 유형이 더 있겠지만 이번에는 네 번째 유형의 상사를 만났을 때 어떻게 행동하는 게 좋을지에 대해서 생각해볼까 합니다.

상사를 나쁘거나 좋다고 평가하는 것은 상대적인 경우가 많습니다. 물론 모든 직원들이 다 싫어하는 상사도 간혹 있긴 하지만, 누군가에게는 좋은 상사가 누군가에게는 그렇지 않은 경우도 많습니다. 하지만 아무리 다른 사람에게 좋은 상사라고 하더라도 나에게 스트레스를 주고 나를 배제하려고 한다면 그 사람은 나에게는 나쁜 상사라고 볼 수 있습니다.

이런 상사를 만나게 되면 일단 빠른 판단이 필요합니다. 이 상사와 나의 관계가 앞으로 좋은 방향으로 개선이 가능한지, 아니면 내가 아무리 노력해도 이 상사와의 관계는 결코 좋아질 수 없는지 여부를 판단해야 합니다. 만약 이 상사가 이미 나를 배제했기 때문에 내가 아무리 노력해도 관계가 나아질 수 없다는 결론이 난다면 최대한 빨리 부서를 변경하거나 이직을 해야 합니다. 이런 상황에서 시간만 끌다가는 나도 모르는 사이에 뒤통수 맞는 일이 생길 수밖에 없기 때문입니다. 예컨대 상사가 의도적으로 나를 중요한 프로젝트에서 제외시키고 지속적으로 낮은 평가를 주고 연봉도 올려주지 않을 수도 있습니다. 이렇게 되면 시간이 지날수록 직장생활에서 스트레스만 쌓이게 되고 나중에는 이직조차도 힘들어지게 됩니다. 물론 가끔 이런 상황에서 상사가 먼저 이직을 하거나 다른 팀으로 옮겨 가면서 자연스럽게 상황이 해결되는 경우가 발생할 수도 있습니다. 하지만 그렇지 않다면 내가 먼저 빨리 떠나야 합니다. 상사와의 관계가 개선되지 않을 것이 확실하다면 상사와 잘 지내기 위해 노력하는 것은 의미가 없겠지요.

힘들긴 하겠지만 만약 내가 노력만 한다면 상사와의 관계가 개선될 여지가 있어 보이는 경우, 그리고 그 상사가 앞서 이야기했던 네 번째 유형인 경우, 그리고 내가 업무 능력에서 결코 뒤처지지 않는 경우에는 지금부터 상사와의 관계를 개선하기 위해 전략적인 접근이 필요합니다.

첫 번째는 상사가 지금 가장 관심을 가지고 있는 부분이 무엇인지를 알아내는 것입니다. 그것은 윗선에서 받은 중요한 프로젝트의 성공일 수도 있고, 향후 회사의 전략 수립을 위한 계획을 완성하는 것일 수도 있고, 앞으로 있을 큰 규모의 고객 행사일 수도 있습니다. 이것을 알아냈다면 어떤 식으로든 그 프로젝트에 본인이 기여할 수 있는 방법을 찾아내야 합니다. 비록 본인이 진행하고 있는 업무 때문에 여력이 없다고 하더라도 상사를 위해 본인의 시간과 노력을 투자할 수 있어야 합니다. 분명 상사는 자신과 가까운 직원들에게 이 프로젝트를 맡기려고 할 것이고, 중요한 일이다 보니 여러 가지 작업에 시간을 많이 쏟게 될 것입니다. 처음에 사소한 것이라도 도움을 줄 수 있는 것을 찾고, 점점 그 일에 더욱 관여해서 도움을 주어야 하는데, 이때 상사에게 직접 도움을 주는 방식보다는 그 프로젝트에 참여하는 팀원을 도와주는 방식이 좋습니다. 이렇게 참여하는 팀원들에게 도움을 줄 수 있었다면, 추후 프로젝트가 끝나고 그 프로젝트에 참여했던 팀원들은 지나가는 말로라도 상사에게 여러분이 옆에서 도와줘서 일을 수월하게 마칠 수 있었다는 이야기를 할 것이고, 상사는 지금까지는 거의 신경을 쓰지 않았던 여러분이 조금씩 보이기 시작할 것입니다.

두 번째는 직장 내 다른 팀 사람들과의 자리에서 상사를 칭찬하는 것입니다. 앞서도 말씀드렸듯이 이런 칭찬은 결국 시간이 지나 상사의 귀에 들어가게 돼 있습니다. 기회가 있을 때마다 상사의 장점에 대해 이야기하다 보면 분명 상사도 여러분을 의식하게 될 것입니다.

세 번째는 상사가 담당자를 정하기가 애매한 일을 가지고 왔을 때 먼저 해보겠다고 손을 드는 것입니다. 팀장 역할을 하다 보면 누구 하나 딱 집어 시키거나 상사가 직접 하기에도 애매한 일이 있을 수 있습니다. 그럴 때 팀원들과의 미팅 자리에서 그런 일을 할 지원자를 받는 경우가 있습니다. 대부분 지금 할 일도 많은데 이런 추가적인 업무까지 맡으려고 하지는 않기 때문에, 서로 외면을 하는 경우가 많습니다. 이때 먼저 손을 들고 한번 이런 일을 맡아서 해보시기 바랍니다. 누구도 나서고 싶지 않아 하는 일을 여러분이 해보겠다고 나서줄 때 상사는 마음속으로 고마움을 느낄 수밖에 없습니다. 결국 상사는 자기에게 어떤 식으로든 도움을 주는 직원을 좋아할 수밖에 없기 때문입니다.

네 번째는 상사가 하는 말에 습관적으로 동의하는 것입니다. 물론 나와 어느 정도 사이가 좋고 신뢰가 많이 쌓인 상사에게라면 아무리 상사의 의견이라도 중간중간 이의를 제기할 수도 있고, 반론을 이야기할 수도 있습니다. 물론 이것은 업무 내용에 관한 것이어야 하고 이에 대해서는 앞서도 설명해드렸습니다. 하지만 나와 친하지 않거나 나를 좋게 보지 않는 상사와 잘 지내야 하는 경우라면 일단 이견을 내지 말고, 대신 가급적 상사의 말에 동의를 하는 것이 좋습니다. 어차피 상사의 의견이 정말 틀렸다면 여러분 말고도 다른 직원이 이의를 제기할 것입니다. 미움받고 있는 상태에서 굳이 여러분이 이견을 제시할 필요가 없다는 것입니다. 상사의 좋은 의견에 대해서는 격하게 공감을 표시하고, 만약 공감이 안 되는 이야기를 들었다 하더라도 가급적 이견을 제시하는 것은 참는 것이 좋습니다.

다섯 번째는 개인적으로 친해질 수 있는 시간을 가지라는 것입니다. 물론 이런 시도를 처음부터 한다면 오히려 역효과가 날 수 있습니다. 앞서 이야기해드렸던 몇 가지 노력을 통해 어느 정도 상사가 나를 바라보는 시선이 달라졌다고 느껴진다면, 회식 자리에서건 사내 활동 자리에서건 조금씩 상사에게 다가가보시기 바랍니다. 이때 상사가 너무 부담을 느끼지 않도록 조금씩 예의 바르게 시도해보는 것이 좋습니다.

상사가 비록 처음에 나를 자기 편이라고 생각하지 않았고, 평가도 좋게 해주지 않았으며, 업무 분배를 할 때도 중요한 일을 맡기지 않았다고 하더라도 여러분이 지속적으로 자기 능력을 보여주고, 상사가 원하는 일을 하려고 노력하고, 팀에 도움이 되려고 하면서 상사를 존경하는 모습까지 보인다고 합시다. 대부분의 상사는 여러분을 다시 보게 되고 여러분에게 긍정적인 피드백을 줄 것입니다. 앞서 말씀드린 대로 이렇게 했는데도 상사와의 관계가 개선되지 않는 경우도 있을 수 있습니다. 그럴 때는 최대한 빨리 팀을 떠나는 게 방법이라는 것도 기억하시기 바랍니다.

회사는 내가 고를 수 있습니다. 하지만 상사는 내 맘대로 고르기가 쉽지 않습니다. 따라서 상사로서 바람직하지 않은 사람을 만났을 때 그런 사람을 어떻게 하면 효과적으로 대할 수 있는가를 알고 있어야 합니다. 가끔 상사 때문에 힘들어하는 직원들과 이야기를 하다 보면 인간성이 좋지 않은 상사를 대할 때 정신적으로 힘들다는 이야기를 듣는 경우가 있습니다. 물론 실제로 그런 상사도 있습니다. 직원을 무시하거나 자존심을 건드리는 언행을 하는 경우입니다. 일이 힘든 건 참겠는데 자존심을 건드리는 건 참기 쉽지 않을 때도 많습니다.

저는 상사 때문에 자존심이 상했다며 하소연하는 직원에게 이런 이야기를 해줍니다. "어차피 회사라는 곳은 역할극을 하는 곳입니다. 그 상사는 당신을 괴롭히는 악역을 맡은 거고, 당신은 지금은 온갖 구박을 받지만 나중에는 성공하는 주인공 역할을 맡았다고 생각하세요." 이런 생각으로 회사에 있는 동안에만 그 역할극에 참여하면 되는 것입니다. 지나고 보면 그런 상사가 나의 상사 자리에 머무는 시간은 생각보다 길지 않습니다.

　이제 나쁜 상사를 만나게 된다면 나는 곧 성공할 일만 남은 주인공이라는 생각으로 앞에서 배운, 상사와 친해지는 방법을 시도해보시기 바랍니다. 여러분이 마음을 열고 상사에게 다가서는 순간 분명 새로운 길이 보일 것입니다. 그리고 여기서 말씀드리지 못한 다양한 방법이 더 보일 수도 있습니다. 중요한 건 여러분의 열린 마음이라는 거 아시죠?

　그리고 나중에 여러분이 상사가 되었을 때 지금 겪고 있는 어려움들을 잊지 마시고, 여러분은 꼭 좋은 상사가 되어주시기 바랍니다.

내 마음속 메모장

- 내가 아무리 노력해도 절대 관계를 개선할 수 없는 상사를 만났다면 최대한 빠른 시간 내에 부서를 옮기거나 회사를 옮겨야 한다. 버틴다고 될 일이 아니다.

- 누군가에게 딱 맡기기 애매한 업무가 있을 때는 먼저 손 들어 자원해보라. 나를 미워하던 상사에게 호감을 얻을 수 있는 기회가 될 수도 있다.

- 상사가 하는 말에는 습관적으로 동의의 표현을 보여줘라. 고개를 끄덕이고, 눈을 맞추고, 메모를 하라. 별것 아닌 이런 행동이 상사의 마음을 움직인다.

- 정말 나를 힘들게 하는 상사를 만났다면 역할극을 한다고 생각하라. 나는 이 역할극에서 나쁜 상사를 만나 처음에는 고생하지만 결국 성공하는 주인공 역할을 맡았을 뿐이다.

7
상사를 밀어낼 수 있다면

가끔 그런 상상을 해본 적이 있습니다. 지긋지긋하게 맘에 안 드는 나의 상사. 그 사람을 내가 밀어낼 수 있다면….

정말 그런 일이 일어날 수 있을까요? 상상 속에서만 가능할 것 같지만 간혹 그런 일이 생기기도 합니다. 특히 외국계 회사에서는 자주는 아니어도 가끔 그런 일이 생깁니다. 상사가 회사 규정을 위반했다든지, 직원과 문제가 발생했는데 상사의 잘못이 크다는 것이 밝혀졌다든지 해서 말이죠. 가끔은 직원들이 본사에 투서를 해 문제 제기를 함으로써 상사가 감사를 받은 뒤 팀을 떠나는 경우도 있습니다. 또한 꼭 밀어내는 모양새는 아니지만 상사의 문제에 대해서 상사의 윗사람이나 감사 팀, 인사 팀으로부터 인터뷰를 요청받는 경우가 생기기도 합니다. 이럴 때에는 어떻게 하는 게 좋을까요?

물론 제일 중요한 건 팩트 위주로 주관적인 감정을 배제하고 객관적인 입장에서 인터뷰를 하는 것입니다. 하지만 아무래도 지금까지 같이 지내왔던 상사였기 때문에 여러 가지 복합적인 감정이 들 것입니다. 지금까지 나를 힘들게 했던 상사라면 아무래도 이런 상황에서 상사에게 긍정적인 방향의 피드백을 하기 쉽지 않을 것이고, 반대로 지금까지 나를 잘 챙겨줬던 상사라면 상사의 입장을 대변하는 피드백을 하게 될 가능성이 높습니다.

물론 모든 회사의 상황이 다 같지는 않겠지만 지금까지 제가 경험했던 회사들의 상황을 토대로 여러분에게 조언을 드리자면, 이런 상황에서는 앞에서 말씀드린 대로 가급적 객관적인 입장에서 대응하되, 나의 답변으로 인해 상사에게 불리하게 작용될 만한 피드백은 하지 않는 것이 좋다고 말씀드리고 싶습니다. 그 상사에게 정말 큰 문제가 있고 그 문제를 해결하지 못한다면 회사나 팀에 막대한 지장을 초래하는 경우가 아니라고 한다면, 먼저 여러분이 나서서 상사를 밀어내는 데 앞장설 필요는 없다는 의미입니다.

특히 그 부분이 여러분과 직접 연관되거나 여러분의 피드백이 결정적으로 작용되는 케이스일 경우, 가급적 여러분은 상사에 대한 주관적이고 부정적인 피드백보다는 객관적인 피드백을 해주는 것이 좋습니다. 회사에서는 여러분에게 비밀을 보장하고 향후에 이 문제로 불이익을 주지 않겠다고 약속할 것입니다. 하지만 이러한 결정적인 피드백은 누가 봐도 여러분이 했다는 것을 알 수 있고, 회사 입장에서도 그 상사 문제를 해결하고 나면 여러분에 대해서도 다시 한 번 검증을 하고자 할 가능성이 크기 때문에 여러분이 굳이 위험을 감수해가며 앞장설 필요가 없다는 것입니다. 소문이라고 하는 것은 사실 여부를 알 수 없기 때문에 더욱 치명적인 것이 사실입니다. 회사에 이상한 소문이 돌고 그 소문의 당사자가 여러분이 되는 순간, 여러분 역시 마음 편하게 회사 생활을 지속하기가 힘들 수도 있기 때문입니다.

만약 여러분에게 상사와의 불화가 생겼고, 그 과정에서 상사에게 문제가 있다는 것이 밝혀져 회사 차원의 감사가 진행되고, 당사자인 여러분과의 인터뷰를 통해 그 상사의 문제가 심각했다는 걸 회사가 확인하고, 그 상사를 징계해서 다른 팀으로 보내거나 퇴사시켰다고 가정해보겠습니다. 물론 여러분은 아무 잘못이 없었고 문제의 원인은 상사의 잘못된 행동에 있었지만 그 속사정을 알지 못하는 많은 사람들은 결국 둘 사이의 문제로 상사가 회사를 떠나게 된 것을 보고, 여러분에게도 문제가 있었을 거라고 오해하게 됩니다. 특히 징계 결과에 여러분이 결정적으로 영향을 미쳤다면 더욱 그렇게 생각할 가능성이 큽니다. 하지만 회사가 감사를 시작했다는 것은 이미 내용을 어느 정도 파악했다는 의미가 되고, 여러분 말고도 주변에서 이에 대한 내용을 알고 있을 경우 어차피 상사의 잘못된 행동은 드러나게 되어 있습니다. 따라서 여러분이 당사자라고 하더라도 굳이 상사가 잘못한 내용을 먼저 밝히려고 나설 필요는 없습니다. 오히려 상사의 입장을 어느 정도 이해한다는 자세를 회사에 보여주는 것이 향후 직장생활에 도움이 될 수 있습니다.

어차피 문제가 이렇게 커지고 그 문제의 원인이 상사로 밝혀진다면 상사가 징계를 피하기는 어렵기 때문에 이때 여러분이 생각해야 하는 것은 향후 여러분의 직장생활에 문제가 없도록 하는 것입니다. 따라서 여러분 때문에 상사가 회사를 떠난 게 아니라, 상사가 여러분을 괴롭히고 문제가 많았지만, 그래도 여러분은 끝까지 상사를 보호하려고 했다는 이미지를 남기는 것이 중요합니다.

실제로 제 주변에도 상사와 직원 간의 문제로 상사가 회사를 떠난 경우가 있었습니다. 이 사람은 직원과의 트러블 외에도 그전부터 문제가 많았던 상사였습니다. 그러다 한 직원과의 문제가 결정적 계기로 작용해서 결국 회사를 떠나게 되었습니다. 그런데 문제는 그 후에 벌어졌습니다. 문제의 상사가 떠난 후 새로 부임한 상사가 해당 직원을 멀리하기 시작한 것이었습니다. 이전 상사가 징계를 받은 이유가 이 직원 때문이라고 생각했기 때문입니다. 팩트는 그게 아니었지만 새로 온 상사 입장에서는 그 직원의 증언이 이전 상사 징계의 결정적 원인이 되었다고 생각한 것입니다. 직원 입장에서는 너무나 억울한 일이 아닐 수 없습니다. 하지만 이런 경우 오해를 풀기가 쉽지 않기 때문에, 이런 오해를 받지 않도록 미리 조심할 수밖에 없습니다.

말씀드린 것처럼 상사에게 치명적인 문제가 있거나 회사에 해를 끼칠 정도의 잘못을 했다면 당연히 누구든 이를 회사에 알리고 조치를 취하도록 하는 것이 맞습니다. 하지만 이 정도가 아니라면 굳이 여러분이 먼저 나서서 상사를 밀어내는 데 앞장설 필요는 없습니다. 잘 운영되는 회사라면 굳이 여러분이 나서지 않아도 순리에 따라 자연히 그런 상사는 오래 버틸 수가 없기 때문입니다. 회사가 그런 상사의 문제를 모를 것 같지만 사실 회사는 그런 문제에 대한 정화 작용을 항상 하고 있기 때문에 여러분이 조금만 참고 견디다 보면 이런 문제는 자연스럽게 해결 가능한 경우가 대부분입니다. 또 조금 비겁해 보이는 행동이라고 생각할 수도 있지만 꼭 여러분이 아니라고 하더라도 다른 직원들이 문제를 해결하는 데 나설 수도 있습니다. 이유야 어찌 됐건 괜히 여러분이 상사를 몰아내는 데 앞장선 사람으로 보여서는 안 된다는 이야기를 드리는 것입니다.

상사를 밀어낸 사람이라고 한번 알려지면 직장생활에 좋은 영향보다는 나쁜 영향을 많이 받게 됩니다. 따라서 앞으로 이런 경우가 발생한다면 여러분은 꼭 먼저 출구 전략을 생각하시기 바랍니다. 즉, 이 상사가 나갔을 때 내가 어떻게 해야 회사 생활을 문제 없이 잘 해낼 수 있는지를 먼저 생각해서 행동하실 것을 권하고 싶습니다. 지금 누군가가 싫다고 해서 그 사람을 밀어내는 데만 집중하지 마시고 그 사람이 떠난 다음을 생각하는 것이 향후 여러분에게 큰 도움이 될 것입니다.

내 마음속 메모장

- 상사의 문제가 밝혀져 내가 상사를 밀어낼 수 있는 상황이 오더라도 절대 앞장서서 행동할 필요는 없다. 나갈 사람은 내가 밀어내지 않아도 어차피 나가게 되어 있다.

- 상사의 비리로 감사가 시작된다면 나의 입장은 최대한 객관적이면서도 가급적 상사에게 불리한 쪽이 아니어야 한다.

- 내가 미워하는 상사가 나가는 상황에서도 그를 내보내는 것보다는 그 상사가 나간 상황에서 나에게 문제가 없도록 하는 것이 중요하다. 항상 출구 전략을 먼저 생각하자.

8
참아야 할 때와 참지 말아야 할 때

직장생활을 하는 사람이라면 늘 가슴속에 사표를 한 장씩 품고 산다는 말이 있습니다. 사표를 던질 정도까지는 아니라고 하더라도 욱하는 순간이 하루에 한두 번이 아닐 때가 많습니다. 멀쩡하던 사람들도 직장생활 연차가 쌓이다 보면 없던 병이 생길 정도이니 직장생활의 스트레스는 어찌 보면 월급을 받고 있기 때문에 반대급부로 자연스럽게 따라오는 숙명이 아닐까 하는 생각이 들기도 합니다.

그중 가장 큰 스트레스는 바로 상사와의 갈등 상황이 아닐까 생각됩니다. 물론 상사와 의견 대립이 있거나 갈등이 생기는 상황이라면 대부분의 경우에 무조건 참고 상사의 의견을 따르는 것이 맞습니다. 어차피 직장이라는 곳은 조직 사회이고 직급이 있는 곳이니 직급이 높은 인사권자의 명령에 따르는 것이 당연하기 때문입니다. 앞서도 말씀드렸지만 회사라는 곳은 자신의 의지나 가치 기준으로 결정을 내릴 수 있는 곳이 아니고, 회사 전체의 이익을 생각하고 상위 결정권자들의 의지를 반영해서 결론이 나는 곳입니다. 만약 내가 원하는 대로 모든 결정을 하고 싶다면, 그 사람은 자기가 회사를 차려야 할 것입니다. 사장 자리에 올라가도 모든 결정을 마음대로 내릴 수는 없습니다. 주식회사의 경우는 주주의 의견을 반영해야 하고, 그렇지 않은 경우라고 하더라도 이사회나 회의체의 결정을 수용해야 하는 경우가 대부분이기 때문입니다. 물론 1인 기업이거나 소규모 회사의 경우는 이런저런 눈치 안 보고 대표 마음대로 결정할 수 있고, 그 결정에 대한 책임 역시 자기가 지면 되는 것이니 경우가 다르다고 볼 수 있습니다.

  만약 우리가 사장도 아니고 대주주도 아니고, 그저 회사라는 조직의 일원으로 일을 하고 있다면 말씀드린 대로 상위 결정권자의 의사를 수용할 수밖에는 없게 됩니다. 하지만 이런 경우에도 상사와의 대립에서 참아야 할 때와 참지 말아야 할 때는 있다고 생각합니다.

  물론 대부분의 경우에서 상사는 회사의 직급 체계상 결정권자인 만큼 상사와의 대립 상황에서 직원이 참아야 하는 것이 맞습니다. 예를 들어 업무 분담이나 연봉 인상, 승진 등 인사권자로서 결정한 부분은 내가 동의할 수 없다고 하더라도 참아야 하는 부분입니다. 이런 부분은 상사의 고유 권한이기도 하지만 내가 원하는 결과가 아니라고 불만을 표시한다면 결국 회사를 떠날 수밖에 없기 때문입니다. 이와 같은 경우 상사의 결정이 내려지고 나서 반발하는 것은 이후에도 본인에게 아무런 도움이 되지 못합니다. 특히 승진이나 연봉 인상과 같은 인사 사항에 관한 경우는 상사 역시 제한된 예산 때문에 모든 직원에게 만족스러운 결과를 줄 수 없어 늘 미안한 마음을 가질 수밖에 없습니다. 그런데 인사 사항에 대해 공개적으로 반발할 경우 그 직원에 대한 미안함은 사라지고 오히려 좋지 않은 감정이 남을 가능성이 클 것입니다. 어차피 한번 내려진 결정이 번복되는 경우는 없기 때문에 당장 수용이 어려울 만큼 기분이 상하고 실망스럽더라도 겉으로는 쿨하게 받아들여야 합니다. 그리고 앞으로 더 노력하겠다는 의지를 보여준다면 분명 상사도 여러분을 다음번 승진 대상자로 올리게 될 것입니다. 결국 내게 달갑지 않은 결정을 상사가 내린 다음 반발하는 것은 아무 도움이 되지 못합니다. 상사가 결정을 내리기 전에 최대한 상황을 빨리 전환시키는 것이 최선입니다.

이와는 반대로 비록 상사의 결정이라고 하더라도 이의를 제기하거나 반대해야 하는 경우도 있습니다. 상사가 내린 결정이 회사의 정책 방향에 어긋나거나 상사 개인의 감정에 의한 결정이라 누가 봐도 공정하지 않은 경우입니다. 상사 역시 사람이기 때문에 실수도 할 수 있고, 감정에 치우쳐 특정한 사람에게 지극히 불리한 결정이나 유리한 결정을 내릴 수도 있습니다. 이와 같은 경우에는 아무리 직급 체계상 결정권자인 상사라고 하더라도 그대로 넘어가서는 안 됩니다. 상사와의 면담을 요청해서 문제가 있는 결정에 대해 충분히 반론을 제기하고, 상사의 판단이 잘못되었음을 증명할 수 있어야 합니다. 물론 이 경우에도 특히 주의해야 할 점이 있습니다. 상사와 면담을 하기 전에 가능한 한 모든 상황을 미리 준비해야 합니다. 당연히 상사는 본인의 결정에 아무 문제가 없다고 이야기할 것이고, 명확한 증거가 없을 경우 오히려 상사의 결정에 이유 없이 반대하는 나쁜 부하 직원으로 찍힐 가능성이 있습니다. 따라서 상사가 왜 이런 결정을 했는가에 대해서 다양한 방향으로 생각해보고, 자신의 논리를 증명하는 자료를 준비해야 합니다. 또한 반론 준비를 위해 주변 사람들의 도움을 받을 때도 상사의 귀에 들어가지 않도록 주의해야 합니다. 만약 내가 상사의 결정에 반박하기 위해 주변 사람을 만나고 다닌다는 소문을 상사가 듣게 될 경우, 나와의 면담을 피하거나 그에 대해 반론을 미리 준비할 수 있습니다. 이렇게 상사의 결정을 반대하기 위해서는 완벽한 준비가 필요합니다. 그리고 면담에 앞서 면담의 목표를 분명하게 정해야 합니다. 상사의 결정을 뒤집고 내가 원하는 결정을 얻어내는 게 목표인 건지, 아니면 상사가 이번 결정이 잘못됐다는 것은 인정하지만 결정을 번복하지 않고 다음번 결정에서 이 부분을 바로잡도록 할 건지 등에 대해 결론을 미리 내리고 면담에 임해야 합니다.

제 경험에 비추어 이런 때에 어떻게 하는지 좋을지 조언을 드리자면, 상사가 내린 결론을 번복하게 할 필요는 없다는 것입니다. 상사와의 면담에 여러분이 완벽한 준비된 상태로 임함으로써 상사가 본인의 결정이 잘못되었다는 것을 인지한다고 하더라도 상사는 이미 결정해서 발표한 내용을 번복하기가 상당히 어려울 것입니다. 그럼에도 여러분이 이를 끝까지 요구한다면 전투에서는 승리했을지 몰라도 전쟁에서는 승리했다고 볼 수 없는 상황이 만들어질 수 있습니다. 분명 여러분은 옳은 방향으로 움직였는데 여러분의 상사를 곤란하게 만들었고, 그로 인해 그의 감정이 상하게 되고, 그로 인해 추후에 여러분에게 불이익이 닥칠지도 모릅니다. 아무리 상사라고 하더라도 틀린 건 틀린 거고, 잘못된 건 바로잡아야 하지만 현실에서는 그렇게 하기가 쉽지 않다는 것을 오랜 경험을 통해 알게 되었습니다. 따라서 만약 여러분에게 이런 상황이 닥친다면, 끝까지 상사를 코너에 밀어붙여 그가 스스로의 잘못을 인정하도록 할 필요까지는 없다는 것을 기억하셨으면 합니다.

여러분이 상사와의 면담에서 충분한 소명 자료를 통해 상사의 결정이 잘못되었음을 알리고 상사가 그 부분을 인지하게 되었다면, 여러분의 역할은 다한 것입니다. 그 이상의 결과를 요구할 필요는 없습니다. 그것은 상사의 몫이기 때문입니다. 또한 이런 면담 과정에서 여러분이 조심해야 할 것은 감정 조절입니다. 아무래도 즐거운 대화 자리가 아니다 보니 감정이 격해질 수 있지만, 이럴 때일수록 감정을 누르고 최대한 객관적이고 우호적으로 대화에 임해야 합니다. 어차피 여러분과 여러분의 상사는 같은 회사를 다니는, 한배를 탄 동료이고 서로 이견이 있다고 하더라도 가야 하는 방향은 서로 같다는 것을 늘 기억해야 합니다. 아무리 좋은 의도로 좋은 내용을 이야기하더라도 깔려 있는 감정이 나쁘게 보인다면 여러분의 말을 인정할 상대는 아무도 없다는 것을 기억하시기 바랍니다. 분명히 좋은 의도로 시작한 대화라도 감정에 치우치다 보면 결국 싸움으로 변질되고 최악의 결론이 날 수 있습니다. 이는 결혼 생활을 하다 보면 배우자와 다투면서 쉽게 느낄 수 있는 부분입니다.

만약 여러분이 상사의 결정에 대해 면담을 통해 이를 반대하는 사유를 감정에 치우치지 않고 충분하게 설명할 수 있다면 상사 역시 그의 결정에 대해서 다시 한번 돌아보게 될 것이고, 여러분의 설명이 틀리지 않았다면 자신의 잘못이나 실수를 인지하게 될 것입니다. 비록 그 이후에 상사가 그의 결정을 번복하게 될지 아니면 그대로 밀어붙이게 될지는 알 수 없습니다. 하지만 분명 여러분의 이야기를 듣고 난 이후부터는 어떤 결정을 할 때 여러분과의 경험을 바탕으로 좀 더 객관적으로 회사 정책에 맞는 방향을 고민하게 될 것입니다. 그리고 정말 좋은 상사라면 그런 일이 있은 후에 분명히 여러분에게 고마움을 느끼게 될 것입니다.

결국 회사에서의 다툼은 누가 이기고 누가 지는 모양새가 되지 않도록 하는 것이 제일 중요합니다. 누군가 회사를 떠나지 않는 한 두 사람은 계속 같은 공간에서 생활해야 하기 때문입니다. 비록 내가 주도권을 쥐고 있고 상대의 잘못이 명확하더라도 서로 윈윈할 수 있는 상황을 만드는 것이 중요합니다. 특히 상대가 상사라면 더욱 그렇습니다. 여러분이 참지 말아야 할 결정적인 상황에서도 상사의 판단이 잘못되었음을 증명하는 이유에 대해 명확하게 설명하되, 상사의 자존심만큼은 최대한 지켜야 하는 것은 그가 바로 여러분의 상사이기 때문입니다.

어떤 순간에도 그가 상사로 있는 동안에는 상사가 최고가 되도록 만들어주는 것이 바로 부하 직원인 여러분의 역할이라는 것을 잊어서는 안 됩니다. 이 부분이 이해가 안 된다면 앞서 이야기해드렸던, 회사는 역할극을 하는 곳이라는 말을 다시 한번 생각해보시기 바랍니다.

비록 여러분의 직장생활에서 참지 못할 순간이 오더라도 끝까지 상사의 자존심을 지켜주면서 상사가 자신의 잘못을 스스로 인지하고 옳은 판단을 할 수 있도록 여러분이 역할을 다해준다면, 분명 그 충돌은 여러분의 실질적인 승리로 결론 날 것입니다. 결국 그가 나의 상사로 있는 동안에는 어떠한 경우에도 그와 어긋나는 일이 없도록 하는 것이 가장 중요하다는 것을 기억하셨으면 합니다.

내 마음속 메모장

- 상사가 내린 승진이나 연봉 인상과 같은 인사상의 결정은 이후에 반발한다고 바뀌지 않는다. 그 결정이 마음에 안 들어도 일단 받아들이고 상사에게 앞으로 더욱 노력할 것임을 알려라. 상사도 사람이니 미안함을 느끼고 다음번에는 반영해줄 것이다.

- 상사의 의견에 반론을 제기하기 위해서는 가능한 한 모든 경우에 대비해야 하며, 그런 준비를 한다는 것을 상사가 알지 못하게 해야 한다.

- 상사에게 반론을 제시하고 상사가 그의 잘못을 인지하게 하는 데까지가 면담 시 해야 할 일이다. 비록 상사가 한번 내린 결정을 번복하지 않는다고 하더라도 거기에 관여할 수는 없다.

- 회사에서 누군가와 충돌하는 것은 누가 이기고, 누가 지는 게임이 되면 안 된다. 둘 다 이기는 윈윈 게임을 만들어야 한다. 특히 그 상대가 상사라면 더욱 그렇다.

직장생활
돌아보기

명분이 뚜렷하지 않은 일을 혼자 묵묵히 하는 편인가요? 또는 어떤 일을 할 때 그 일을 해야 하는 필요성을 적극적으로 어필하며 다른 이들의 지원까지 받으며 일하는 편인가요? 만약에 전자라면 후자와 같은 방식으로 일하기 위해서는 자신이 어떤 면을 보완해야 할지 적어보세요.

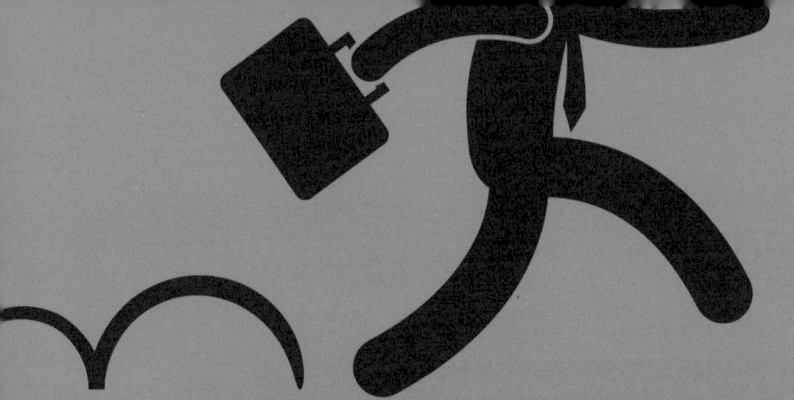

5
고참이 된다는 것

군대에 갓 입대해 훈련소를 마치고 자대 배치를 받던 날. 처음 만난 고참들의 모습은 전투에 특화된, 영화 속에서나 보던 진짜 군인이었던 걸로 기억합니다. 하지만 시간이 흘러 내가 고참이 되고서야 이등병 때나 고참 때나 크게 달라진 게 없다는 걸 알게 되었습니다. 신입사원으로 회사에 입사했을 때 선배 사원이나 대리급 사원들을 보면서 비슷한 느낌을 받았던 것 같습니다. 제 눈에 선배들은 회사 생활에 대해서 모르는 게 없어 보이고, 어려운 업무도 척척 해내며 안 해본 경험이 없고, 업계에 모르는 사람이 없는 업무 능력 만렙의 전문가로 보였습니다.

그리고 어느덧 내가 그 자리에 올라갔습니다. 시간이 흘러 선배가 되니 그때서야 깨닫게 되는 게 있었습니다. 지금 어떤 타이틀을 달고 있든, 선임이든 계장이든 대리든 직장생활의 연차가 쌓여 고참 사원 레벨에 올랐다고 해도 나는 그저 나이만 먹고 크게 달라진 것도 없으며, 사실 업무에서도 썩 나아진 게 별로 없는 것 같다는 것입니다. 그래도 조금 달라진 게 있다면 잃을 게 생겨서 두려움도 많아졌다는 것, 그리고 이제 누구에게 잘 보이면 직장생활이 편해지는지, 어떻게 하면 욕 안 먹고 대충 하루를 보낼 수 있는지 알게 되었다는 것. 거기에 더해 회사 근처 어느 식당을 가면 반찬이 맛있는지 정도를 알게 되는 것 같습니다.

고참이 된다는 건 어떤 것일까요? 이제는 누군가의 롤 모델이 되어야 하고, 누군가를 가르치고 이끌어야 하며, 지식과 지혜를 가지고 업무에 앞장설 수 있는 사람이 되었다는 의미일 것입니다. 하지만 이런 고참의 모습이 시간만 지난다고 자연스럽게 만들어지는 걸까요? 분명 노력이 필요할 것입니다. 고참이라면 신입사원 때의 패기는 조금씩 줄어들고 있지만 좀 더 큰 책임감을 가져야 하고, 지금까지의 업무 경험을 통해 미래를 준비해야 합니다. 가만히 있어도 고참이라는 소리는 듣게 될지 모르지만 제대로 된 고참이 되려면 노력해야 합니다. 성장을 위해 땀 흘려야 합니다. 그리고 늘 귀 기울여야 합니다. 후배의 목소리를 귀 기울여 들어봐야 하고, 상사나 선배의 말도 귀담아들어봐야 합니다. 이 과정을 제대로 지나야만 성공한 사람의 대열에 오를 수 있습니다. 그 성공이 꼭 높은 직급으로 올라가는 건 아닐 수 있습니다. 다만, 누군가에게 닮고 싶고, 배우고 싶은 귀감이 되어야 하고, 누구든 같이 일하고 싶은 사람이 되어야 합니다.

누구나 처음엔 아무것도 모르는, 그저 모든 게 낯설고 두려운 신입사원이었습니다. 하지만 누구나 언젠가는 고참이 될 수밖에 없습니다. 모든 게 점점 익숙해지고 있을 때 다시 한번 도전을 시작해야 합니다. 그것은 바로 제대로 된 고참이 되기 위한 도전입니다.

1
후배에게 난 어떤 선배인가

신입사원 시절 처음 부서에서 만났던 선배들의 모습이 지금도 기억에 생생합니다. 한창 유행하는 스타일의 양복에 명품 넥타이를 매고 멋진 안경을 쓴 조금 깐깐해 보였던 선배, 구겨진 점퍼에 늘 한 손에는 테스터기를 들고 여기저기 바쁘게 오가며 조금은 피곤한 모습으로 장비를 만지던 선배, 컴퓨터 앞에 다리를 꼬고 앉아 보고서를 작성하던 말이 없던 선배, 그리고 늘 회사에 대한 불만을 이야기하고 전화기를 붙잡고 누군가와 싸워대던 시크한 선배까지 말입니다. 여러분은 어떤 선배인가요? 스타일은 제각각이겠지만 선배의 유형을 구분해본다면 세 가지 정도로 나누어볼 수 있을 것 같습니다.

겉으로는 모든 후배들에게 친절하게 대해주지만 특별히 그들이 하는 일에 관심이 없고, 그저 본인이 하는 일에만 관심을 갖는 선배가 있습니다. 후배 사원들에게 딱히 잔소리도 하지 않고, 일을 시키는 것도 아니고, 그렇다고 따로 불러서 조언을 해주거나 어려운 일을 도와주지도 않는, 그냥 있는 듯 없는 듯한 선배입니다.

조금 깐깐한 선배도 있습니다. 늘 후배들의 잘못된 점을 지적하고 약간은 꼰대 스타일의 엄격한 선배입니다. 잘한 것에 대한 칭찬보다는 잘못한 것에 대한 지적이 더 많긴 하지만 그래도 지적과 함께 부족한 부분에 대해서도 알려주고, 가끔은 후배들의 어려운 점을 들어주려고 하는 선배입니다.

물론 정말 좋은 선배도 있습니다. 늘 후배들을 따뜻하게 응원해주고, 모르는 건 알려주려고 하고, 잘못에 대해서도 크게 나무라지 않으면서 응원을 해주는, 배울 점이 많은 선배입니다. 이런 선배를 만난다면 정말 회사 다닐 맛이 나겠지요. 어쩌면 우리는 모두 좋은 선배가 되려고 노력하고 또 스스로 '나 정도면 좋은 선배'라고 생각하고 있을지도 모릅니다. 하지만 후배들의 생각은 다를 수도 있습니다.

좋은 선배는 일단 자기 일을 잘해야 합니다. 자기 일도 제대로 못하고 회의 시간이면 늘 상사에게 지적을 받는데 그런 선배가 후배를 제대로 가르치고 이끌 수 있을까요? 아무리 좋은 이야기를 해줘도 아마 후배들이 믿지 못하게 될 것입니다. 따라서 내가 좋은 선배인가를 알아보기 위해서는 현재 내 업무에서 상사에게 인정받고 있는지를 확인해봐야 합니다. 만약 내가 상사에게 인정받고 있고 회사에서도 좋은 평가를 받고 있다면 좋은 선배의 첫 번째 조건은 만족했다고 볼 수 있습니다.

좋은 선배의 두 번째 조건은 팀과 회사에 기여할 수 있는 능력이 있는가입니다. 본인이 맡은 업무를 잘하는 걸 뛰어넘어 그 사람이 팀이나 회사에 도움이 되는 일을 하고 있는가를 봐야 합니다. 자신이 알고 있는 업무적인 지식을 직원들에게 정기적으로 공유하고 있다든지, 회사의 업무 시스템을 효율적으로 개선하는 역할을 하고 있다든지, 회사나 팀을 대표해서 외부 세미나에 나가 발표를 하거나 미디어에 기고를 하는 등 다양한 활동을 통해 회사나 팀에 기여할 수 있는 일들이 많이 있을 것입니다. 좋은 선배가 되기 위해서는 그저 자기에게 주어진 일만을 하는 게 아니라 회사를 위해 기여할 수 있는 능력을 가지고 있고, 또 이를 실행에 옮김으로써 부서뿐 아니라 외부에도 충분히 그 능력이 알려져야 합니다.

좋은 선배의 세 번째 조건은 끊임없이 발전하고 있는가입니다. 일 년 전이나 올해나 크게 다르지 않고 멈춰 있는, 성장하지 않는 사람이 아니라 계속 공부하고 노력하면서 스스로 성장하고 있는 사람이어야 합니다. 물론 주어진 일도 많고 해야 하는 일도 계속 생기겠지만 스스로의 발전을 위해 노력하고 결과를 만들어낼 수 있어야 합니다. 끊임없이 변화를 수용하고 발전하는 모습을 보여주어야만 비로소 좋은 선배라고 볼 수 있습니다.

좋은 선배의 마지막 조건은 후배를 위해서 내가 가진 것을 나누어줄 수 있는 사람인가입니다. 그런 사람은 후배의 부족한 부분을 자신이 대신해서 채워주고, 후배에게 내가 아는 노하우를 아낌없이 전달하려고 하는 마음을 가지고 있습니다. 사실 많은 지식과 경험을 가진 사람 중에는 혼자 일하는 걸 더 좋아하는 사람도 많습니다. 본인이 노력해서 배우는 걸 좋아하기 때문에 밤을 새우더라도 혼자 일하는 걸 더 좋아하고, 아무에게도 본인이 알고 있는 것을 공유하려고 하지 않는 사람도 있지요. 본인이 어렵게 쌓은 업무 노하우를 후배에게 아낌없이 공유해줄 수 있는 사람은 생각보다 많지 않습니다.

자신의 업무에서도 최선을 다하고, 본인의 역량을 발휘해 팀과 회사를 위해 기여할 수 있으며, 성장을 멈추지 않기 위해 끊임없이 노력하면서도 후배들에게 관심을 가지고 그들에게 아낌없이 베풀려는 마음을 가진 선배. 이런 조건을 가진 선배라면 정말 좋은 선배라고 할 수 있을 것입니다. 그런 사람은 후배들에게 행운 그 자체겠지요. 하지만 여러분이 그런 선배가 된다고 해도 그것 역시 사회생활에 있어 아주 큰 성공을 거두는 것입니다.

똑같이 연차가 쌓이고 선배라는 타이틀을 달아도 사실 이런 좋은 선배 소리를 듣는 사람은 전체 선배 중에 10%가 안 되는 것 같습니다. 솔직히 말씀드리면 저 역시 그런 선배는 아니었습니다. 나름대로 선배라고 거드름이나 피우고 후배들의 부족한 점을 지적할 줄이나 알았지 스스로의 발전을 위해서 늘 노력하지도 않았고, 그렇다고 상사들에게 일을 잘한다고 크게 칭찬을 들은 적도 없었던 것 같습니다. 그땐 바빠서 어쩔 수 없었다고 변명을 하고 싶지만 생각해보니 저 역시 좋은 선배가 되려는 열정이 부족했다고 느낍니다.

　누군가를 위해 내가 가진 걸 나눠주면서 행복하다고 말하는 사람들이 있습니다. 그 사람이 나눠주는 것은 지금까지 모아놓은 자산일 수도 있고, 시간일 수도 있고, 지식일 수도 있습니다. 그렇게 나눔의 행복을 아는 사람만이 나눔을 지속하게 됩니다. 어려운 시절에 고생해가면서 힘들게 배웠던 지식을 팀을 위해, 후배들을 위해 아낌없이 나누어줄 수 있다면 그것 역시 큰 기쁨이고 행복입니다. 물론 아는 게 없어서 나눠줄 것도 없다면 어쩔 수 없겠지만, 나눌 수 있는 걸 가진 선배가 되었다면 '이건 내가 어렵게 배운 건데 쉽게 알려줄 수 없지'라고 생각하지 마시고 행복하게 나누어주십시오. 나눔의 의미와 기쁨을 느끼고, 그런 나눔을 지속하고 싶어서 공부하고 발전하려고 노력하게 될 것입니다. 그리고 그런 노력이 여러분을 더욱 성장시켜주는 선순환을 만들 것입니다.

　내가 가진 걸 꽁꽁 숨기고 지키는 선배가 되지 마시고, 내가 가진 것을 아낌없이 나눠주고, 계속 나눌 수 있도록 성장하는 선배가 된다면, 그런 사람은 후배에게 좋은 선배일 뿐만 아니라 여러분 스스로도 성공한 사람이라는 평가를 받을 만한 사람일 것입니다. 이제 그런 선배가 되어보시기 바랍니다.

- 우리는 모두 좋은 선배가 되려고 노력하고 있고, 스스로 '나 정도면 좋은 선배'라고 생각하겠지만 후배들의 생각은 다를 수 있다.
- 좋은 선배의 첫 번째 조건은 부서에서 인정받는 사람이 되는 것이다. 자기 일도 제대로 못하면서 좋은 선배가 될 수는 없다.
- 좋은 선배의 두 번째 조건은 회사와 팀에 도움을 줄 수 있는 능력이 있는 사람이다. 내가 맡은 일을 해내는 것뿐만 아니라 내 주변에 도움을 줄 수 있는 능력이 있어야 한다.
- 좋은 선배의 세 번째 조건은 끊임없이 발전하고 있어야 한다는 것이다. 배움을 멈추지 않고 지속적인 성장을 이루어낼 수 있어야 한다.
- 좋은 선배의 네 번째 조건은 내가 가진 것을 후배와 나눌 수 있어야 한다는 것이다. 어렵게 배웠으니까 나만 알고 있겠다는 생각을 버릴 수 있어야 좋은 선배가 될 수 있다.

2
난 한 놈만 패

「주유소 습격사건」이라는 영화에서 배우 유오성이 했던 대사 중에 "난 한 놈만 패"라는 대사가 유행했던 게 기억납니다. 이 말은 한동안 선택과 집중의 의미를 강조할 때마다 유머러스하게 사용되곤 했습니다.

직장생활에서도 선택과 집중이 필요할 때가 많습니다. 그건 바로 인간관계를 맺을 때입니다. 우리는 직장에서 수많은 사람들과 관계를 맺고 지내게 됩니다. 같이 입사한 동기들, 같은 팀에 있는 동료들, 같은 학교 출신 선후배들, 나의 상사, 관련된 팀의 사람들, 협력업체나 고객사 사람들…. 정말 수도 없이 많은 사람들과 관계를 맺으며 직장생활을 하는 것 같습니다. 그러다 보니 책상 한켠에는 늘 명함이 쌓여 있고, 나중에는 명함을 봐도 이 명함을 준 사람이 누구였는지 기억도 나지 않습니다. 이렇게 많은 사람들을 어떻게 관리해야 하는지에 대해서는 후반에 가서 다시 이야기해드릴 기회가 있을 것 같아서 생략하겠습니다. 여기서는 이 많은 사람 중 어떤 사람에게 선택과 집중을 할 것인가에 대한 이야기를 해드리려고 합니다.

물론 내가 가진 능력에 따라서 가급적 많은 사람들과 좋은 관계를 맺고 잘 지내는 게 가장 좋겠지만 일을 하다 보면 사실 일부러 낼 수 있는 시간은 한정적입니다. 그렇기 때문에 말 그대로 선택과 집중을 하지 않으면 사람들과의 관계가 다 그저 그런 지인 정도의 수준에 머물 수밖에 없습니다. 또한 직장생활의 특성상 누구와 지나치게 가까워진다는 것도 역시 쉽지 않은 일이기 때문에 학교 친구들처럼 무턱대고 친해진다는 것도 비현실적인 일입니다.

그렇다면 내가 어떤 이유로 직장생활에서 만난 사람들에게 선택과 집중을 해야 하는지에 대해서 먼저 생각해봐야 합니다. 이전에도 말씀드린 대로 직장은 친목 단체가 아니기 때문에 친목만을 위해 인간관계에 있어서 선택과 집중을 할 필요는 없습니다. 내가 선택과 집중을 해야 하는 사람은 바로 나의 직장생활에 도움을 줄 수 있는 사람입니다.

첫 번째는 앞에서 나를 끌어줄 수 있는 선배나 상사입니다. 내가 롤 모델로 삼을 만한 선배는 분명 회사에서도 인정을 받고 있고, 앞으로도 꽤나 탄탄대로가 보장되어 있는 선배일 것입니다. 이런 선배와 가까워져 그 선배로부터 지도와 도움을 받을 수 있다면 직장생활에서 그만큼 큰 힘은 없을 겁니다. 게다가 그 선배가 직급이 높아 나를 챙겨줄 수 있는 부분이 많다면 나에게는 더욱 큰 이득이 될 것입니다. 현재 나의 직급에서는 갖출 수 없는 다양한 시각에서 나를 지도해주고, 자신이 현재 위치까지 올라간 경험을 공유해주며, 앞으로 어떤 준비를 해야 하는지에 대한 조언까지 들을 수 있다면 그만큼 큰 도움은 없을 것입니다. 여러분은 또한 앞으로 이런 선배나 상사가 있는 팀으로 팀 이동을 할 수도 있으며, 그 선배나 상사가 이직을 할 경우에는 그의 도움을 받아 같은 회사로 이직도 가능합니다. 이렇게 현재 업무에 대한 상사나 선배로서의 피드백뿐 아니라 앞으로 필요한 준비를 도와줄 수 있고, 미래에 있을지 모르는 이직에도 도움을 줄 수 있는 선배를 만난다는 건 큰 기회라고 볼 수 있습니다. 따라서 회사에 들어가서 첫 번째로 찾아야 하는 사람은 바로 이렇게 회사에서 나를 이끌어줄 수 있는 선배입니다. 롤 모델로 삼고 싶은 선배를 따르고, 배우려고 노력하다 보면 앞으로 분명 여러분에게 기회가 생길 것입니다.

두 번째로 여러분이 찾아야 하는 사람은 바로 여러분 주위에 있는 동료입니다. 여러분과 함께 일하는 동료 중에 여러분에 대해서 가장 객관적으로 피드백을 줄 수 있는 동료를 찾아야 합니다. 그냥 여러분과 뜻이 잘 맞아서 같이 있으면 잘 놀 수 있는 재미있는 동료가 아니라, 여러분과 시각이나 성향이 조금 다르더라도 여러분의 업무 스타일이나 여러분이 회사에서 하는 여러 가지 행동에 대해서 가장 솔직하고 객관적으로 피드백을 줄 수 있는 사람이어야 합니다. 또한 여러분의 업무에 도움을 줄 수 있는 능력도 가지고 있는 사람이어야 합니다. 그 동료가 아무리 정확한 피드백을 준다고 해도 그 동료의 능력이 여러분에게 도움을 주지 못할 정도라면 그 피드백은 크게 효과가 없을지도 모릅니다. 자신의 역할을 잘해내면서 여러분에게 도움이 되는 피드백을 줄 수 있는 동료를 찾아보시기 바랍니다. 그런 동료는 꼭 여러분의 팀에 있는 사람이 아니어도 됩니다. 오히려 팀 밖에 있는 사람이 여러분을 좀 더 객관적으로 볼 수 있을지 모릅니다. 가까이 있을 때는 잘 보이지 않지만 멀어지면 더 또렷이 보이는 경우가 있는 것처럼 말입니다. 이런 동료는 여러분에게 정확하고 객관적인 피드백을 줌으로써 여러분의 성장을 도와줄 수 있고, 여러분은 보지 못하는 여러분의 단점들을 바로잡아줄 수도 있을 것입니다. 또한 그 동료는 여러분에 대한 좋은 피드백들을 주변에 전파해줌으로써 직장에서 좋은 평가를 받도록 하는 데도 도움을 줄 수 있습니다. 따라서 이제 여러분은 주변에 있는 동료 중에 이런 도움을 줄 수 있는 사람을 찾아 가까워져야 합니다.

세 번째로 찾아야 하는 사람은 바로 여러분의 후배 중에 있습니다. 여러분의 후배 중에 맡은 일도 잘하고 성장 가능성도 큰 친구가 있는지 한번 찾아보시기 바랍니다. 그리고 이 후배가 성장하는 데 여러분이 어떤 도움을 줄 수 있는지 고민해보시기 바랍니다. 이 후배가 성장하는 데 여러분이 중요한 도움을 주고 좋은 영향을 줄 수 있다면, 이 후배는 앞으로 여러분을 끝까지 따르려고 할 것입니다. 물론 그렇게 되기 위해서는 여러분이 좋은 선배의 조건을 갖추어야 할 것입니다. 어쨌건 여러분이 좋은 선배라는 전제하에 그 후배가 여러분을 잘 따르게 된다면 이제 여러분은 미래에 성장할 가능성이 높은 후배로부터 피드백을 받을 수 있습니다. 후배로부터의 피드백은 선배로부터 듣는 피드백보다 훨씬 더 중요할 수 있습니다. 보통 직장생활을 하면서 선배나 상사에게 피드백을 듣는 경우는 종종 있습니다. 또한 회사에 따라 이런 피드백을 듣는 과정을 인사 시스템에 포함시키는 경우도 있습니다. 하지만 후배로부터 피드백을 들을 수 있는 기회는 흔하지 않습니다. 사실 후배가 선배에게 객관적인 피드백을 한다는 건 쉽지 않습니다. 괜히 솔직하게 피드백을 했다가 오해를 사거나 건방진 후배라는 낙인이 찍히는 경우도 생길 수 있기에 그런 위험 부담을 지면서까지 피드백을 하고 싶지는 않기 때문일 것입니다. 하지만 이런 후배의 피드백을 들을 수만 있다면 본인 스스로 느끼지 못하는 개선이 필요한 부분을 빨리 파악하고 개선할 수 있다는 장점이 있습니다. 또한 이렇게 후배들로부터 피드백을 듣고 이를 수용한다는 것이 후배들에게 알려지게 된다면, 여러분을 더욱 좋은 선배로 평가할 기회가 생기기도 합니다. 이런 피드백은 나중에 여러분이 진급을 하게 되거나 인사 평가를 받게 될 때 긍정적인 효과를 낼 것입니다.

이렇게 직장생활을 하는 동안 나의 발전을 위해 필요한 사람은 먼저 앞에서 나를 이끌어줄 선배나 상사, 그리고 옆에서 나를 객관적으로 봐주고 같이 일하는 입장에서 긍정적인 피드백을 주고 힘을 합칠 수 있는 동료, 그리고 마지막으로 뒤에서 도와줄 후배가 필요합니다. 특히 좋은 후배를 가졌다는 것은 회사에서 지속적으로 성장하기 위해 가장 필요한 조건이라고 볼 수 있습니다. 여러분이 성장하면 성장할수록 조직 안에서 후배들로부터 소외될 가능성이 높아지는데, 이때 이런 후배가 그러한 약점을 보완해줄 수 있기 때문입니다.

선배와 동료, 후배까지 다양한 사람들에게 성장에 필요한 도움을 받고, 그들로부터 지속적으로 받아들이는 피드백을 통해 성장을 계속해보십시오. 여러분은 어느 직장에 있어도 결코 혼자 일하는 독불장군이 아닌, 성장을 멈추지 않으며 직장생활에 있어 밝은 미래가 보장된 사람이 될 수 있을 것입니다.

이제 직장에서 내 주변의 모든 사람들과 두루두루 잘 지내려고 너무 많은 시간과 노력을 쏟지 마시고, 딱 세 명만 찾아보시기 바랍니다. 그리고 그 세 명에게 선택과 집중을 함으로써 성장을 이루어내시길 바랍니다. 분명 다수의 사람들에게 노력을 쏟는 것보다 훨씬 더 큰 성과를 거둘 수 있습니다.

내 마음속 메모장

- 직장생활에서 나의 성장에 도움을 줄 사람을 제대로 골라 선택과 집중을 하는 것은 중요하다.

- 내가 성장하도록 위에서 끌어줄 선배나 상사를 골라라. 회사에서 잘나가는 상사나 선배가 나를 끌어줄 경우, 나 역시 그들의 도움을 받아 잘나갈 수 있다.

- 동료 중 나를 도와줄 사람을 찾아라. 내 옆에서 동료로서의 피드백을 주고 주변 사람들에게 나에 대한 좋은 평가를 해줄 수 있는 동료가 있다면 회사에서 큰 도움이 된다.

- 후배 중 성장 가능성이 높은 사람을 찾아 나를 따르게 해라. 그가 나를 따르려면 나 역시 그에게 좋은 선배여야 한다. 뛰어난 후배가 나를 따르고 후배 입장에서의 피드백을 줄 수 있다면 나의 성장에 큰 도움이 된다.

3
롤 모델이 될 것인가? 타산지석이 될 것인가?

고참이 되면 싫든 좋든 간에 후배들에게 암묵적인 평가를 받게 됩니다. '저 선배는 어떤 선배다' 하는 냉정한 평가가 내려지게 됩니다. 그중 가장 좋은 평가는 바로 '닮고 싶은 선배'라는 평이고, 가장 나쁜 평가는 '절대 닮고 싶지 않은, 그저 타산지석으로 삼을 만한 선배' 정도가 될 겁니다.

이런 후배들의 평가 결과가 공식적으로 선배들에게 전달되는 것은 아니지만 선배라면 대충 눈치와 느낌으로 본인이 후배들에게 어떤 평가를 받고 있는지 느끼게 됩니다. 후배들이 자주 찾아와 상담을 요청하고, 도움을 받으려고 하고, 조언을 얻으려고 하는 선배라면 그건 아마도 후배들이 롤 모델로 삼고 싶어 하기 때문일 것입니다. 간혹 적극적인 후배라면 그런 속마음을 이야기할 수도 있습니다. 사실 롤 모델이 되는 선배라면 이미 본인도 후배들의 평가에 대해서 느낌으로 알 수 있습니다. 따르는 후배들이 많고, 그 사람의 말이라면 새겨들으려고 하고, 가급적 그 사람과 함께 일하고 싶어 한다면 그 사람은 분명 롤 모델이 되는 선배일 것입니다. 그리고 이런 후배들의 피드백은 이미 이 선배의 상사도 알고 있는 경우가 많습니다. 이렇게 후배들에게 좋은 피드백을 듣는 선배라면 상사는 그 사람을 신뢰하게 됩니다. 어쩌면 상사의 눈보다 같이 일하는 후배들의 눈이 더 정확하다는 걸 상사는 알고 있기 때문일 것입니다. 따라서 후배들의 롤 모델이 되는 선배는 회사에서도 좋은 평가를 받을 수밖에 없고, 직장생활에서 선순환을 경험할 것이라고 생각합니다.

후배들의 롤 모델이 될 수 있는 사람에 대해 다시 한번 정리하면, 자신이 맡은 업무를 잘하면서 팀 내부에서뿐 아니라 회사 전체에 이름이 알려지고, 후배들에게 인정받는 사람이라고 볼 수 있습니다. 어쩌면 우리 주변에는 롤 모델이 되는 선배보다 타산지석이 되는 선배가 더 많을지도 모릅니다. 그리고 이런 선배들은 롤 모델이 되고 있는 선배와는 다르게 본인이 현재 후배들의 따돌림 대상이고, 타산지석이 되고 있다는 것을 전혀 눈치채지 못하는 것이 특징입니다.

물론 선배의 유형이 롤 모델형과 타산지석형만 있는 건 아닙니다. 그러나 대부분의 경우 후배들의 선배에 대한 평가는 선배 본인이 스스로를 평가하는 것에 비해서 인색하다는 것을 이해해야 합니다. 따라서 '나는 그 정도는 아니겠지'라고 생각하는 분이 있을지 모르겠지만 의외로 많은 후배들은 선배들을 보면서 '저 선배에겐 배울 게 하나도 없어'라든지 '최소한 저 선배처럼은 되지 말아야지'라는 생각을 하고 있을지 모릅니다. 저 역시 '나는 롤 모델형 선배다'라는 자신감이 들지 않는 걸 보면 아마도 타산지석형이 아닐까 씁쓸한 예상을 해봅니다. 슬픈 예감은 틀린 적이 없었던 제 과거 경험에 비추어보면 아마 맞을지도 모르겠습니다.

현실에서 많은 분들은 사실 후배들의 평가에 크게 신경 쓰지 않는 경우가 많습니다. '어차피 그 친구들의 평가가 내 인사 평가에 반영되는 것도 아니고, 나보다 후배들인데 나한테 뭘 할 수 있겠어?'라고 생각하기 때문일 수도 있습니다. 선배 입장에서도 상사들 눈치 보기도 힘든 세상에 후배들 눈치까지 봐가면서 사는 건 말이 안 되는 상황이기도 하고, 후배였던 시절의 기억을 되돌려봐도 그때 역시 선배들은 다 그랬다는 생각이 들기 때문인지도 모르겠습니다. 그런데 여기서 우리가 생각해봐야 할 게 하나 있습니다. 결국 이 후배들의 생각이 여러분에 대한 평판을 만든다는 것입니다. 물론 여러분에 대한 공식적인 평판은 상사들의 인사 평가일 수 있습니다. 하지만 후배들이 가지고 있는 여러분에 대한 평가 역시 결국은 여러분에 대한 비공식적 평판이 되어 쌓여간다는 것을 잊어서는 안 됩니다.

따라서 슬기롭게 직장생활을 하는 사람들은 상사의 평가뿐 아니라 후배들의 평가에도 귀를 기울이려고 합니다. 여기서 좋은 점은 후배들의 평가는 여러분이 조금만 노력해도 충분히 개선이 가능하다는 것입니다. 여러분이 가끔 시간을 내서 친한 후배 한둘과 시간을 보내고, 그들의 말에 귀를 기울여본다면 분명 그들이 여러분을 어떻게 평가하고 있는지 아실 수 있습니다. 그리고 여러분들이 개선해야 할 사항들을 들으실 수 있습니다. 어쩌면 후배들은 여러분이 자신들의 이야기를 들어보려고 한다는 사실만으로 여러분에 대한 긍정적인 평가를 하게 될 확률이 높습니다. 물론 업무가 쌓이고 상사들 눈치 보기에도 바쁜 나날이겠지만 가끔 후배들과 이렇게 이야기하는 시간을 보낼 수 있다면 앞으로의 직장생활에 큰 도움이 될 것입니다.

저의 직장생활 경험을 비추어볼 때 성공한 사람의 대부분은 후배들에게 좋은 평가를 받던 선배들이었습니다. 물론 그 사람이 후배들로부터 좋은 평가를 받았다는 사실만을 성공의 근거로 볼 수는 없겠지요. 하지만 최소한 후배들에게 타산지석이 되던 사람들보다는 롤 모델이 되었던 선배들이 직장에서 좋은 평가를 받고, 오랫동안 성공 가도를 달릴 확률은 훨씬 더 높아 보입니다.

주식 시장에서 기업의 가치는 주가에 반영되어 나타납니다. 어떤 주식은 실제 가치에 비해 저평가되고, 어떤 주식은 실제 가치보다 고평가됩니다. 회사 생활을 하는 사람 역시 마찬가지인 것 같습니다. 내 가치를 어떻게 인정받을 것인가는 다 내가 하기 나름이라고 생각합니다. 주식의 주가와 같은 것이 회사에서의 평판입니다. 어떤 사람은 '후배들이 뭐라고 하든 무슨 상관? 나만 잘하면 되지'라고 생각할 수도 있겠지만 자신의 가치를 후배들이 제대로 모를 필요까지는 없다고 생각합니다. 직장생활 연차가 쌓이고 선배가 되었을 때부터는 스스로의 가치를 관리할 수 있어야 하고, 여러분의 가치가 바로 후배들의 평가에 의해 좌우된다는 것을 기억해주시기 바랍니다.

실제 가치보다 고평가되거나 내 가치에 거품이 낄 필요까지는 없겠지만, 여러분의 가치를 후배들이 잘 알아주고 이를 통해 여러분에 대한 후배들의 평판이 좋아진다면 그건 직장생활에서 큰 힘이 될 수 있다는 걸 기억하십시오. 그동안 사소하게 넘겼던 후배들과의 시간을 통해 후배들의 피드백에 귀 기울여보십시오. 그리고 다소 동의하기 어려운 부분이 있다고 하더라도 열린 마음으로 그들의 피드백을 수렴해서 스스로를 개선해보시기 바랍니다. 분명 상사에게 직접 피드백을 들었을 때보다 빠르고 효과적으로 발전할 수 있을 것입니다.

타고난 능력이 부족해서 후배들의 롤 모델은 되지 못한다고 할지라도, 최소한 타산지석이라는 낙인이 찍히는 선배는 되지 않도록 노력했으면 합니다.

- 내가 후배들에게 롤 모델이 되는 선배라는 느낌이 들지 않는다면 나는 후배들에게 타산지석의 선배일 확률이 높다.
- 인사 평가에 반영되지는 않지만, 후배들의 선배에 대한 평가 또한 회사 내의 비공식적인 평판이라는 것을 잊어서는 안 된다.
- 후배들의 피드백은 조금만 들어주려고 노력하면 결과가 빠르게 좋아진다는 장점이 있다.
- 나의 가치가 고평가까지는 아니라도 최소한 저평가는 되지 않도록 신경 쓰며 생활하자.

4
잘나갈 때 착각하는 것들

'호사다마'라는 말이 있습니다. '좋은 일에는 마가 많다'라는 의미로, 좋은 일이 생긴 뒤에는 안 좋은 일이 생길 수 있으니 좋은 일이 많이 생기더라도 늘 조심하고 스스로를 낮추라는 의미로 사용되는 말입니다. 비슷하게 사용되는 '새옹지마'라는 사자성어도 들어보셨을 것입니다. 인생의 길흉화복은 변화가 많아서 예측하기 어렵다는 말입니다. 사람들은 당장 지금 상황이 좋으면 계속 좋은 일만 생길 거라는 기대를 하고, 지금 상황이 나쁘면 계속 나쁜 일만 일어날 것 같다는 착각을 하곤 합니다. 물론 좋은 일이 벌어지는 상황에서 안 좋은 일이 벌어질 것을 미리 걱정하거나, 안 좋은 일이 생긴 상황에서 곧 좋은 일이 생길 거라고 기분이 붕 뜨기란 쉽지 않습니다. 그렇지만 이런 마음을 조금이라도 갖고 사는 것과 그런 마음이 없이 사는 것은 많은 차이가 있습니다.

직장생활을 하다 보면 누구나 한 번쯤 잘나가는 순간을 맞습니다. 상사에게 지속적으로 좋은 평가를 받는다거나, 남들은 다 실패했던 프로젝트를 성공적으로 수행한다거나, 사내 경쟁에서 좋은 성적으로 우승한다거나, 남들보다 빠른 승진을 하는 등 이렇게 잘나가도 되나 싶을 정도의 순간을 맞이하는 경우가 생깁니다. 주식으로 치자면 상한가를 치는 때라고 할 수 있는데, 이런 경우 사람들은 내가 앞으로도 계속 잘나갈 거라는 착각을 하게 됩니다. 물론 실력이 동료들보다 뛰어나서 참여하는 프로젝트마다 성공하고, 남들보다 뛰어난 성과를 거두는 경우도 있습니다. 그러다 보면 상사들도 나를 제일 먼저 칭찬하고, 남들보다 승진도 빨리하며 연봉도 더 많이 오르게 되기도 합니다.

　만약 지금 여러분이 직장에서 그 누구보다도 주목을 받고 있고, 진행하는 일마다 성공하고 있으며, 직장 상사나 주변 사람들에게 칭찬을 듣고 있는 시기라고 가정해보겠습니다. 대부분의 사람들은 이때 자기도 모르게 자아도취에 빠지는 경우가 있습니다. 지금 너무 잘나가니 앞으로도 계속 잘나갈 것 같다는 착각을 하게 되는 것입니다. 하지만 다시 생각해보면 그 성공이 언제까지나 계속되기는 어렵다는 걸 알 수 있습니다. 부서의 업무 영역이 바뀔 수도 있고, 나보다 더 뛰어난 후배 직원이 들어올 수도 있고, 내가 건강이 나빠지거나 열정이 예전보다 떨어져 업무 성과가 부진할 수도 있습니다. 지금 나를 가장 많이 인정해주고 지지해주는 내 상사가 계속 그 자리에 있는다는 보장도 없습니다. 새로 온 상사에게는 내가 인정을 받지 못할 수도 있습니다. 또 내가 가장 자신 있던 분야의 일이 이제는 사람들의 관심 밖으로 사라지면서 내가 가진 장점이 회사에 별 도움이 못 될지도 모릅니다. 특히 이런 일은 기술 변화가 빠른 IT 분야에서는 흔하게 나타나는 일들입니다. 제가 처음 직장생활을 하던 시절, 가장 관심의 대상이 되었던 분야는 메인프레임이라는 대용량 컴퓨터를 다루는 기술이었습니다. 하지만 이제 메인프레임은 역사 속으로 사라지고 있습니다. 이렇게 조직의 변화, 기술의 변화와 함께 다양하고 빠르게 변화하는 환경은 늘 새로운 국면을 만들어내곤 합니다. 한번 상한가를 쳤던 종목이라고 해서 매일 상한가를 칠 수는 없듯이 직장에서도 마찬가지입니다. 지금 잘나가는 순간이 영원할 수는 없는 것입니다.

따라서 지금이 상한가를 치고 있는 순간이라는 생각이 든다면 하한가를 대비해야 하는 순간이기도 하다고 말씀드리고 싶습니다. 주식에 자산 분배가 있듯이 여러분도 잘나갈 때 미래를 위한 준비를 시작해야 합니다. 이것은 우리가 만약을 대비하기 위해 이런저런 보험을 가입하는 것과 같은 이유이기도 합니다. 그렇다면 어디에 보험을 들어야 할까요? 직장생활 자산 분배는 어디에 어떻게 해야 가장 안전한 걸까요?

첫 번째는 사람입니다. 지금 내가 만나서 관계를 맺고 있는 사람들 중 우선적으로 자산 분배가 필요한 곳이 있습니다. 현재 나에게 가장 중요한 직속 상사나 함께 일하는 사람 이외에 자산 분배를 해야 할 곳을 찾아야 합니다. 우선 회사 내부에서는 앞으로도 이 회사에서 계속 잘나갈 것 같은 사람을 찾아야 합니다. 그 사람은 옆 부서의 직원일 수도 있고, 선배나 다른 팀 상사일 수도 있습니다. 이런 사람을 찾아 그 사람과의 관계를 잘 만드는 것이 중요합니다. 지금 여러분이 성공적인 결과물을 보여주고 있다면 여러분이 그런 사람들에게 다가가는 것은 그리 어렵지 않을 것입니다. 가끔 만나 식사도 하고, 그 사람들의 조언을 듣고, 여러분이 이루고 싶은 꿈에 대해서도 같이 이야기를 하면서 그들을 여러분의 멘토로 만들어보시기 바랍니다. 그런 멘토를 만들 수 있다면 여러분은 회사에서 앞으로 상사가 바뀌거나 업무가 바뀌어도 멘토의 도움을 받아 충분히 성과를 낼 수 있을 것입니다.

회사 밖에서는 협력업체나 고객사 사람들과 특별한 관계를 만들어야 합니다. 심지어 경쟁사 사람들과도 잘 지내야 합니다. 업무를 하며 만나는 다양한 회사 밖 인연들이 있습니다. 아무래도 지금 회사에서 잘나가다 보면 이런 회사 밖 사람들과 깊게 인연을 맺으려 하지 않는 경우가 많습니다. 그저 업무를 위한 관계로만 생각해서 업무가 끝나면 관계를 더 이상 유지하지 않는 경우가 대부분입니다. 하지만 여러분이 조금 더 노력해서 이런 외부 사람들 중 앞으로 여러분에게 도움이 될 만한 사람들을 찾아 그 사람들과 끈끈한 관계를 지속할 수 있다면, 그 관계는 여러분에게 또 다른 힘이 되어줄 것입니다.

여러분이 나중에 이직을 하게 되면 결국 새로 가게 될 조직은 바로 경쟁사, 협력사, 고객사 중 한 곳인 경우가 많습니다. 지금은 회사를 아무 불만 없이 잘 다니고 있으니 그 회사들이 눈에 안 들어올 것입니다. 하지만, 지금부터라도 자산 분배의 개념으로 그곳에 있는 사람들과 관계를 잘 가져가면 분명 나중에 이직의 기회가 있을 때 여러분에게 큰 도움이 될 것입니다. 특히 경력자는 아는 사람에게 소개를 받아 채용하는 경우가 대부분이라, 평소에 관계를 잘 다져놓은 사람을 통해 입사 전형에 응시한다면 합격할 확률이 높아지는 것이 당연합니다. 협력사라고 무시하고, 경쟁사라고 미워하고, 고객사라고 늘 피해 다니면 안 됩니다. 미래를 생각해서라도 협력사 주요 임직원들에게 여러분의 능력을 보여주고, 경쟁사지만 업무 이외에서는 그들과 관계를 잘 유지하고, 고객사에 좋은 인상을 계속 심어줄 수 있다면 그 회사들은 여러분을 탐내게 될 것입니다. 막상 이직이 필요한 때가 닥쳐서야 알고 지내던 사람들을 찾아가 부탁하는 것과 이렇게 평소에 좋은 인상을 심어주는 것과는 결과가 크게 다를 수 있다는 것을 기억하시기 바랍니다.

두 번째는 여러분입니다. 끊임없이 새로운 것을 배워야 합니다. 회사에서 문제없이 업무를 수행하고 있기 때문에 스스로 전문가 같겠지만 내가 아는 것이 전부라는 생각은 매우 위험합니다. 업무에 필요하다고 생각되는 분야에 대해서는 늘 배우고 익히는 자세를 가져야 합니다. 그것이 새로운 기술이든 언어든 업무에 필요한 것이라면 배움을 멈추지 말아야 합니다. 회사에서 성공하는 사람의 공통적인 특징이 있다면 그것은 새로운 것을 배우는 데 두려움이 없다는 것입니다. 퇴직할 때까지 지금 내가 잘 아는 분야만을 써먹을 수는 없습니다. 만약 여러분이 지금 무언가 하나라도 배우고 있지 않다면 그 사실만으로 이미 다른 사람들에게 뒤처지기 시작했다는 것을 꼭 기억하시기 바랍니다.

세 번째는 바로 여러분의 건강입니다. 지금 아무리 잘나가도 건강이 나빠져 일에 집중하지 못하면 내 자리는 누군가에게 대체될 수밖에 없습니다. 제 주변에도 일에만 빠져 지내다 건강을 해쳐 조기 은퇴한 직원들이 있었습니다. 누구보다도 많은 성과를 냈지만 그러느라 건강이 나빠졌고, 결국 회사를 떠나는 결정을 할 수밖에 없었습니다. 오래 일하기 위해서는 어찌 보면 그 무엇보다 중요한 것이 건강이라고 볼 수 있습니다. 지금 건강에 누구보다 자신이 있다고 하더라도 꾸준한 운동과 좋은 식습관으로 건강 관리를 해야만 직장생활이라는 장기 레이스에서 성공을 거둘 수 있습니다.

이제 '평생직장'이라는 말은 사라졌다고 볼 수 있습니다. 따라서 이직을 통해 효과적으로 경력을 관리하는 것이 중요하기 때문에 이직 시점을 어떻게 잡는가가 중요합니다. 이직은 내가 지금 있는 이곳이 힘들다는 이유로, 현실을 모면하기 위한 수단으로 선택될 경우 실패할 확률이 높습니다. 따라서 가장 좋은 이직 타이밍은 바로 내가 제일 잘나가는 순간입니다. 이때 이직을 해야 상대 회사에서도 가장 좋은 조건을 제시하게 되고, 또 현재 회사에서도 여러분을 잡기 위해 더 좋은 조건을 제시하게 될 것입니다.

만약 현재가 여러분의 최고 전성기라는 생각이 든다면 지금이 바로 이직을 생각해야 할 때입니다. '물 들어올 때 노 젓는다'라는 말이 있습니다. 적절한 시기에 할수록 효과가 나는 일이 바로 이직입니다.

물론 지금 몸담고 있는 회사가 모든 면에서 만족스러운 조건을 제시하고 있고, 여러분 역시 이직할 의사가 없을 수 있습니다. 그렇다고 하더라도 마음속에 이직을 한다는 가정을 하고, 이를 위한 노력을 해보시기 바랍니다. 이직하기 위해 나에게 무엇이 더 필요하고, 어떤 사람들과의 관계가 더 필요한지, 그래서 내가 어떤 노력을 해야 하는지를 고민해보시기 바랍니다. 그저 지금의 모든 조건이 마음에 들고 회사가 너무 좋다고 해서 지금 몸담고 있는 곳에 안주하지 않았으면 합니다. 지금의 이 만족스러움과 편안함은 분명히 영원히 지속되지는 않을 것입니다. 시간이 지나고 나서 그때 왜 내가 더 이상 성장하려고 하지 않았을까 후회하게 될지도 모릅니다.

여러분의 직장생활이 계속 성공적으로 행복하게 이어지기 위해서 결코 멈추지 말아야 할 것이 있다면 그것은 무엇일까요? 바로 도전입니다. 잘나가는 순간이 왔다는 건 여러분이 지금까지 해왔던 도전이 성공했다는 것이고, 그것은 새로운 도전을 해야 할 시간이 찾아왔다는 의미입니다. 한 번의 성공에 만족한 사람에게는 두 번의 성공은 보장되지 않는다는 것을 기억하시고, 새로운 도전을 다시 한번 준비해보시기 바랍니다. 여러분이 이미 했던 도전이 성공했듯이 여러분의 다음 도전도 성공하게 될 것입니다.

여러분의 끊임없는 도전을 응원합니다.

내 마음속 메모장

- 매일 상한가를 치는 종목은 없다. 직장생활에서도 늘 성공을 거둘 수는 없다. 잘되고 있을 때 미리 앞날을 준비하자.

- 잘나갈 때 미리 준비해야 할 것 첫 번째는 사람과의 관계이다. 미래를 위해 직장 내 선후배와 협력사, 고객사, 경쟁사 사람들까지 관계를 잘 유지하자.

- 잘나갈 때 준비해야 할 것 두 번째는 스스로에 대한 투자이다. 끊임없이 배우고 익혀서 성장하자. 잘나가는 사람들의 공통된 특징은 배움을 두려워하지 않는다는 것이다.

- 잘나갈 때 준비해야 할 것 세 번째는 건강이다. 건강하지 못하면 일도 할 수 없기 때문이다.

- 잘나가는 순간이 왔다는 건 지금까지 해왔던 도전이 성공했다는 것이고, 새로운 도전을 해야 할 시점이 되었다는 뜻이다.

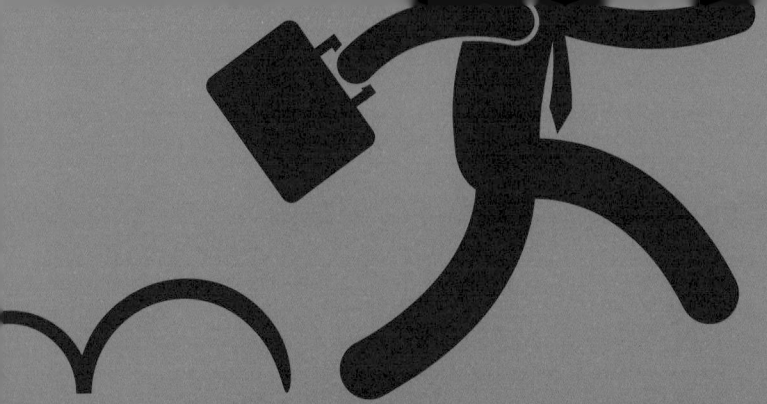

6
내가 회사에서 월급 받을 자격이 있나

월급날이 되면 드는 생각이 있습니다. 정말 이거 받으면서 계속 직장을 다니는 게 맞는 걸까? 한 달 내내 일을 했는데 막상 통장에 들어오는 월급은 기대에 한참 못 미치는 경우가 대부분입니다. 이마저도 며칠 후면 카드 값으로 다 빠져나가버려 다시 통장은 텅텅 빈 '텅장'이 돼버리고 맙니다. 그렇게 한 달 단위로 다람쥐 쳇바퀴 돌듯이 살아가는 것이 직장인의 삶인 것 같습니다. 대부분의 직장인들이 저와 비슷한 생각을 하지 않을까요?

하지만 생각을 한번 바꾸어보면 어떨까요? 내가 과연 회사에서 이 월급을 받을 자격이 있을까? 이번 달 내가 이루어낸 성과가 이 월급만큼 될까? 아마 별로 생각해본 적이 없을 것입니다. '뭐 당연히 들어오는 월급이니까…', '어차피 이 회사에 다니고 있고 나 정도의 직급이라면 이 정도는 받아야 하는 거 아냐?'라고 생각하는 경우가 대부분일 것입니다. 하지만 만약 내가 사장이고 누군가에게 월급을 줘야 하는 상황인데, 그 직원이 지금 나만큼 성과를 냈다고 하면 이번 달 월급을 얼마를 주는 게 적정할까를 생각해보면 조금 생각이 달라질 수도 있을 것입니다. 이런 생각을 하면 아마 사람마다 차이가 좀 있겠지요. 입사한 지 얼마 안 되는 직원이라면 아직 일을 배우는 단계이고 회사에 특별히 기여하는 바가 없을 테니, 사실 월급만큼 회사에서 일을 했다고 보기 어려울 것입니다. 한창 열심히 일을 할 대리, 과장 정도의 직급이라면 자신들이 하는 일에 비해서 월급이 오히려 적다고 생각할 것입니다. 그리고 부장, 이사쯤 되는 직급이라면 솔직히 월급에 비해 하는 일이 조금 적다고 볼 수 있을 것입니다. 물론 그분들이 일은 적지만 스트레스는 더 많다는 것은 인정합니다. 원래 직급이 올라갈수록 하는 일은 적어 보이지만 업무 스트레스는 더 커지기 마련이거

든요.

직급에 따른 차이는 있겠지만 여러분이 스스로 '나는 이 월급을 받을 자격이 있는가?'를 생각해보는 것은 큰 의미가 있습니다. 당연히 이 질문에 대한 답은 나 혼자만 알고 있으면 됩니다. 따라서 누구보다 솔직하게 평가할 수 있을 겁니다. 그리고 이번 달에 내가 한 일을 이번 달 월급과 비교해보는 것입니다. 스스로를 평가해봤을 때 자신 있게 '나는 이 월급을 받을 자격이 있다'라는 대답이 나오지 않는다면, 그리고 3개월 정도를 연속으로 평가해봤는데도 여전히 자격이 있다는 답이 나오지 않는다면, 여러분의 직장생활에는 곧 위기가 닥칠 수도 있습니다. 당장은 아니겠지만 여러분의 성과가 월급을 따라잡지 못한다면 그러한 사실을 다른 사람도 알게 될 수밖에 없습니다. 주변 동료들이 눈치를 채고, 상사가 알아차리고, 회사가 인지하게 됩니다. 그것은 곧 직장생활에 위기가 닥쳤다는 뜻이기도 합니다. 나는 이 월급을 받을 자격이 충분히 있고, 오히려 부족하다는 생각이 든다면 여러분은 일단 안전하다고 볼 수 있습니다. 하지만 반대의 경우라면 지금이 한 번 더 노력을 해야 하는 시점이라는 것을 깨달아야 합니다. 아무도 여러분에게 이야기하지는 않겠지만, 곧 다가올 위기를 넘어서는 방법은 지금부터라도 다시 한번 달려나가는 것입니다.

나만의 경쟁력을 다시 가다듬고, 다른 직원들과 차별화된 장점을 보여주고, 한 단계 업그레이드된 스스로를 완성해야 이 상황을 이겨내고 앞으로 나아갈 수 있습니다. 직장생활에서 항상 같은 강도의 열정을 지니고 살 수는 없다지만 불처럼 타올랐던 신입사원 때의 열정은 어느 순간 훅 사그라들고 말았습니다. 이제 그 열정을 다시 깨우고 내가 회사에서 받고 있는 이 월급이 왜 턱없이 부족한지 보여줄 때입니다. 여러분의 진정한 가치를 다시 한번 보여줄 때가 왔습니다.

1
나만의 것이 있나요?

여러분은 남들에게는 없는 자신만의 무언가를 가지고 있나요? 물론 남들보다 뛰어난 운동신경을 가지고 있다거나, 남들은 엄두도 못 내는 노래나 춤 실력을 가지고 있을 수 있겠지만 여기서 말하는 것은 회사에서 업무를 수행하는 데 도움이 될 만한 것을 이야기하는 것입니다. 회사 내에서 고객 관리만큼은 타의 추종을 불허할 만한 실력을 가졌다든지, 새로운 기술을 빨리 익히는 데는 누가 뭐래도 나만큼 뛰어난 사람이 없다든지, 누구보다도 빠른 문제 해결 능력을 갖고 있다든지, 뛰어난 발표력을 가지고 있어 회사에서 최고로 인정받고 있다든지 하는 것 말입니다.

가만히 생각해보면 이것도 어느 정도는 하는 것 같고, 저것도 어느 정도는 하는 것 같지만 딱히 '이것만큼은 내가 최고다' 또는 '이것만큼은 남들이 안 가지고 있는 걸 내가 가지고 있다'라고 할 만한 것이 떠오르지 않을지도 모릅니다. 그렇다면 이번에는 내가 아니라 우리 회사 사람 중에서 이런 사람이 있는지 한번 생각해보시기 바랍니다. 우리 회사에서 가장 고객을 잘 관리하는 사람은 누구인지, 영어 실력이 가장 뛰어난 사람은 누구인지, 기술에 대해 가장 많이 알고 있는 사람은 누구인지, 문제 해결 능력이 가장 뛰어난 사람은 누구인지, 세미나가 있을 때 가장 발표를 잘하는 사람은 누구인지 떠오르는 사람이 있나요? 있다면 바로 그 사람들이 누구나 인정하는, 남들이 안 가진 것을 가지고 있는 사람들입니다. 그리고 그 사람들 중에 만약 내 이름이 없다면 지금부터는 내 회사 생활이 괜찮은지 다시 한번 생각을 해봐야 할 시점인 것입니다.

내 머릿속에 떠올랐던, 우리 회사에서 가장 뛰어난 특정 분야의 능력자들은 알고 보면 특별한 사람은 아닐 것입니다. 나보다 직급이 높은 사람도 아닐 수 있습니다. 나보다 후배인데도 벌써 나보다 더 회사에서 인정을 받고 있는 사람들도 있을 수 있습니다. 그렇다고 이들이 모두 명문대 출신이거나 유학파일 리도 없습니다. 물론 몇몇 직원은 타고난 능력을 보이는 경우도 있겠지만 노력 없이 만들어진 결과는 없을 것입니다. 이 직원들은 몇 가지 공통점을 가지고 있습니다.

회사에서 꼭 필요로 하는 뛰어난 재능을 가진 직원들의 첫 번째 공통점은 자신이 하고 있는 일에 관심이 많다는 것입니다. 지금 하고 있는 일이 개발이라면, 개발에 관한 다양한 기술에 늘 관심을 가지고 있고, 지금 하고 있는 일이 공장 자동화라면 자동화에 대한 여러 가지 사례와 기술을 찾아보는 것을 너무나 재미있어하고, 지금 하는 일이 영업이라면 고객을 만나고 그들과 이야기를 하는 것에 가장 많은 시간을 보내려고 합니다. 제가 아는 어떤 IT 기술 담당자분 중에서도 시간이 날 때마다 인터넷을 뒤져서 IT 기술의 트렌드를 찾아보고, 관련 기사를 스크랩하고, 사람들과도 기술을 주제로 한 대화를 나누는 걸 즐기는 분이 있습니다. 그분은 IT 기술의 변화에 대해서 알아가는 과정이 너무 흥미롭다고 이야기하곤 하셨습니다. 이렇게 자신이 하는 일에 재미를 느끼고 일하는 것이 즐거워 시간 가는 줄 모른다면 당연히 해당 분야의 실력이 쌓일 수밖에 없습니다.

반대로 내가 하는 일이 영업인데 나는 사람 만나는 게 싫고, 내가 영업해야 하는 장비나 솔루션에 대해서도 관심이 없고, 누군가를 설득하는 것도 귀찮다면 이 분야에서 성장하기는 쉽지 않을 것입니다. 내가 하는 일이 IT 기술인데 신기술을 새로 배우는 게 두렵고, 장비를 가지고 테스트해보는 것도 귀찮아한다면, 좋은 평가를 받기는 어려울 것입니다. 결국 첫 번째 조건은 내가 하고 있는 일이 내 적성에 맞고, 내가 좋아하는 일이어야 한다는 것입니다.

회사에 꼭 필요한 재능을 가진 직원들의 두 번째 공통점은 꾸준하다는 것입니다. 그들은 잠깐 그 분야에서 잘하는 게 아니고 한번 최고의 자리에 오르고 나면 스스로를 늘 갈고 닦아서 항상 최고의 자리를 지킨다는 것이 특징입니다. 꾸준한 사람은 서두르지 않습니다. 일을 빨리빨리 끝내려고 하지 않고, 작은 것 하나를 완성해도 거기서 의미를 찾고 배움을 얻으려고 합니다. 그리고 그 배움을 바탕으로 다시 도전을 시작합니다. 무언가를 빠르게 이루려고 하는 사람들이 빨리 지쳐 흥미를 잃는 것과는 반대로 꾸준하게 천천히 나아가는 사람은 자기 페이스를 잃지 않습니다. 이런 꾸준함이 결국 남들은 내지 못하는 커다란 성과를 내는 것입니다. 아무리 재능이 뛰어난 사람이라도 재능만으로 원하는 성과를 만들어내는 데는 한계가 있습니다. 하지만 재능을 갖고 있는 데 그치지 않고 꾸준한 노력을 기울이는 사람은 누구도 내기 쉽지 않은 결과를 냅니다.

만약 지금 남들이 가지고 있지 않은 나만의 것이 잘 떠오르지 않는다면 먼저 이 두 가지를 생각해보아야 합니다. 첫째, 지금 하는 일이 재미있는가? 그래서 그 일과 관련된 여러 가지 일들을 배우고 알아가는 데 흥미를 느끼는가? 둘째, 나는 내 일에 성과를 만들어내기 위해서 꾸준하게 나아갈 자신이 있는가? 타고난 재능이 없더라도 이 두 가지 질문에 긍정적인 답변을 할 수 있다면 여러분은 분명 시간이 지나고 나서 남들이 갖지 못하는 여러분만의 것을 갖게 될 것입니다.

앞서 드린 첫 번째 질문에 대부분 이렇게 답하실 것 같습니다. "누가 일이 재미있어서 하나요? 월급 받으려고 싫어도 그냥 하는 거죠." 네, 그 마음을 이해하지 못하는 건 아닙니다. 저 역시 30년 넘게 직장생활을 했지만 일이 엄청나게 재미있었던 적은 거의 없었던 것 같습니다. '이 일이 내 적성에 맞나?' 하는 의문이 종종 들기도 했습니다. 하지만 딱히 다른 일을 찾기도 쉽지 않고 이왕 시작한 거니까 끝까지 잘 해보고 싶었던 것도 사실입니다. 이 글을 읽고 있는 대부분의 직장인 여러분도 저와 비슷한 심정이 아닐까 합니다. 일을 하는 동안에는 내가 하는 일에 억지로라도 재미를 느껴야 합니다. 그렇지 않아도 하기 싫은 일인데 최소한의 재미도 없으면 더 힘이 들기 때문입니다.

정말 놀라운 사실은 분명 재미가 없었던 일인데도 내가 억지로라도 재미를 느끼려고 노력해보면 어느 정도 재미있어진다는 것입니다. 아마 실제로 경험해보신 분들도 있으리라 봅니다. 정말 관심도 없고 재미도 없던 분야라도 매일 조금씩 꾸준히 들여다보다 보면 점점 관심이 생기는 경험 말입니다. 억지로 해야 한다는 강박관념을 조금은 버리고, 그냥 한번 알아보자는 생각으로 지금 하고 있는 일과 관련된 다양한 분야에 대해서 한번 시간을 가지고 공부해보시기 바랍니다. 정말 작은 거라도 상관없습니다. 회사에서 내가 하고 있는 일과 관련된 인터넷 기사를 한 줄 찾아보는 것, 유튜브에서 내가 하고 있는 일과 관련된 영상 하나를 찾아보는 것부터 시작해보십시오. 처음에는 하루에 대략 10분 정도의 시간만 투자해보세요. 더 많은 시간을 쓰고 싶겠지만 딱 10분만 투자해서 내가 하는 일과 관련된 기사나 영상을 찾아보는 것부터 시작하는 것입니다. 그 대신 그 일을 매일 거르지 않고 해야 합니다. 그리고 내가 새롭게 알아낸 정보는 어딘가에 기록해보시기 바랍니다. 단 한 줄의 메모라도 상관없습니다. 100일이 지나면 100줄의 메모가 생기고, 일 년이 지나면 300줄이 넘는 메모가 생길 것입니다.

그리고 정말 10분 가지고는 너무 부족해서 시간을 더 들여서 하고 싶다는 생각이 들 때, 시간을 20분으로 늘려서 내가 하는 일과 관련된 정보를 조금 더 찾아보시기 바랍니다. 구글링도 좋고 요즘 유행하는 생성형 AI에게 물어보는 것도 좋습니다. 이렇게 조금씩 내가 하는 일에 좀 더 관심을 갖다 보면, 어느 순간 남들은 모르고 있던 정보를 점차 알게 되고, 그 정보를 통해 남들에게 전문가 소리를 듣는 순간이 찾아올 것입니다. 그리고 그때쯤이면 정말 재미없고 관심 없었던 일에 조금씩 재미가 느껴질지도 모릅니다. 하는 일이 사람을 만나야 하는 영업이라면, 하루에 10분을 투자해서 내가 관리해야 하는 사람들에게 문자나 카톡으로 안부를 전하는 것부터 시작해보는 것도 좋은 방법이 될 수 있습니다. 이때 보내는 메시지는 스팸 문자 같은 의미 없는 내용이 아닌 그 사람만을 위한 내용이 되어야 합니다. 하루에 10명, 20명에게 보내는 게 아니고 하루에 한 명이면 충분합니다. 크지 않은 액수의 기프티콘이나 회사에서 나온 기념품을 보내는 것도 좋은 방법입니다. 역시 딱 10분만 투자해서 해보시기 바랍니다. 비즈니스 목적으로만 연락하고 만났던 고객들이 조금씩 가깝게 느껴지게 될 것입니다. 발표를 잘하고 싶은 분이라면 역시 하루에 10분만 발표 잘하는 방법에 대한 공부를 시작해보십시오. 인터넷에는 정말 많은 선생님들이 있습니다. 심지어 공짜로 가르침을 주시는 고마운 분들입니다. 하루에 10분씩만 발표에 대해 공부하다가 조금씩 실제로 발표하는 연습을 해보면 됩니다.

이렇게 내가 하는 일에 조금씩 재미를 느끼도록 하는 데에는 하루에 딱 10분의 투자와 꾸준함만 있으면 가능합니다. 너무 조급할 필요도 없습니다. 어차피 지금까지 아무것도 안 하고 시간을 보내지 않았나요? '나는 타고난 재능이 없어서 안 돼', '나는 지금 하는 일이 내 적성에 맞지 않아서 잘할 수 없어'라고 먼저 결론을 내리지 마시고 이렇게 조금만 투자를 해보시기 바랍니다. 이렇게 일 년을 노력했는데도 아무 변화가 없고 여전히 여러분이 하는 일에 흥미가 느껴지지 않는다면 정말 그 일과 맞지 않는 것입니다. 그때는 여러분의 적성에 맞는 다른 일을 찾아보시기 바랍니다. 일 년간 꾸준하게 지금 하는 일에 관심을 가지려고 노력했고, 시간을 투자했고, 열정을 다했는데도 변화가 없다면 그 일은 자신과 맞지 않는 일이 맞을 것입니다. 하지만 꾸준하게 노력하며 일 년을 보낸 여러분에게는 지난 일 년간의 경험이 남을 것입니다. 그래서 무슨 일을 새로 시작하게 되더라도 그 경험을 통해 여러분의 적성에 맞는 일을 찾아낼 거라고 생각합니다. 여러분이 기울인 일 년간의 노력은 그냥 헛되이 버려지지 않고, 어떤 식으로든지 여러분의 자산이 될 거라고 확신합니다.

  제가 보았을 때는 그렇게 일 년을 보내고 그동안 해오던 일에서 흥미를 느끼지 못한 사람은 거의 없었습니다. 정말 일 년을 꾸준히 했다면 말입니다. 그러니 시작하기 전에 너무 걱정부터 하지 마시고 오늘부터라도 당장 여러분이 하고 있는 일에 재미를 붙여보세요. 지금 그 일이 여러분이 관심을 기다리고 있습니다.

- 사내에 남들이 갖지 못한 재능을 가진 사람이 누구인지 생각해보고, 그 사람들 중에 내가 없다면 긴장하자.

- 꼭 타고난 재능을 가지고 있지 않아도 자신이 하고 있는 업무에 관심이 많고 꾸준하게 노력하는 사람이라면 남들이 못 가진 능력을 기를 수 있다.

- 지금 내가 하고 있는 일에 흥미가 없다면 하루에 딱 10분만 투자해서 그 일을 좀 더 깊이 알아보는 데 써보자. 노력을 통해 재미를 느낄 수도 있다.

- 서두르지 않고 꾸준하게 하루 10분씩 투자한다면 일 년 후 분명 달라진 결과를 볼 수 있다. 만약 일 년이 지나도 변화가 없다면 그 일은 내 적성에 맞는 일이 아니다.

2

회사는 나를 왜 필요로 할까?

혹시 생각해본 적 있으신가요? 회사는 나를 왜 필요로 할까요? 그저 한번 뽑았으니까 그냥 놔두는 걸까요? 아니면 내가 회사에 제공해주는 특별한 능력 때문에 나를 필요로 하는 걸까요?

직장인이라면 아시겠지만 웬만큼 체계적으로 운영되는 회사라면 절대로 있으나 마나 한 직원을 데리고 있지 않습니다. 만약 여러분이 지금 어떤 회사에 소속되어 있고 그 회사가 지난 수년간 꾸준히 성장하고 있는 안정적인 회사라면, 지금 여러분의 회사는 여러분의 능력이 필요하기 때문에 데리고 있는 것입니다. 물론 간혹 직원의 진짜 모습을 모르고 고용하고 있다고 해도, 길지 않은 시간 내에 실상이 밝혀지는 경우가 대부분입니다. 어떤 직원이 회사에 필요하지 않다고 판단되는 순간, 그 직원을 계속 데리고 있을 회사는 없다고 볼 수 있습니다.

어떤 직원이 회사에 얼마나 필요한지는 각 경우마다 조금씩 다르다고 볼 수 있습니다. 회사에 꼭 필요한 존재라서 만약 회사를 떠나겠다는 의사를 보인다면 어떻게 해서든 회사가 막으려고 하는 직원이 있는 반면, 회사에 필요하긴 하지만 딱히 반드시 필요한 존재는 아니라 떠나겠다고 하면 그냥 보내줄 수 있는 직원도 있습니다. 또 어떤 직원에 대해서는, 지금은 필요하니까 데리고는 있지만 나중에 회사 사정이 어려워진다면 가장 먼저 정리해야겠다는 생각을 할 수도 있습니다. 그리고 이런 회사의 평가는 정기적으로 집계하는 성과와 주변 사람들의 평판을 근거로 산출되게 됩니다.

회사에서 겉으로 보이는 직급, 나이, 이름과 다르게 이러한 회사의 필요 우선순위는 잘 보이지는 않습니다. 하지만 회사가 승진 대상자를 선정하거나, 연봉 인상을 결정하거나, RSU(restricted stock unit)나 스톡옵션(stock option)과 같은 회사 주식 분배를 결정할 때, 추후 구조조정에서 우선 조정 대상자를 선정할 때 가장 기본이 되는 자료로 사용합니다. 물론 이런 자료가 모든 회사에 다 존재하지 않을 수도 있지만, 웬만한 대기업이나 글로벌 기업에서 이와 같은 숨겨진 데이터가 존재한다는 것은 공공연한 비밀이기도 합니다. '회사의 필요 우선순위 직원' 정보에는 각 직원별로 순위가 1등에서 최하위까지 매겨져 있으며, 순위에 대한 근거 역시 명시되어 있습니다. 이때 상위권에 속하는 직원들은 더 많은 주식과 연봉을 받을 수 있고 승진에서도 유리한 대우를 받게 되지만, 만약 하위권이라고 하면 구조조정에서 1순위 대상자가 되는 것은 정해진 결과라고 볼 수 있습니다.

그렇다면 회사의 필요 우선순위는 어떻게 매겨지는 걸까요? 크게는 두 가지 항목으로 만들어진다고 볼 수 있습니다. 첫 번째는 당연히 업무 성과입니다. 이는 직원이 회사의 성장에 기여하는 정도를 평가해 산출합니다. 영업사원이라면 영업 매출이 될 것이고, 기술직 사원이나 개발자라면 참여한 프로젝트와 개발 능력이 될 것입니다. 결국 본인의 업무에서 얼마만큼 탁월한 성과를 만들어내고 있는가가 첫 번째 평가 항목이 될 것입니다. 하지만 업무 성과만을 가지고 필요 우선순위를 평가하기는 어려울 수 있습니다. 업무 성과는 프로젝트에 따라, 또는 시기에 따라 좌우되기도 하고, 고객에 따라 같은 노력을 기울여도 결과가 달라질 수 있기 때문입니다. 따라서 그 직원의 능력을 충분히 파악하기 위해서는 또 다른 수단이 필요한데 그게 바로 두 번째 항목인 경쟁력입니다. 경쟁력이란 앞서 이야기한 것처럼 그 사람만이 가지고 있는 강점을 말합니다. 뛰어난 발표 능력을 가졌거나 팀을 이끄는 리더십이 최고라고 평가받거나, 회사에 필요한 최고의 자격증을 가지고 있는 것 등이 여기에 속합니다. 만약 어떤 직원이 당장의 업무 성과가 뛰어나지 않다고 하더라도 이와 같은 경쟁력을 갖추고 있다면 회사는 그 직원의 가능성을 보고 그를 높은 순위에 두려고 할 것입니다.

업무를 처리하다 보면 담당하게 되는 프로젝트나 고객사를 원하는 대로 선택할 수 없는 경우가 많습니다. 어떤 때는 실력을 최대한 발휘해 최선을 다했지만 성과를 내지 못하는 경우도 있습니다. 프로젝트의 성패가 단순히 나 혼자만의 능력이나 노력만을 가지고 결정되는 게 아니기 때문입니다. 따라서 어쩌면 첫 번째 평가 항목에서 좋은 점수를 받는 것은 나의 실력이나 노력과 정비례한다고 볼 수 없습니다. 그렇지만 두 번째 평가 항목인 경쟁력은 순전히 내가 가진 능력과 연관되는 항목이고, 이 항목을 갖추고 있느냐 아니냐가 바로 회사가 나를 필요로 하거나 필요로 하지 않는 이유가 되는 것입니다.

지금부터 회사의 입장에서 한번 생각해보시기 바랍니다. 회사가 나를 왜 필요로 할까? 얼핏 한두 가지 이유가 떠오르는 분들도 있을 것이고, 아무리 생각해도 회사가 나를 필요로 하는 이유를 못 찾겠다는 분들도 있을 것입니다.

조금이라도 이유가 될 만한 것들이 떠올랐다면 이 내용을 구체화하고, 어떻게 하면 그 이유를 좀 더 분명하게 만들까에 대해서 생각해보시기 바랍니다. 또 지금 떠오른 그 부분이 나의 강점이라고 생각한다면 그 부분을 더욱 발전시킬 수 있는 방법도 생각해봐야 합니다. 단점을 보완하여 단점을 장점으로 바꾸는 것으로써 경쟁에서 승리할 수는 없는 경우가 대부분입니다. 그보다는 나의 장점을 갈고닦아 더 강하게 만들어 경쟁을 해야 이길 수 있는 것입니다. 따라서 강점이라고 생각되는 부분을 찾았다면 지금부터는 그 부분을 집중적으로 강화하고 주변에 널리 알리는 전략을 세워야 합니다. 내가 발표에 자신이 있다면 앞으로는 가능한 한 많은 발표 기회에 자원해서 참여하고, 발표를 잘하는 법에 대한 공부도 해보고, 필요하다면 코칭도 받으면서 발표 능력을 업그레이드해야 합니다. 내가 만약 리더십이 장점이라고 생각한다면, 리더십에 관련된 책도 읽고 강의도 들으면서 이 부분을 더 강화하고, 본인의 리더십을 보여줄 기회가 있을 때마다 놓치지 않고 어필할 수 있어야 합니다.

저는 회사 생활을 할 때 남들보다 글을 읽기 쉽게 쓰는 재주가 있다고 생각했습니다. 그래서 회사에 새로운 제품이나 솔루션이 나오게 되면 이에 대한 내용을 좀 더 이해하기 쉽게 바꾸어 사내 메일로 공유하곤 했습니다. 물론 제가 꼭 해야 되는 일도 아니었고 누가 시킨 것도 아니었지만, 저의 장점을 회사에 알릴 수 있는 방법이라고 생각해서 시작했던 일이었습니다. 이를 계기로 회사에서는 저에 대해서 기술적인 면에 있어서도 제법 해박하다는 평가와 함께 스스로 회사를 위한 일을 하는 것에 대해 좋은 피드백을 주었던 것으로 기억합니다. 사실 그때 저는 기술적으로 전혀 해박하지도 않았을 뿐 아니라, 회사를 위한다는 생각으로 그런 일을 시작한 것도 아닙니다. 하지만 결과적으로는 그 일을 계기로 회사에서 고용 안정성에 있어 꽤 높은 우선순위를 오랫동안 유지할 수 있었습니다. 정말 뛰어난 경쟁력을 가지고 있고, 그걸 강점으로 유지할 수 있다면 그게 최고이겠지만, 많은 분들은 저와 같이 딱히 최고라고는 할 수 없는 강점을 가지고 있을 수 있습니다. 그래도 실망하지 마시고 제가 사용했던 방법을 한번 실행에 옮겨보시기 바랍니다. 누가 시키지 않아도 먼저 나서서 본인이 가지고 있는 장점을 보여주는 것입니다. 처음에는 아주 작은 것이라도 괜찮습니다. 본인의 장점을 알릴 수 있는 기회를 계속 찾다 보면 분명 기회는 생길 것입니다.

어차피 회사는 직원 한 사람 한 사람의 내면까지 속속들이 알 수 없습니다. 겉으로 보여지는 것으로만 평가할 수밖에 없기 때문입니다. 최고는 아니지만 최고처럼 보이면 되는 것입니다. 저 역시 그 당시 제가 설명했던 장비나 솔루션에 대해 잘 알지 못했지만 그저 좀 더 시간을 써서 알아본 내용을 적어가며 아는 척을 했던 기억이 납니다. 그리고 결과적으로는 그 시도가 성공을 거두었던 것입니다. 중요한 건 시도해보는 것입니다. 회사에서는 전혀 겸손할 필요가 없다는 걸 기억해두시기 바랍니다. 먼저 나섬으로써 업무적으로 주인이 되는 곳이 회사라는 곳입니다.

만약 아무리 생각해봐도 나의 강점이 보이지 않는다면, 동료들의 도움을 받아야 합니다. 나에 대해서 솔직하고 가감 없는 피드백을 줄 수 있는 동료를 찾아 그의 이야기를 들어보시기 바랍니다. 여러분의 강점이 무엇이라고 생각하는지 주변 사람들의 이야기를 듣다 보면 여러분이 어디에 집중을 해야 하는지 힌트를 얻을 수 있게 될 것입니다. 또 필요하다면 상사의 도움을 받는 것도 좋습니다. 대부분 상사와의 면담은 상사가 먼저 요청해서 이루어지는 경우가 많습니다. 하지만 여러분이 먼저 상사에게 면담을 요청하고 본인의 강점에 대해 상사로부터 피드백을 들어보려고 하면, 상사 역시 여러분을 다시 볼 것입니다. 상사 입장에서는 자신의 강점을 찾아 더욱 강화하고 싶어 하는 여러분을 당연히 긍정적으로 평가할 수밖에 없습니다.

회사는 이익을 만들어내기 위해 만들어진 조직입니다. 따라서 그러한 목적에 맞는 사람들만을 필요로 하고, 직원들을 구성하려고 합니다. 어쩌면 이것이 회사의 실체라고 할 수 있습니다. 스스로를 평가해보았을 때 현재 회사에서 내가 꼭 필요한 사람인지, 필요하다면 왜 나를 필요로 하는 건지 생각해보시기 바랍니다. 그리고 이에 대한 확실한 답이 떠오르지 않는다면, 지금부터라도 회사가 나를 꼭 필요로 할 수 있도록 노력해보십시오. 여러분은 이미 회사가 필요로 하는 능력을 가지고 있지만 스스로 그것을 발견하지 못했을 수도 있고, 그런 능력을 가지고 있다는 사실을 주변에 알리지 못했을 수도 있습니다. 이제는 그걸 주변에 알리고 회사가 알게 해야 하는 시점입니다. 여러분이 회사에 꼭 필요한 존재라는 것을 지금 당장 알려주시기 바랍니다.

- 회사는 필요한 사람만을 고용하려고 한다. 내가 회사에 왜 필요한지 생각해보자.

- 회사는 직원의 필요 우선순위를 결정할 때 두 가지로 판단한다. 하나는 업무 성과이고 또 하나는 그 직원만이 가지고 있는 경쟁력이다.

- 나의 경쟁력이 무엇인지 찾아내고 강화하는 것이 가장 중요하다. 그리고 강화된 경쟁력을 기회가 있을 때마다 주변에 알려야 한다.

- 내가 가진 경쟁력이 꼭 최고가 아니라도 상관없다. 그것이 최고인 것처럼 만들어 알리는 것도 능력이다. 지금 당장 시작해보자.

3
나만의 시간이 있는가?

어렸을 때 어머니께 자주 듣던 말이 있었습니다.

"남들 놀 때 다 놀고, 남들 잘 때 다 자고, 언제 남들 따라잡을래?"

귀에 못이 박히도록 들었던 어머니의 잔소리가 새삼 새롭게 느껴지는 건, 직장생활에서도 이 말이 너무나 딱 맞기 때문일 것입니다. 그렇습니다. 남들보다 조금이라도 앞서 나가려면 남들보다 더 노력을 할 시간이 필요한 것입니다. 그런데 이와 같은 추가적인 시간은 어떻게 만들어내야 할까요? 안 그래도 바쁜 직장생활에서 나만의 시간을 갖는다는 것이 현실적으로 가능하긴 한 걸까요?

여기서 '나만의 시간'에는 몇 가지 조건이 있습니다. 첫 번째는 그 시간이 적어도 일주일에 3일 이상은 되어야 한다는 것입니다. 일주일에 겨우 하루이틀 정도만 시간 내는 것으로는 부족하기 때문입니다.

두 번째 조건은 이 시간 동안에는 그 누구의 방해도 받지 않아야 한다는 것입니다. 힘들게 시간을 냈는데 여기저기서 방해를 받아 온전히 그 시간을 사용할 수 없다면 이 시간을 자신만의 시간이라고 볼 수 없을 것입니다.

지금 여러분이 이런 시간을 낼 수 있다면 그것은 앞으로 직장생활뿐 아니라 여러분의 미래 전체에 아주 큰 도움이 될 수 있습니다. 하지만 만약 이런 시간을 가지고 있지 않다면, 늘 바쁘지만 무언가 제대로 정리가 안되는 기분을 느끼고 있을지도 모릅니다. 또 무언가를 계획하지만 실천하기가 어려울지도 모릅니다. 저는 직장생활을 하는 분들에게, 가능하다면 꼭 '나만의 시간'을 만들어보라고 이야기하고 싶습니다. 나만의 시간은 하루 한 시간 정도면 충분합니다. 대신 아무에게도 방해받지 않아야 합니다. 하루에 한 시간만 그런 시간을 만들어보십시오.

저 같은 경우는 아침 시간을 활용하는 편이었습니다. 직장생활을 하는 동안 늘 출근 시간은 6시 전이었습니다. 동이 트는 새벽 시간이 주는 느낌은 늘 상쾌하고, 길도 막히지 않고, 사람도 별로 없어 무언가 혼자 하기에 딱이라는 생각이 들었습니다. 저는 그 시간을 활용해서 인터넷으로 관심 있는 정보들도 찾아다니고, 조금씩 글도 써보고, 바빠서 제대로 읽어보지 못했던 메일들도 다시 한번 읽어보고, 영어 공부도 하고 운동도 했습니다. 한두 시간의 길지 않은 시간이었지만 누구의 방해도 받지 않아서인지 업무 시간에는 한나절을 해야 끝내던 일들을 한 시간이면 끝내는 경험을 하기도 했습니다. 남들보다 머리도 나쁘고 일에 대한 효율도 떨어지는 제가 직원 간에도 치열하게 경쟁하는 대기업과 글로벌 기업에서 그나마 살아남을 수 있었던 건, 지금 생각해보면 바로 저에게 주어졌던 그 시간 때문이 아니었을까 싶습니다. 그 시간은 평소에 제게 부족했던 다양한 것들을 보충해주고, 바쁜 직장생활 속에서 짧은 휴식과 여유를 느끼게 해주었습니다. 늘 아침 시간을 활용하는 저를 보고 사람들은 저를 무척 부지런한 사람이라고 오해하기도 했습니다.

나만의 시간은 꼭 아침이 아니어도 좋습니다. 제가 아는 어떤 분은 잠자리에 들기 전 한 시간을 '나만의 시간'으로 활용한다고 했습니다. 그분은 바쁜 일과 시간에 제대로 집중할 수 없는 일은 중간중간 따로 메모해두었다가 잠자리에 들기 전 1시간을 활용해서 그 일을 다시 들여다보곤 한다고 했습니다. 저는 일찍 잠자리에 드는 편이라 이런 방식이 맞지 않습니다. 하지만 이분은 아침 시간보다는 하루를 정리하는 밤 시간이 오히려 집중이 잘되고, 잠자리에 들기 전에 일을 마무리하는 것이 효율을 올리는 데 도움이 되었다고 했습니다. 또 이분은 이 시간 동안 업무 처리 외에도 평소에 읽고 싶은 책도 읽고, 음악도 듣는다는 이야기를 하며 '나만의 시간'이 자신에게는 힐링 같은 시간이라고 했습니다.

또 어떤 분들은 점심시간을 활용하기도 합니다. 제가 다니던 회사에도 점심시간을 활용해서 운동도 하고, 조용한 회의실에 들어가 공부도 하는 분들이 있었습니다. 특히 요즘 젊은 세대들이 점심시간을 잘 활용하는 것 같습니다. 제가 젊었을 때는 점심시간에 그저 사람들과 밥

먹고 커피 마시면서 수다 떠는 게 일상이었는데 이제는 점심시간 문화에도 변화가 생기는 느낌입니다.

'나만의 시간'이 아침이든 점심이든 밤이든 상관없습니다. 나에게 가장 잘 맞는 시간을 찾으면 되는 것입니다. 중요한 건 앞에서 이야기했던 것처럼 그런 시간을 꾸준히 가질 수 있어야 하고, 그 시간 동안에는 누구에게도 방해받지 않아야 한다는 것입니다. 우선 당장은 이 시간을 찾는 것이 중요합니다. 내가 아침잠이 많은데 굳이 새벽 시간을 활용할 필요는 없습니다. 아침형 인간이 아니라면 점심시간이나 밤 시간을 활용하는 게 좋을 겁니다. 어쨌건 나와 가장 잘 맞는 나만의 시간이 언제인지를 찾아내야 합니다. 하루 한 시간 정도 모두에게서 떨어져 혼자 있을 수 있는 시간을 찾아보시기 바랍니다. 만약 이 시간을 찾아냈다면 여러분은 이미 절반은 성공한 것입니다.

그 시간을 찾았다면, 찾아낸 시간 속에 들어가 아무것도 하지 않고 가만히 시간을 보내보시기 바랍니다. 처음부터 거창하게 이것저것 할 계획을 세울 필요는 없습니다. 이 시간은 어차피 나만의 시간이고 앞으로도 계속 나에게 제공될 시간이니까요. 처음에는 그저 평소에 내가 하고 싶었던 일, 예컨대 듣고 싶었던 음악을 듣거나 바빠서 보지 못했던 책을 읽는 것부터 시작해도 좋습니다. 중요한 건 그 시간이 즐겁고 힐링이 된다고 느껴야 합니다. 그래야 계속 그 시간을 거르지 않고 만들어내고 싶어질 겁니다. 만약 나만의 시간이 나를 더 번거롭게 하고 나를 더 스트레스받게 한다면 앞으로 여러분은 그 시간을 피하게 될 것이고, 그 시간은 어느새 사라지게 될 것입니다. 따라서 처음부터 이 시간을 남들을 뛰어넘기 위한 시간으로 사용할 필요는 없습니다. 점점 이 시간에 적응할 때쯤부터 그 시간의 일부를 활용해서 평소에 부족했던 것들을 채우는 시간으로 보내보십시오. '나만의 시간'은 내가 만든 온전한 잉여 시간이기 때문에 어떻게 활용해도 손해는 아닙니다. 그래도 기왕 만든 시간이니 조금씩 내가 부족했던 부분을 채우고, 앞으로 나에게 필요한 부분을 채워나가다 보면 하루하루 결과가 차곡차곡 쌓이는 것을 느끼게 될 것입니다.

제 주변의 많은 분들이 나만의 시간을 계속 유지하지 못했던 이유는 그 시간이 본인에게 즐겁게 느껴지지 않았고, 그 시간을 활용하는 것이 크게 도움이 된다고 느껴지지 않았기 때문입니다. 따라서 만약 여러분이 나만의 시간을 통해 어떤 가시적인 결과를 만들어내고 싶다면 그 시간이 즐거우면서 실제로 본인에게 어떤 식으로든지 도움이 되는 '채움'의 시간이 되어야 합니다. '하루에 겨우 한 시간인데 그걸 뭘 쪼개서 즐거운 일도 하고 업무에 도움이 되는 일까지 해야 하나?'라고 생각하는 분도 계실 것입니다. 하지만 하루 한 시간이 계속 쌓이면 그건 결코 짧은 시간이 아니라는 걸 느낄 수 있습니다. 그 시간이 쌓여 누군가는 한 권의 책을 썼고, 그 시간이 쌓여 누군가는 자격증을 취득했고, 그 시간이 쌓여 누군가는 몸짱이 되었습니다.

무엇보다도 쉴 틈 없는 직장생활에서 잠깐 멈추고 주위를 한번 돌아보는 여유를 만들어준다는 것만으로도 그 시간은 소중하게 느껴질 것입니다. 저는 매일 나만의 시간을 시작할 때마다 책상을 정리했습니다. 먼지 쌓인 책상을 닦고, 흩어져 있는 서류와 책들을 정리하고 노트북을 켤 때면 새로운 하루가 다시 시작되는 것에 감사함을 느끼곤 했습니다. 이제는 회사를 떠났기에 그런 경험을 다시 할 수는 없겠지만 지금 생각해도 그 순간은 소중했던 기억으로 남습니다.

흘러가는 시간을 붙잡을 수는 없습니다. 하지만 시간을 아껴서 활용할 수는 있습니다. 자투리 시간을 값지게 활용한 사람만이 원하는 성과를 얻어낼 수 있습니다. 이제부터라도 나도 모르게 기다려지는 '나만의 시간'을 만들어보면 어떨까요? 그동안 잊고 있었던 할 일이나 평소에 해보고 싶었던 일도 하고, 시간이 부족해 처리하지 못했던 일도 하면서 여유를 느껴보시기 바랍니다. 그리고 그 시간들을 통해 여러분의 미래를 준비해보십시오. 분명한 것은, 이렇게 조금씩 미래를 준비하는 사람과 그렇게 하지 않은 사람은 결국 차이가 난다는 것입니다. 남들은 갖지 않는 나만의 시간을 통해 내가 이루고 싶었던 모습을 만들어보시기 바랍니다.

내 마음속 메모장

- '나만의 시간'에는 두 가지 조건이 있다. 첫째, 일주일에 적어도 3일 이상 일 것. 둘째, 이 시간 동안은 누구의 방해도 받지 않을 것.

- 나에게 가장 잘 맞는 나만의 시간을 찾자. 누구나 아침형 인간이 될 필요는 없다. 시간대는 자유롭게 선택하면 된다.

- 내가 찾아낸 나만의 시간은 즐겁고 나에게 도움이 되어야 한다. 내가 즐겁다고 느끼지 못하고 도움이 된다고 생각되지 않으면 그 시간을 계속 낼 확률은 0%이다.

- 비록 짧은 시간이지만 그 시간들이 매일 쌓여 만들어내는 결과는 결코 작지 않다. 지금 당장 나만의 시간을 만들어보자.

4
연봉은 어떻게 결정될까?

 어찌 보면 직장인들에게 가장 중요한 것은 연봉일지 모릅니다. 회사에 다니는 궁극적 이유가 바로 돈을 벌기 위해서이기 때문입니다. 따라서 회사를 선택하는 가장 큰 이유 중 하나가 연봉이고, 또 기를 쓰고 진급을 하고 싶은 이유도 연봉 인상 때문일 거라 생각됩니다. 그렇다면 어떻게 해야 높은 연봉을 받을 수 있는 걸까요? 연봉은 무엇으로 결정되는 걸까요?
 회사마다 연봉 관리 체계는 달라도 비슷한 부분은 있습니다. 일단 같은 산업군의 경우 업계 평균을 참고한다는 것입니다. 따라서 제조업은 제조업 평균에서, IT는 IT 업계 평균에서, 금융업은 금융업계 평균에서 비슷한 수준을 유지하게 되는 경우가 많습니다. 또한 대체로 국내 기업에 비해 외국계 기업의 연봉 수준이 조금 더 높은 경우가 많습니다. 물론 최근에는 국내 기업들도 업계 수준에 따라 연봉이 많이 올라 외국계 기업 수준의 연봉 또는 그 이상의 연봉을 주는 경우도 있기 때문에 회사의 연봉 수준은 그야말로 경우에 따라서 다르다고밖에는 볼 수 없습니다.

하지만 내가 높은 연봉을 원한다면, 일단 연봉 수준이 높은 업계를 고르는 것이 높은 연봉을 받을 확률이 높아지는 건 사실입니다. 그렇기 때문에 아직 내가 취업할 산업군을 고르지 않았다면 산업군별로 평균 연봉을 비교했을 때 많이 주는 쪽을 고르는 게 유리할 수 있습니다.

몇 년 전 우리나라에서 산업별로 평균 연봉을 조사했더니 정유업계가 가장 높았고 그 뒤로 휴대전화, 반도체, 가전업계가 높게 나왔고, 그 뒤로는 은행, 통신, 건설, 제약 순으로 높았다고 합니다. 또 신입사원 평균 연봉만을 봤을 때는 제약이 가장 높게 나왔고, 그 뒤로 휴대전화, 반도체, 가전업계였고, 그다음으로는 자동차, 건설, 정유 순으로 높게 나왔다고 합니다. 물론 이 조사 결과는 매년 달라질 수밖에 없기 때문에 참고만 하시고, 관심 있는 분들은 가장 최근 자료를 찾아보시는 게 좋을 것 같습니다. 이 자료에서도 알 수 있듯이 신입사원의 연봉 순위와 전체 연봉 순위가 다른 것은 회사마다 진급 시에 연봉 인상 수준이 다르기 때문입니다. 따라서 앞서 말씀드린 것처럼 회사의 연봉을 알아볼 때는 신입사원 연봉 외에도 직급별 연봉을 알아보는 것이 좋습니다.

산업별로도 연봉에 차이가 있지만 아무래도 중소기업보다는 대기업의 연봉이 높을 수밖에 없고, 외국계 회사의 연봉이 국내 회사보다는 좀 더 높은 경우가 대부분입니다. 또 회사 안에서도 주력 업무를 담당하는 직종이 다른 직종에 비해 연봉이 높은 것이 일반적입니다. 따라서 연구 개발이 주 업무인 회사의 경우는 아무래도 연구 개발 직종의 연봉이 그 외의 직종, 예를 들어 인사, 회계, 총무 등보다 높을 수밖에 없고, 영업이 주 업무인 회사라면 영업 직종의 연봉이 더 높을 수밖에 없는 것이 일반적입니다. 제가 근무했던 외국계 IT 회사의 경우는 한국에서의 주 업무가 제품 판매였기 때문에 아무래도 영업 쪽의 연봉이 기술 쪽에 비해 좀 더 높은 편이었습니다.

이처럼 일단 내가 선택한 산업군과 회사, 그리고 직종에 따라 내가 받을 수 있는 연봉은 달라지기 시작하는 것입니다. 그래서 시작이 중요하다는 말씀을 드리고 싶습니다. 내가 어디서 시작하느냐? 즉 내가 노는 물이 어디냐에 따라 일단 내가 받을 수 있는 연봉은 달라지기 시작하는 것이고, 한번 달라진 연봉은 점점 더 격차가 벌어지게 됩니다.

하지만 산업군을 선택하는 것도, 회사를 선택하는 것도, 심지어 직종을 선택하는 것도 쉽지 않은 것이 현실입니다. 누구나 연봉 높은 산업군의 대기업이나 글로벌 기업에 들어가서 가장 주목받는 직종에서 일하고 싶어 합니다. 하지만 실제의 나는 이미 전공이나 경력에 의해 종사할 수 있는 산업군이 선택되어 있고 내 실력으로 갈 수 있는 회사도 어느 정도 정해져 있으며, 심지어 하는 일조차 웬만큼 결정이 되어 있기 때문에 주어진 현실을 받아들여야 하는 상황인 것입니다. 그렇다고 해도 아직 포기하기엔 이릅니다. 회사가 어떻게 연봉을 책정하는지를 이해하게 된다면 어느 정도 현실을 극복하는 것이 가능할 수 있습니다. 어쨌거나 같은 회사, 같은 직군에서도 연봉이 꼭 동일하지는 않기 때문입니다. 회사에서 직원의 연봉을 결정하는 데는 여러 가지 요소가 들어가고, 회사별로도 차이가 있습니다. 하지만 연봉을 결정하는 주요 요인을 이해하는 것은 추후 연봉 협상 시 연봉을 올리는 데 도움이 됩니다.

내 연봉을 결정하는 첫 번째 요소는 바로 이전 연봉입니다. 계속 같은 회사에 다니고 있다면 지금까지 받아온 연봉이 기준이 될 것이고, 회사를 이직했다면 이전 직장에서 받던 연봉이 기준이 될 것입니다. 특히 이직을 한 경우, 이번에 옮긴 회사가 나를 파격적인 조건으로 스카우트한 게 아니라면 전 직장의 연봉을 참고해서 연봉을 결정하는 것이 일반적입니다. 물론 이때도 현 직장의 각 직급과 경력별 연봉 구간이 있기 때문에 이직 시에 받는 직급과 경력을 따지고, 전 직장 연봉까지 참고해서 앞으로 받을 연봉이 결정됩니다. 따라서 새 직장의 연봉이 전 직장에 비해 월등히 높다면 연봉이 높아질 확률이 높겠지만, 큰 차이가 없다면 이직한다고 연봉이 파격적으로 오르는 것을 기대하기는 어렵습니다. 제 경험상 IT 업계의 경우 회사를 옮길 때 기대하는 연봉 인상률은 대충 30~50% 정도이지만, 현실적으로는 거의 20% 안팎으로 인상되는 것 같습니다. 경우에 따라서는 전 직장의 연봉과 동일하거나 오히려 연봉을 낮추어 이직을 하는 경우도 있습니다. 또한 현 직장에서 계속 일하는 경우라면, 진급이 되어 연봉 인상이 같이 이루어지는 경우를 제외하고 연봉 인상률은 대부분 5~10% 이내가 일반적입니다. 또 최근에는 매년 연봉 인상이 안 되는 경우도 있기 때문에 역시 경우의 수가 많습니다. 따라서 단순 비교를 했을 때는 역시 한 직장에서 계속 근무했을 때보다는 직장을 옮겼을 때 연봉 인상이 더 많이 됩니다. 그렇다 보니 요즘 직장인들이 한 회사를 오래 다니기보다 몇 년에 한 번씩 이직을 하려고 하는 것 같습니다.

연봉을 결정하는 두 번째 조건은 앞서 설명해드린 내용으로, 업무 성과와 태도, 그리고 경쟁력입니다. 회사는 매년 진행되는 직원 인사 평가 결과를 바탕으로 연봉 인상 여부를 결정하게 됩니다. 이때 주로 세 가지 항목을 봅니다. 이 직원이 회사의 성장에 얼마나 기여했는가? 즉 올해 이 직원이 업무 성과를 얼마나 보여주었는가이고, 두 번째는 이 직원이 회사와 소속 부서에 어떤 기여를 했는가입니다. 첫 번째가 업무 성과를 보는 것이라면 두 번째는 그 직원의 태도를 보는 것이라고 볼 수 있습니다. 즉 회사에 얼마나 충성하고 있는가를 상사가 평가하는 항목입니다. 마지막 세 번째가 경쟁력입니다. 앞서 말씀드린 대로 직원 개개인이 가지고 있는 경쟁력을 평가하는 것입니다. 이 세 가지 항목을 보고 직원들의 한 해 연봉 인상 시 우선순위와 인상 폭을 결정하게 됩니다.

연봉 인상의 세 번째 조건은 어떤 직원의 현 직급과 경력을 기준으로 평가했을 때 동일한 조건을 가진 동료 직원에 비해 연봉 수준이 어디에 있는가를 보는 것입니다. 즉 같은 직급, 같은 경력을 지닌 사람들과 비교했을 때 연봉이 평균보다 높은지 낮은지를 보는 것입니다. 만약 평균에 비해 낮다면 두 번째 조건이 조금 미흡하다고 평가를 받더라도 가급적 올해에는 평균에 근접하게 인상을 고려하게 됩니다. 하지만 평균보다 높을 경우에는 두 번째 조건에서 꽤 높은 등급을 받아야만 연봉 인상이 가능하게 됩니다. 또한 만약 현재 직급에서 최고의 연봉을 받고 있는 상태에서 올해도 성과가 좋아 두 번째 조건이 높게 나왔을 경우에는 단순한 연봉 인상이 아닌 승진을 고려하게 됩니다. 이렇게 직급을 올리는 승진을 시키게 되면 당연히 연봉 인상 폭도 높아지게 됩니다.

연봉 인상의 네 번째 조건은 이직 가능성입니다. 회사 입장에서는 꼭 필요로 하는 직원이 어떻게든 회사를 떠나지 않고 머물길 원합니다. 그런데 그렇게 유능한 직원이라면 아무래도 다른 회사에서도 탐을 내게 되고, 헤드헌터를 통해 꾸준히 연락을 받을 것입니다. 따라서 이렇게 회사가 꼭 같이 가야 할 직원이라고 판단한 직원의 이직 가능성이 높아지면 회사는 특별한 연봉 인상을 진행하게 됩니다. 또한 일부 회사는 이런 직원에게 주식 옵션(stock option이나 RSU)을 제공함으로써 계속 회사에 근무할 수 있게 합니다. 물론 모든 직원에 대해서 무조건 이런 대우를 해주는 건 아니고, 회사가 꼭 지키고 싶어 하는 일부 직원에 대해서만 그렇게 한다는 점을 알아두시기 바랍니다. 만약 뛰어난 능력을 가진 직원 두 명이 있다고 가정해보겠습니다. 둘 다 회사가 꼭 지켜내야 하는 직원인데 한 명은 이직에 대한 생각이 전혀 없이 묵묵하게 회사의 업무를 충실하게 수행하는 반면, 또 다른 직원은 본인도 이직에 관심이 있고 외부에서도 꾸준히 이직 제안을 하고 있다고 가정하겠습니다. 이 경우 회사는 이직 가능성이 높은 직원에게 우선 배려를 하게 됩니다. 즉 연봉 인상이나 주식 옵션 분배 시 이직 가능성이 높은 직원에게 좀 더 큰 비용을 사용하게 되는 것입니다. 따라서 만약 여러분이 회사에서 인정받는 직원이고 회사가 꼭 지켜야 할 인재라고 생각한다면, 그저 다른 데는 돌아보지도 않고 지금 이 회사에만 충성을 다하는 게 정답이 아닙니다. 가끔 옮겨 갈 회사도 알아보고 외부에도 관심을 갖는 것이 오히려 여러분의 가치를 더 올릴 수 있는 방법입니다. 회사는 착하고 의리 있는 직원에게 더 많은 보상을 해주는 곳이 아니라는 것을 기억하시기 바랍니다.

이 밖에도 연봉을 결정하는 중요한 요인으로는 회사가 현재 얼마나 이익을 내고 있는가, 우리 부서가 회사에서 얼마나 인정받고 있는가, 우리 팀에 연봉 인상이 필요한 인원이 얼마나 많은가 등 다양한 요인이 있을 수 있습니다. 내가 아무리 능력이 있고 열심히 일해서 성과를 냈다고 해도 회사가 적자에 허덕이고, 팀이 회사에서 전혀 인정을 못 받고 있다면 연봉 인상을 기대하는 건 쉽지 않기 때문입니다.

결국 물론 나도 똑똑하고 일을 잘해야겠지만, 내가 다니는 회사도 이익을 충분히 내고 내가 속한 부서도 인정을 받아야만 연봉 인상을 기대할 수 있다는 것입니다. 막상 직장생활을 하는 동안에는 현실에 치여서 너무도 단순하고 간단한 이런 생각을 하지 못하곤 합니다. 그냥 지금 내가 다니는 회사고, 내가 하는 일이고, 내가 속한 부서니까 그 안에서 변화를 생각하지 못하기 쉽습니다. 하지만 정말 내가 원하는 것이 있다면 이제부터라도 생각을 바꾸어볼 필요가 있습니다. 하루아침에 모든 걸 바꿀 수는 없다고 하더라도 몇 년 뒤에도 같은 후회를 하지 않도록 지금부터 하나하나 준비를 시작해보시면 좋겠습니다. 결국 내가 원하는 것을 얻기 위한 첫 번째 단계는 나의 변화부터 시작된다는 것을 기억하시기 바랍니다.

내 마음속 메모장

- 산업군별, 회사별, 직종별 연봉을 알고 직장생활을 시작할 필요가 있다. 노는 물에 따라 나의 연봉이 달라진다.

- 연봉을 결정하는 첫 번째 조건은 이전 연봉이다. 같은 상황이라면 같은 회사에서의 연봉 인상률에 비해 이직 시의 연봉 인상률이 더 높다. 따라서 연봉을 더 받기 위해서는 능력이 된다면 몇 년에 한 번씩 이직을 고려하는 것이 좋다.

- 연봉을 결정하는 두 번째 조건은 업무 능력과 개인별 경쟁력, 그리고 회사에 대한 충성도이다. 이는 매년 진행되는 인사 평가를 통해 산출된다.

- 연봉을 결정하는 세 번째 조건은 직급별 평균 연봉이다. 나의 연봉이 동일 직급 평균 연봉과 비교해 어느 위치에 있는지에 따라 연봉 인상률이 결정된다.

- 연봉을 결정하는 네 번째 조건은 이직 가능성이다. 꼭 필요로 하는 직원이 이직을 고려한다면 회사는 특별한 연봉 인상을 고려한다. 따라서 내가 회사 입장에서 붙잡고 싶은 직원이라면 늘 떠날 준비를 해라. 그래야 회사가 더 챙겨준다.

- 연봉을 결정하는 그 밖의 조건은 회사의 상황, 부서의 상황 등이 있다. 내가 아무리 일을 잘하고 성과를 많이 내도 회사가 적자를 내고, 부서가 인정을 못 받으면 내 연봉이 만족스럽게 인상될 가능성은 낮다.

5
끊임없이 떠날 준비 하기

대학을 졸업하고 직장에 첫 출근을 하던 날, 저는 여의도 한복판에 있는 LG그룹 쌍둥이 빌딩을 바라보며, '이곳이 나와 평생 함께할 직장이구나, 난 이곳에 뼈를 묻어야겠다'라고 생각했습니다.

그땐 그랬습니다. 제가 신입사원 시절이던 90년대 초까지만 해도 한번 직장은 평생직장이었고, 직장도 학교처럼 한번 들어가면 마치 졸업을 하는 것처럼 정년퇴직을 할 때까지 다른 생각 없이 계속 다니는 곳이었습니다. 매달 쌍둥이 빌딩 지하 대강당에서 조회가 있을 때면 10년 근속, 20년 근속 직원들에게 순금 메달과 상패가 수여되었고, 정년 퇴직자들에 대한 감사패 수여식이 진행되는 걸 보면서 막연하게 나도 나중에 이곳에서 퇴직을 하게 되겠구나' 하고 생각했습니다.

그리고 1997년, IMF가 오고야 말았습니다. IMF로 우리 사회와 경제에는 전반적으로 엄청난 변화가 찾아왔습니다. 직장인들에게 가장 큰 변화라면 이제 더 이상 '평생직장'이라는 개념은 존재하지 않게 되었다는 것이었습니다. 구조조정이라는 말이 낯설지 않아졌고, 명예퇴직이나 임금 피크제라는 단어가 익숙해지기 시작했습니다. 그때부터 기업체들은 더 이상 정년까지 고용을 보장하지 않았고, 이런 이유로 직장인들은 고용에 대한 불안이 더 커지기 시작했습니다.

하지만 생각을 바꾸어보면 직장인들에게 유리한 면도 생겼습니다. 첫 번째는 회사가 인력을 모집하는 방식에 변화가 생겼다는 것입니다. 예전에는 대부분의 취업 방식은 신입사원 공채였습니다. 매년 연말이면 신문이나 방송에서 이듬해에 이루어질 주요 기업의 신입사원 공채 규모를 발표하곤 했습니다. 하지만 이제 더 이상 회사의 인력 모집은 신입사원 공채만으로 이루어지지 않습니다. 정기적으로 이루어지는 신입 공채보다는 수시로 이루어지는 경력사원 모집이 주를 이루게 되었고, 결과적으로 예전에 흔히 존재하던 '기수 문화'를 찾아보기 힘들게 되었습니다. 두 번째는 회사가 핵심 인력의 이직을 막기 위해 노력하기 시작했다는 것입니다. 앞서 이야기한 것처럼 이제 회사는 핵심 인력을 제대로 관리하지 않을 경우 이들의 이직을 막지 못하게 되었습니다. 그러므로 이들을 지키기 위해서 특별한 보상 프로그램을 갖추기 시작했다는 것입니다.

따라서 내가 직장인이라면 이제는 변화된 환경을 효과적으로 활용할 수 있어야 합니다. 그래야 나의 발전도 계속 이어나갈 수 있고,

연봉도 꾸준히 올릴 수 있게 되는 것입니다. 그 첫 번째 단계가 바로 이직 준비를 시작하는 것입니다. 많은 직장인들이 늘 이직을 꿈꾸지만 하루하루 살아내기 바쁜 일상과 새로운 도전에 대한 막연한 두려움 때문에 시도조차 해볼 용기가 나지 않습니다. 정말 이직을 구체적으로 생각하게 되는 시점이 있다면 그때는 아마도 더 이상 이 회사에서 내가 머물 수 없겠다는 절망적인 생각이 들 때이거나, 아니면 다른 회사에서 이직 제의를 받았을 때일 것입니다. 하지만 두 경우 모두 나의 의지로 이직을 고려하는 것이 아니고 외부적인 요인으로 인하여 이직을 고려하는 것이기 때문에 내가 원하는 결과를 얻지 못할 확률이 높습니다.

회사가 언젠가 날 버리지 않을까를 걱정하지 않고 자기 주도적인 직장생활을 하기 위해서는 늘 떠날 준비가 되어 있어야 합니다. 이때 마음만 떠날 준비가 되어 있고 막상 현실은 어디로 가야 하는지, 다른 곳으로 가려면 무엇이 필요한지에 대한 준비가 없다면 자기 주도적 직장생활을 누리기란 쉽지 않습니다. 그래서 지금부터라도 내가 만약 지금 다니는 회사를 떠난다면 어디로 가야 하는지에 대해 고민하고, 명확한 목표 회사 리스트를 만들어야 합니다.

지금 회사에서 부족하게 느꼈던 것, 그게 연봉이든, 자기 계발이든, 업무 시스템이든 여러 부분을 고려해서, 이직하려는 회사는 어떤 부분이 잘 갖추어져 있는지를 알아보아야 합니다. 신입사원이 아니기 때문에 최대한 관련 회사에 다니는 직원들을 통해서 이러한 정보들을 알아낼 수 있습니다. 이런 정보를 알아내는 데는 시간이 많이 소요되지만, 여러분은 지금 당장 이직할 게 아니기 때문에 급할 게 없습니다. 가급적 다양한 사람들을 만나보고 정보를 찾아보면서 내가 목표로 하는 회사에 대해서 알아가면 되는 것입니다. 이렇게 알아낸 정보는 계속 업데이트하면서 그 정확성을 높여가면 됩니다.

이직하고 싶은 회사가 정해졌다면, 지금부터는 그 회사로 이직하기 위해서 내가 갖추어야 할 게 무엇인지를 알아내는 단계입니다. 어떤 회사는 자격증이 필요할 수도 있고, 어떤 회사는 영어 실력이 필요할 수도 있고, 또 어떤 회사는 특정 고객이나 제품에 대한 경력이 필요할 수도 있습니다. 이렇게 내가 목표로 하는 회사로 가기 위해 나에게 필요한 것을 알아냈다면, 그것을 만들어가면 됩니다. 물론 필요한 것을 이미 내가 가지고 있다면 시간을 좀 더 절약할 수 있겠지만, 그게 아니라면 지금부터 하나하나 만들어가면 됩니다. 이런 준비를 하는 것은 지금 회사의 업무와도 전혀 무관하지는 않을 것입니다. 따라서 업무 시간이나 나만의 시간을 활용해서 이런 준비를 하게 된다면 길지 않은 시간 내에 필요한 것들에 대한 준비를 마칠 수 있습니다.

내가 가야 할 회사도 찾아냈고, 그 회사로 가기 위해 필요한 능력도 준비되었다면, 이제부터는 그 회사에 있는 사람들과 만나봐야 합니다. 이 만남은 이직을 위한 만남이 아니고, 다양한 기회를 통해 자연스럽게 그 회사 사람들과 관계를 만들어가는 단계입니다. 예를 들어 내가 상대하는 고객이나 협력사를 통해 그 회사 사람을 만날 수도 있고, 아는 선후배를 이용할 수도 있습니다. 또 관련 세미나에서 만나볼 수도 있고, 프로젝트에서도 만날 수 있습니다. 아무래도 여러분이 이직을 생각하는 회사는 현재 업무와 관련이 있는 곳일 테니 업무를 통해 자연스럽게 만날 수 있는 기회는 많을 수밖에 없습니다.

이렇게 내가 이직을 목표로 하는 회사 사람들과 만들어진 인연은 계속 유지하는 게 중요합니다. 가끔 만나 차를 마시거나 식사를 하는 것도 좋고, 경쟁 관계의 회사가 아니라면 내가 공부한 내용을 나누는 것도 좋습니다. 자연스럽게 그들에게 '이 사람은 유능한 사람이니 나중에라도 우리 회사에 데려오면 좋겠다'라는 생각이 들게 해주어야 합니다. 결국 이 사람들이 나중에 내가 그 회사로 이직을 하게 될 때 결정적인 도움을 줄 수 있는 사람들이기 때문입니다. 경력직 이직의 경우 가장 중요한 것이 바로 주변 사람들의 피드백입니다. 물론 모든 포지션에 대해서 정식으로 모집 공고가 나가고, 지원한 사람들의 면접을 진행하고 최종 선발 단계를 거칩니다. 하지만 실은 많은 경우 미리 회사가 점찍어둔 후보자가 있기 마련입니다. 그런데 이렇게 회사가 먼저 점찍어놓은 후보자는 대부분 그 회사 직원들이 미리 좋은 피드백을 준 사람들인 경우가 대부분입니다.

이직을 목표로 하는 회사군이 결정되었고, 그 회사로 이직하기 위해 필요한 조건도 어느 정도 준비가 되었고, 그 회사 사람들과의 관계도 잘 유지하고 있다면 이제는 때를 기다리면 됩니다. 모든 게 준비되었다고 당장 이직을 하라는 건 아닙니다. 지금 회사에 다니는 데 문제가 없다면 당장 이직을 시도할 필요는 없습니다. 하지만 이 시점부터는 말씀드렸던 것처럼 내가 이직할 수도 있다는 사실을 주위에 어느 정도 흘려도 상관없습니다. 물론 이는 여러분이 지금 회사에서 핵심 인력인 경우입니다. 이 정도 준비가 되어 있다면 분명 여러분은 현재 회사에서도 놓치고 싶지 않은 핵심 인력이 되어 있을 것입니다.

이직을 준비한다는 것은 다른 말로 하면 나 스스로를 상품화한다는 것입니다. 그래서 다른 회사에서도 나를 탐내도록 만드는 것입니다. 다른 회사에서 나를 탐내도록 하기 위해서는 많은 노력이 필요합니다. 그저 위에서 시키는 일이나 하면 그만이라는 태도라면 다른 회사가 탐내는 사람이 될 수 없습니다. 시간이 날 때마다 나에게 필요한 것이 무엇인지 고민하고, 부족한 것이 있다면 어떻게 해서라도 그 부분을 보완하고, 새로운 것을 배우는 것을 두려워하지 않고, 필요한 자격증을 취득하고, 경력을 만들고, 업무와 관련된 사람들과의 관계를 계속 맺고 유지할 수 있는 사람이라면 모든 회사가 데려가고 싶어 하는 직원이라고 할 수 있을 것입니다.

처음에는 이직을 생각하면서 이런 노력을 시작하겠지만, 이 노력은 결국 여러분을 모든 회사가 탐내는 인재가 되도록 할 것입니다. 여러분은 회사가 구조조정을 한다고 해도 더 이상 불안할 필요가 없게 되며, 원하는 것을 언제라도 회사에 요구할 수 있게 될 것입니다. 또한 회사는 여러분을 지키기 위해 특별한 프로그램을 제시하게 될 것입니다.

"저는 당장 이직하는 건 고려하고 있지 않습니다"라고 말하는 사람들이 모두 지금 다니고 있는 회사가 마음에 들어서 그런 생각을 하는 것은 아닐 것입니다. 그저 새로운 도전이 두렵고, 어디로 가야 할지도 막막하고, 그렇다고 새로운 곳에서 나를 받아줄 수 있는지에 대한 확신도 없으며, 이직을 위해 노력해야 한다는 것이 벅찰 수도 있습니다.

스스로 가만히 생각해보시기 바랍니다. 여러분은 어떤가요? 정말 현재의 회사가 좋아서 이직을 고려하지 않는 건가요? 아니면 이직을 할 자신이 없는 건가요?

저 역시 현실에 안주했고 도전이 두려워 이직할 생각을 하지 못했습니다. 시간이 지나 생각해보니 '그때 한번 도전해볼걸' 하는 후회가 듭니다. 여러분이 미래에 저와 같은 후회를 하지 않고, 도전하기 정말 잘했다는 생각만 가득하도록, 지금부터라도 천천히, 하지만 멈추지 않는 자세로 도전을 시작해보시기 바랍니다. 분명히 도전하기로 마음먹기 전보다 발전하는 스스로를 발견하게 될 것입니다.

내 마음속 메모장

- 더 이상 '평생직장'은 없다. 하지만 평생 고용이 보장된 직장이 없다는 사실이 또 다른 기회가 될 수 있다고 생각을 바꿔보자.

- 이직하고 싶은 회사 리스트를 만들어보자. 내가 필요한 것을 제공해줄 수 있는 회사여야 한다. 가급적 많은 사람들을 만나고 많은 정보를 얻어내자.

- 내가 이직하고 싶은 회사가 원하는 조건을 알아내고 그 조건들을 갖추기 위해 준비하자. 그것은 영어 구사 능력일 수도 있고, 경력일 수도 있고, 자격증일 수도 있다. 지금 업무와도 연관되는 것이니 꾸준히 준비해두자.

- 내가 가고 싶은 회사에 다니는 사람들을 만나자. 다양한 기회를 통해 그 사람들과의 인연을 맺자. 그들과의 관계를 유지하면서 그들에게 내가 꼭 필요한 사람이라는 생각을 심어주도록 노력하자.

- 모든 게 준비되었다고 지금 당장 이직을 생각할 필요는 없다. 늘 나를 상품화한다고 생각하고 준비하면, 나는 모든 회사가 탐내는 사람이 되어 있을 것이다.

- 이직할 생각이 없다면 그 이유를 스스로에게 솔직히 물어보자. 정말 지금 이 회사에 만족해서인지, 아니면 새로운 도전에 대한 두려움 때문인지.

- 당장 이직하지 않아도 된다. 하지만 이직을 준비하자. 지금 하나씩 준비하면 분명 나중에 후회하지 않게 된다.

6
아무리 노력해도 안 될 때가 있다

그럴 때가 있습니다. 내 능력이 부족해서인지, 아니면 슬럼프에 빠진 건지, 이상하게도 나름대로 노력을 할 만큼 했는데도 남들에 비해 턱없이 부족함이 느껴질 때가 있습니다. 그럴 때는 그 이유도 명확하지 않은 경우가 대부분입니다. 직장생활을 하다 보면 가끔씩 이런 경우가 생깁니다. 처음엔 아무것도 아니라고 생각했던 일이 잘 안 풀리고, 그래서 더욱 노력했는데도 점점 더 일이 꼬이는 느낌이 들 때가 옵니다. 이럴 때 사람들은 각자 자신의 방식으로 문제를 분석하고 해결하려고 합니다.

평소에 공부하는 걸 좋아하던 사람은 이렇게 문제가 생긴 이유가 자신의 공부가 부족했기 때문이라고 생각합니다. 그래서 공부를 더 많이 해서 해결을 하려고 합니다. 평소에 사람들과의 관계에 집중하던 사람은 그런 문제가 생긴 것은 자신이 사람들과의 관계를 충분히 만들어놓지 못했기 때문이라고 생각합니다. 그래서 그 문제를 사람들과의 관계 개선을 통해서 풀어보려고 합니다. 평소에 화를 많이 내던 사람은 그런 문제가 생긴 건 본인이 너무 사람들에게 잘해줘서 그렇게 된 것이라고 생각합니다. 그리고 그 문제를 해결하기 위해 평소보다 더 많이 화를 내고 다그치게 됩니다. 술로만 문제를 풀어 왔던 사람이라면 이번에도 술을 더 마시는 것으로 문제를 풀려고 할 것입니다. 결국 문제를 분석하고 해결하려는 방식 역시 문제의 원인이 된 본인의 스타일에서 하나도 변하지 않는 것입니다.

사람들은 대부분 자신이 굉장히 객관적인 시각을 가졌고, 열린 마음으로 사는 사람이라고 생각합니다. 그리고 사람들 간의 관계에서도 대체로 상대를 이해하려고 하고 먼저 상대의 이야기를 들어보려고 노력합니다. 그런 사람이 좋은 사람이라고 그동안 여기저기서 많이 듣고 배워왔기 때문일 것입니다.

하지만 이건 아무 문제가 없었을 때의 방식입니다. 막상 문제가 생기면 사람들은 대부분 자신만의 방식을 절대 양보하려고 하지 않습니다. 경력이 많고 직급이 높은 사람일수록 더욱 그런 경향을 보입니다. 평소에 너그럽고 사람 좋은 웃음을 짓는 상사도 문제가 발생하면 180도 달라진 모습을 보입니다. 대부분의 상사들은 현재의 자리까지 올라오는 동안 많은 어려움을 겪었습니다. 그들이 그 자리에 올라간 것은 무수한 어려움을 이겨냈기 때문이라고 볼 수 있습니다. 따라서 그들은 위기를 맞으면 전에 위기를 이겨냈던 방식을 다시 사용하려는 경향이 많습니다.

제가 겪어본 상사들의 대부분은 일단 이런 상황에서 다른 사람의 말을 들으려 하지 않는 것이 특징입니다. 물론 회의도 하고 팀원 각각의 의견도 물어보고 여러 가지 형식의 토론도 진행합니다. 하지만 결론은 상사가 미리 정해 놓은 답으로 거의 흘러갑니다. 거기에 반대하는 것은 사실상 불가능한 경우가 많습니다. 이런 상사들과의 회의에서 비슷한 경험을 몇 번 하게 되면 그다음부터는 회의에서도 그저 상사의 입만 바라보게 됩니다. 상사가 이야기하는 대로 대충 맞춰주는 게 나중에 별 탈이 없을 거라는 생각이 들기 때문입니다. 결국 대부분의 문제 해결 과정은 그 상사만의 방식으로 흘러가게 됩니다.

저 역시 그랬던 것 같습니다. 평소에는 늘 팀원들의 생각에 귀 기울이는 척하는 관리자였지만 막상 문제가 터졌을 때는 제 마음대로 판단하고 제가 해결하고 싶은 대로 처리했던 적이 많았습니다. 팀의 일뿐 아니라 제 개인의 문제에서도 역시 잘 풀리지 않는 문제가 생겼을 때 늘 저만의 방식을 고수했던 기억이 납니다. 그러다 보니 문제가 해결되는 경우보다는 더욱 꼬이는 경우가 많았던 것 같습니다.

여러분은 어떠셨습니까? 직장생활을 하다 보면 만나는 여러 가지 문제들이 있습니다. 그건 업무 문제일 수도 있고, 인간관계 문제일 수도 있고 동기 부여나 자존감에서 생기는 문제일 수도 있습니다. 이런 문제를 만났을 때 어떤 식으로 해결하려고 했습니까? 이제까지 늘 본인이 해오던 방식을 버리고 전혀 새로운 방법으로 문제를 해결해보려고 시도해본 적이 있었나요? 이미 문제가 발생해버린 다급한 상황에서, 심지어 문제가 쉽게 해결되지 않는 상황에서 내가 사용하던 방식이 아닌 다른 방식을 사용한다는 건 생각만큼 쉽지 않습니다. 대부분의 사람들이 새로운 것을 시도하려는 마음은 있지만 일단 문제를 해결해야 한다는 다급함에 지금까지 사용하던 방식을 사용하게 됩니다. 사실 그런 상황에서 다른 방식의 해결책을 찾는다는 것 역시 쉽지 않을 뿐 아니라 시도해본 적 없는 다른 방식이 반드시 통한다는 보장이 있는 것도 아니기 때문입니다.

이렇게 언제까지나 나만의 방식으로 문제를 풀려고 한다면, 물론 일부 문제는 해결할 수 있겠지만 지금처럼 아무리 노력해도 문제가 해결되지 않는 상황에 처할 가능성이 높습니다. 이럴 때를 대비하는 것이 중요한데 이를 위해 평소에 준비가 필요합니다. 평소에 이와 같은 상황에서 어떻게 대처하고 해결해야 하는가에 대한 여러 사람들의 조언을 청취해볼 필요가 있습니다. 그런 상황에 빠지지 않은 평소라면 사람들의 이야기를 들어볼 수 있는 여유가 있습니다. 또한 당장 그들의 의견을 반영하지 않아도 됩니다. 그래서 평소에 주변 사람들의 조언을 모으는 것이 중요합니다. 이미 일어났던 다양한 어려운 상황을 떠올려 보고, 그와 같은 상황에서 어떻게 행동해야 했는지 조언을 구하는 것입니다. 그 조언이 다 맞지는 않을 수 있습니다. 하지만 그동안 내가 생각하지 못했던 답이 그 안에 있을지도 모릅니다. 그리고 이렇게 주변의 조언을 구하는 상황에서 나 역시 다시 한번 그런 문제를 어떻게 해결하는 게 현명할까 생각하게 될 것입니다. 이미 다 지나간 일이니까 돌아보기도 싫다고 생각하지 마시고, 비슷한 일에 대비해서 다시 한번 문제 해결 상황을 복기해보시기 바랍니다.

이렇게 나에게 일어났던 어려웠던 일을 다시 한번 되돌아보는 것은 무척 중요한 일입니다. 그 당시에는 너무 정신이 없어서 다급한 마음에 잘못 처리했던 일들을 다시 분석해볼 수 있기 때문입니다. 따라서 나에게 어려운 문제가 발생하게 되면 아무리 급하더라도 그 상황을 어딘가에 차분히 정리해둘 필요가 있습니다. 문제가 되는 상황이 어떻게 진행되었고, 그 문제 때문에 나는 어떤 느낌을 받았는지, 그리고 그 문제가 왜 발생했다고 생각되는지, 어떻게 그 문제를 해결할 수 있었는지에 대한 기록을 어딘가에 해두는 것입니다. 이런 기록은 무언가 중요한 결정을 내리기 전에 큰 도움을 줍니다. 자칫 감정에 흔들려 잘못된 결정을 하지 않도록 도와줄 뿐 아니라 나중에라도 내가 왜 이런 결정을 내렸는지에 대해 생각할 수 있게 해주기 때문입니다.

문제 해결 과정을 정리해두는 것은 나중에 이에 대한 주변 사람들의 조언을 들을 수 있게도 해줍니다. 사람이란 시간이 지나면 지나간 일에 대해 잘못 기억하게 되는 경우가 많습니다. 또한 그때의 감정 역시 점점 흐려지게 됩니다. 그때는 너무나 긴박하고 중요하다고 생각한 일들인데 시간이 지나고 보니 아무것도 아닌 일이었다는 느낌이 들 때도 있습니다. 그래서 그때의 기록을 다시 보는 것이 중요합니다. 그리고 시간이 지난 후 나의 생각을 다시 정리하고, 주변의 조언을 정리해두는 것이 중요합니다.

해결하기 어려운 일을 만났다면 잠깐 시간을 내서 그 일을 한번 어딘가에 정리해보시기 바랍니다. 지금의 상황과 지금의 마음, 그리고 지금 생각되는 최선의 해결책도 여기에 정리해보십시오. 아마도 여러분이 생각한 최선의 해결책은 나중에 돌아보면 답이 아닐 수도 있습니다. 하지만 지금으로선 그게 최선일 수도 있습니다. 시간이 지난 뒤 다시 한번 해결책 노트를 펴보시기 바랍니다. 그리고 믿음 가는 주변 사람들에게 문제 해결에 대한 조언을 들어보시기 바랍니다. 또 나 스스로도 다시 한번 문제를 생각해보고, 생각나는 해결책을 정리해보시기 바랍니다. 그때 생각했던 답과 지금 떠오르는 답에는 차이가 있을 수 있습니다.

이렇게 해결하지 못했던 일에 대한 상황과 그 당시의 감정, 그리고 그 후에 들은 주변 사람들의 조언과 내 생각이 정리된 메모가 시간이 흘러 쌓이게 되면 나중에 문제가 생겼을 때마다 들여다보는 유용한 메모가 될 수 있습니다. 실제로 제 주변의 어떤 분이 본인이 힘들게 처리한 업무를 기록하는 습관을 가지고 있었습니다. 그는 문제가 해결된 뒤 주변 사람들의 조언을 모으고, 다시 한번 본인 스스로 그 문제를 어떻게 해결하는 게 맞았을지 생각을 정리한다고 합니다. 이런 습관 덕분에 그는 어떤 문제에도 좀처럼 당황하지 않고 문제를 해결할 수 있는 최선의 선택을 하게 되었다고 합니다. 저 역시 이렇게 해보려고 몇

번 시도를 해보았는데 생각만큼 쉽지 않았습니다. 일단 힘들고 스트레스 받는 상황에서 그 내용을 글로 정리한다는 게 생각만큼 쉽지 않았습니다. 가뜩이나 머리가 아픈데 그걸 다시 글로 쓰는 게 쉽지 않기 때문입니다. 복잡한 감정을 글로 정리한다는 것 역시 어렵게만 느껴졌습니다. 하지만 몇 번의 시도 끝에 글을 쓸 수 있게 되었고, 시간이 흐른 뒤 그 글을 다시 보는 건 생각보다 놀라운 경험이었습니다. '내가 그때 이런 상황이었구나', '내 감정이 이랬었구나', '그땐 이게 최선이라고 생각했구나' 등의 감상을 느끼며 다음에 이런 상황에서는 이렇게 해봐야지, 저렇게 해봐야지 하는 다짐도 하게 되었습니다.

일을 하면서 문제를 만났을 때 대부분의 경우에는 그동안 사용해오던 방식대로 문제를 해결하면 되는 경우가 많습니다. 그리고 그게 가장 효율적인 방법이라고 생각합니다. 하지만 가끔은 정말 해도 해도 안 되는 때를 만나게 됩니다. 그런 상황을 만났다는 것은 다시 생각해보면 나를 한 번 더 업그레이드해야 되는 순간이 왔다는 의미일 수도 있습니다. 그리고 그때가 오면 우리는 다른 방법을 써야 합니다. 하지만 그 상황이 돼서야 다른 방법을 찾으려고 한다면 너무 늦습니다. 평소에 나에게 닥쳤던 어려웠던 순간들을 정리해놓고 그때의 감정과 대처했던 방식을 기억할 수 있게 한다면, 추후에 다시 한번 해결책을 정리해볼 수 있습니다. 그리고 이렇게 쌓인 나만의 해결책 노트는 나중에 해결하기 힘든 일을 만났을 때 아주 요긴하게 쓰이게 될 것입니다.

만약 직장생활에서 아무리 노력해도 해결되지 않는 문제를 만나게 된다면 가장 먼저 그 상황을 어딘가에 정리해두십시오. 비록 지금 만난 그 문제에 대해 최선의 해결책을 찾지 못한다 하더라도, 문제를 기록해놓는 습관은 분명 여러분이 살면서 계속 만나게 될 어려움을 조금이라도 극복하는 데 큰 도움이 될 수 있을 것입니다.

- 풀리지 않는 문제가 있을 때 사람들은 늘 자기가 해결해오던 방식으로만 문제를 해결하려고 한다.
- 문제가 해결되지 않으면 먼저 어딘가에 현재 상황과 내가 생각하는 해결 방안을 적어보자. 글을 써서 상황을 정리하는 동안 감정에 치우친 결정을 하는 실수를 줄일 수 있다.
- 시간이 지나고 나서 문제 상황을 적었던 노트를 다시 보면서 주변 사람들의 조언을 정리하고, 지금 생각하는 해결책도 정리해보자. 당시의 결정과 지금 내린 결정이 다를 수 있다.
- 해결하지 못한 문제에 대해 정리한 내용이 쌓여갈수록 새롭게 발생하는 문제에 대해 훗날 후회하지 않는 결정을 할 확률이 높아질 것이다.

7
사표를 내고 싶지만 갈 데가 없을 때

그럴 때가 있습니다. 모든 상황이 나에게 불리하게만 돌아간다고 느껴질 때입니다. 갑자기 원치 않는 업무를 배정받게 된다든지, 다른 사람들은 모두 승진했는데 나만 승진에서 누락되었다든지…. 지금 당장 사표를 낸다고 해도 상사는 단 한 치의 망설임도 없이 받아줄 것 같을 때가 있습니다. 생각 같아서는 당장 그만두겠다고 큰소리를 치고 미련 없이 회사를 떠나고 싶지만 막상 떠나려니 갈 곳이 없습니다. 그리고 오라는 곳도 없습니다. 이런 상황이라면 어떻게 해야 할까요?

결론부터 말씀드리자면 버텨야 합니다. 누군가 그런 말을 했습니다. "새 신발을 살 때까지는 헌 신발을 벗어버리지 마라." 어찌 보면 당연한 말입니다. 내가 지금 신고 있는 신발이 맘에 안 든다고 아직 새 신발을 구하지도 않았는데 벗어버린다면 나는 한동안 맨발로 살아야 합니다. 맨발로 길을 걷는다면 더러운 오물을 밟아야 할 수도 있고, 날카로운 유리에 발을 찔릴 수도 있습니다. 내가 아무리 헌 신발이 맘에 안 든다고 해도 새 신발을 살 때까지는 헌 신발을 절대 버리면 안 되는 이유입니다. 심지어 지금 당장 새 신발을 살 돈도 없다면 상황은 더 악화될 것입니다.

그렇다면 이렇게 상사도 나를 좋아하지 않고, 회사의 분위기도 나를 밀어내는 상황에서 어떻게 해야만 버틸 수 있는 걸까요? 물론 여기서 버틴다는 것은 내가 먼저 나가겠다고 손을 들지 않고, 회사에서도 나를 더 이상은 밀어내지 않도록 최선의 노력을 해보는 것을 의미합니다. 만약 그럼에도 불구하고 회사가 나를 나가라고 밀어낸다면 아무리 수를 써도 달리 도리가 없을 겁니다. 새 신발을 아직 사지 못했지만 헌 신을 벗으라고 한다면, 지금 신고 있는 신발의 주인도 내가 아닌 만큼 별 수 없이 벗어줘야 하는 것입니다. 지금 당장 내가 맨발이 된다 해도 말입니다.

그나마 헌 신발의 주인이 신발을 내놓으라고는 하지 않는다는 가정하에, 어떻게 하면 새 신발을 살 때까지 버틸 수 있을지 말씀드리겠습니다.

일단 더 이상 문제를 만들지 말아야 합니다. 지금 이 상황에 이르기까지를 돌이켜보면 분명 무언가 문제가 있었을 것입니다. 그게 무엇인지 파악하는 것이 중요합니다. 상사와의 면담을 통해 문제의 원인이 무엇인지 알아낼 수도 있고, 멘토나 선배 사원을 통해서 알아볼 수도 있을 것입니다. 이때는 문제의 원인을 알아내는 데만 집중해야 합니다. 스스로를 변호하려고 하거나 변명을 하려고 할 필요는 없습니다. 일단 문제의 원인을 알아냈다면 더 이상 같은 문제가 발생하지 않도록 하는 것이 첫 번째입니다. 만약 같은 문제가 다시 발생하게 된다면 그것으로 버티기는 끝날 수도 있습니다. 따라서 현재의 문제를 빠르게 파악하고 다시는 같은 문제가 일어나지 않도록 해야 합니다.

두 번째, 새로운 문제를 만들지 않아야 합니다. 간혹 어려운 상황을 반전시켜보려고 무리한 시도를 하는 경우가 있습니다. 지금의 어려운 상황을 나에게 유리한 상황으로 반전시킬 수 있다면 하루아침에 모든 걱정이 사라질 것이라고 기대하고 반전을 시도하는 경우입니다. 하지만 이런 시도는 대부분 세부적인 준비도 없이 무리하게 진행되는 경우가 많기 때문에 실패 확률이 높습니다. 그리고 이런 실패는 오히려 현재 상황을 더욱 악화시키게 됩니다.

세 번째, 본인의 이런 상황을 여기저기 알리고 다니지 말아야 합니다. 특히 상사나 회사의 잘못된 시스템 때문에 본인이 어려움을 겪는다고 억울해하거나 그 문제가 일어날 수밖에 없었던 상황에 대한 변명을 늘어놓을 경우, 본인에게 좋지 않은 영향으로 되돌아올 수 있습니다. 안 그래도 평가가 좋지 않은데 여기저기 불만을 이야기하고 다니면 상사는 그 사람을 좋게 보아줄 리가 없습니다. 심지어 상사는 그 사람이 원하지 않는 방향으로 빠르게 결정을 내리려고 할 수도 있습니다.

위의 세 가지 항목은 아무리 억울한 상황이라고 하더라도 일단

이 상황을 받아들여야 한다는 의미이기도 합니다. 이 상황이 내 잘못에서부터 시작되었든 상사나 회사의 잘못에서 시작되었든 이미 벌어진 일입니다. 현실을 부정하려고 할 경우 내가 더 불리해질 수 있습니다. 따라서 일단은 이미 일어난 상황을 받아들인 후 그 상황을 반전시키려는 노력을 하는 것이 필요합니다.

그 노력의 첫 번째 단계는 가시적인 변화입니다. 주변 사람들에게 내가 더 나아지기 위해 변화하고 있다는 것을 알려야 합니다. 이를 가장 쉽게 알리는 방법이 바로 보이는 부분의 변화입니다. 즉 나의 복장, 나의 행동 등을 바꾸어줌으로써 내가 변화했다는 것을 사람들에게 인식시키는 것입니다. 예를 들어 평소 편한 복장으로만 출퇴근을 해오던 사람이라면 이제부터는 조금 더 격식 있는 비즈니스 정장을 입는다거나 머리 스타일을 좀 더 단정하게 하는 등 무언가 각 잡힌 모습을 보여주는 것입니다. 늘 캐주얼한 차림에 머리 스타일도 대충 하고 다니던 사람이 어느날 갑자기 비즈니스 정장에 깔끔한 머리 스타일을 하고 나타나는 순간, 사람들은 그를 다시 보게 되고, 이 사람에게 무언가 내면의 변화가 있구나 하고 느끼게 됩니다. 본인 또한 복장이 바뀌고 스타일이 바뀌면 행동도 달라지게 됩니다. 행동에서도 변화를 꾀해야 합니다. 예를 들어 평소 출근 시간보다 한 시간을 앞당겨 출근하는 모습을 보여준다거나 평소 퇴근 시간보다 한 시간 더 늦게 퇴근하는 모습을 보여줌으로써 내게 변화가 일어났음을 알리는 방법이 있습니다. 또 전에는 사무실에서 농담을 하거나 큰소리로 떠들곤 했다면 이제부터는 좀 더 진지하게 업무에 임하는 자세를 보여주는 것도 좋은 방법입니다. 이렇게 겉으로 달라진 모습을 보여주는 것만으로도 사람들은 나에 대해서 변화하려는 의지를 보게 되고, 긍정적인 생각을 갖기 시작합니다.

두 번째는 팀의 궂은일을 하겠다고 자원하는 것입니다. 회사에는 팀별로 진행해야 하는 많은 일들이 있습니다. 그중 누구의 일이라고 딱 정해진 것은 아니지만 누군가는 꼭 해야 하는 일들이 있습니다. 물론 이런 일 중 대부분은 후배 사원들이 하게 됩니다. 그러나 그런 일이 아니라면 이 기회에 본인이 한번 자원을 해보십시오. 그동안은 한번도 자원해서 그런 일을 해보겠다고 한 적이 없었지만, 만약 여러분이 이런 일을 한번 해보겠다고 자원하게 되면 팀장이나 다른 팀원들도 여러분을 다시 보게 되고 여러분의 변화에 대한 의지를 느끼게 될 것입니다. 사실 이런 모습을 앞으로 계속 보여줄 필요는 없습니다. 그저 한두 번이면 충분합니다. 하지만 평소의 모습과 다르기 때문에 주변 사람들에게 확실히 기억에 남을 것입니다.

세 번째는 새 신을 찾는 것입니다. 물론 지금 상황에서는 어떻게든 시간을 벌어서 회사에 붙어 있는 게 방법이긴 합니다. 하지만 회사와 직원 사이에 한번 갈라진 틈은 유리와 같아서 점점 그 틈이 벌어지기만 할 뿐, 찰흙처럼 처음과 똑같이 메워서 틈이 없었던 때로 돌아가기는 어렵습니다. 이미 한번 문제가 있는 사람이라고 회사가 생각했다면 앞으로 승진이나 연봉 인상 등에서 좋은 결과를 보장받기 어렵습니다. 따라서 지금 회사에 있는 동안 빠르게 이직을 준비해야 합니다. 물론 이직을 준비하는 모습이 다른 직원들에게 알려져서는 안 됩니다. 만약 여기저기 다급하게 구직을 하고 다닐 경우 당연히 동료 직원들이 알아 챌 수 있습니다. 따라서 최대한 주변에서는 모르게 시간을 가지고 이직을 준비해야 합니다.

또한 이직을 하게 되더라도 현재 회사에서의 피드백이 늘 중요하게 작용하기 때문에 현재 있는 회사에서 끝까지 좋은 모습을 보이는 것이 필요합니다. 따라서 오히려 이렇게 어려움이 닥친 상황을 기회라고 생각하고 본인을 뒤돌아보고 개선할 점을 찾아 발전시킨다면, 후에 이직을 하게 되더라도 새로운 회사에서는 같은 실수를 범하지 않게 될 것입니다.

누구나 직장생활을 하다 보면 충동적으로 사표를 내고 싶을 때가 있습니다. 하지만 그때마다 사표를 던지고 회사를 나올 수는 없습니다. 진짜 사표를 내고 나올 때까지 빌드업이 제대로 되어 있어야 하는 것입니다. 퇴사라는 상황을 늘 준비하고 있어야 하지만 그렇다고 매번 사표를 내서는 안 되는 것은 당연합니다. 이 점을 명심하시고, 오늘의 결정이 훗날 후회로 남지 않도록 늘 최선의 선택을 하시기 바랍니다.

내 마음속 메모장

- 아무리 회사가 나를 밀어내려고 해도 갈 곳이 정해져 있지 않다면 무조건 버텨라. 새 신을 살 때까지는 헌 신을 벗어버리는 게 아니다.

- 회사에서 버티기 위해 첫 번째 할 일은 무엇이 문제였는지 원인을 찾는 것이다. 그리고 문제의 원인을 찾았다면 더 이상 같은 문제가 일어나지 않도록 하라. 문제가 또 일어나면 위험하다.

- 상황을 반전시키겠다고 섣불리 무리한 시도를 하지 마라. 실패할 경우 상황은 더욱 악화된다.

- 괜히 여기저기 돌아다니며 현재 상황에 대한 억울함이나 변명을 하려고 하지 마라. 그런 행동이 상사의 귀에 들어가면 상황이 더 나빠질 수 있다.

- 일단 현재 상황을 받아들이고 이 상황에서 벗어나기 위한 준비를 해라.

- 이 상황에서 벗어나기 위한 첫 번째 단계는 눈에 보이는 변화이다. 가급적 비즈니스 정장을 입고 단정한 모습으로 출근하라. 마음가짐이 달라졌음을 외모로 보여주어라. 또 출퇴근 시간도 조금씩 조정해서 업무에 좀 더 몰입하는 모습을 보여주어라.

- 팀에 필요한 궂은일을 하겠다고 자원하라. 평소에 보여주지 않았던 이런 모습이 상사나 동료들에게 신선한 자극을 줄 수 있다.

- 가급적 조용히 이직할 회사를 찾아라. 시간적 여유를 갖고 주변의 눈에 띄지 않게 이직을 준비하라. 이직할 때 현 직장의 피드백이 중요하다. 지금 있는 곳에서 끝까지 잘 지내야 한다.

8
보이는 경쟁력, 보이지 않는 경쟁력

우리 인생은 경쟁의 연속인 것 같습니다. 학교에서는 늘 친구들과 경쟁하며 조금이라도 더 좋은 점수를 받아 등수를 한 등이라도 더 올리려고 했고, 입시를 치를 때는 좋은 대학에 들어가기 위해 노력했고, 대학에 와서도 내가 원하는 직장에 입사하기 위해 취업 준비에 매진했습니다. 그리고 그렇게 원하던 직장에 들어온 지금, 아직 우리의 경쟁은 끝나지 않았습니다.

회사는 '우리는 한 팀이다', '우리는 운명 공동체이다. 살아도 같이 살고 죽어도 같이 죽는다' 등 온갖 표현을 통해 단합을 강조합니다. 사장님이나 부서장님의 말씀도 대부분 이와 맥락을 같이합니다. 하지만, 직장생활을 하고 있는 우리 모두는 그 누구도 운명 공동체라는 말에 동의할 수 없습니다. 경쟁에서 밀리면 회사라는 조직 밖으로 떨어지는 것이고, 경쟁에서 이겨야 내가 원하는 만큼의 연봉 인상도 가능하고 승진도 가능하다는 것을 알고 있습니다.

회사마다 업무 특성도 다르고 하는 일도 모두 다르지만 개인의 경쟁력이라는 측면에서 보았을 때 공통적으로 갖추어야 할 것들이 있습니다. 그리고 그런 경쟁력에는 두 가지가 있습니다. 하나는 보이는 경쟁력이고, 또 하나는 보이지 않는 경쟁력입니다.

보이는 경쟁력이란 말 그대로 눈에 보이는 그 사람의 경쟁력입니다. 가장 대표적인 예가 바로 '외모'와 '말'입니다. 여기서 외모란 큰 키와 날씬한 몸매, 수려한 이목구비를 의미하는 건 아닙니다. 우리는 연예인이 아니고 직장인이기 때문에 '보기 좋은' 외모를 갖출 필요는 없습니다. 전체적으로 깔끔하고 단정한 인상을 주어야 하는 건 맞지만요. 복장 규정이 자유롭고 누구 하나 뭐라고 하는 사람이 없어서, 또는 딱히 고객이나 외부 사람들과 자주 만나는 업무가 아니라는 이유로 회사에 출근하면서도 자유로운 스타일을 추구하는 분들이 있습니다.

저 역시 한때는 샌들에 헐렁한 카고 바지를 입고 회사에 다니던 시절이 있었습니다. 딱히 고객 미팅이 있는 날도 아니고, 하루 종일 컴퓨터 작업만 할 건데 편한 복장이 낫다는 생각도 있었고, '보여지는 겉모습이 뭐가 중요한가? 진짜 중요한 건 내면이지'라는 생각도 있었던 것 같습니다. 하지만 사람들은 나를 볼 때 나의 내면을 볼 수 없다는 사실을 몰랐습니다. 사람들은 겉모습만으로 나를 판단하고 있다는 사실을 나중에야 알게 된 겁니다. 물론 지금 당장 내가 편안하게 입고 싶은 옷을 입고, 신발을 신고, 머리 스타일을 한다고 해서 누구 하나 상관하거나 간섭할 사람은 없을지도 모릅니다. 하지만 나를 보는 대부분의 사람들은 나를 평가할 때 겉으로 보이는 모습만으로 판단하게 될 것입니다.

어차피 직장생활을 하는 거라면 좀 더 프로답게 임할 필요가 있습니다. 직장은 학교나 집이 아니고 내가 돈을 받고 나의 가치를 파는 곳이라는 생각으로 외모에도 신경을 써야 합니다. 직장은 나 혼자 생활하는 곳이 아닙니다. 함께 일하는 사람들이 나를 바라보고 있고, 그들을 통해 나에 대한 피드백들이 모이는 곳입니다. 그렇다고 명품 옷에 비싼 구두를 신고, 매일 헤어나 메이크업 숍에 들러야 한다는 의미는 전혀 아닙니다. 단정한 머리 스타일, 깔끔한 옷, 깨끗한 신발이면 됩니다. 유명 브랜드 제품일 필요도 없습니다.

지금 여러분의 모습을 거울에 한번 비춰보시기 바랍니다. 오늘 어떤 모습으로 직장에 출근했는지를요. 겉으로 보여지는 모습이 전부는 아니겠지만 그것이 그 사람의 첫인상을 좌우하고, 주변 사람들로 하여금 그 사람의 이미지를 결정짓게 합니다. '난 원래 이래', '이게 내 스타일이야' 하고 그냥 무시해버리지 마시고, 어떻게 하면 조금 더 사람들에게 내 이미지를 깔끔하고 신뢰감 있게 보일 수 있을까를 생각해보십시오. 아마 변화의 여지가 많지 않을까요? 여러분의 달라진 외모는 분명 또 다른 경쟁력으로 작용하게 될 것입니다.

보이는 부분의 두 번째 경쟁력은 '말'입니다. "그 친구는 입만 열면 깬다"라는 식의 말을 듣는 사람이 있습니다. 가만히 있으면 괜찮은데 말을 시작하면 가치가 뚝 떨어지는 느낌을 주는 사람들이 있습니다. 사실 말하는 습관은 어렸을 때부터 오랫동안 만들어지기 때문에 본인은 무엇이 문제인지 잘 느끼지도 못하고, 문제가 쉽게 고쳐지지도 않습니다. 하지만 직장에서 얼마나 말을 조리 있게 하고 설득력 있게 하는가, 그리고 이를 통해서 얼마나 가치 있는 대화를 만들어내는가는 아주 중요합니다. 대부분의 사람들이 말하는 방법에 대해서 따로 배우려고 하지 않기 때문에 잘못된 습관을 버리지 못하는 것이지 조금만 배우려고 하면 개선의 여지는 많습니다. 따로 학원에 다니는 것이 어렵다고 하더라도 말을 잘하는 방법에 대한 책만 읽어봐도 배울 수 있는 부분이 참 많습니다. 말을 잘하는 것은 말을 많이 하는 것과는 다릅니다. 제대로 대화하는 방법에 대해서 이해하고, 이 방법을 실천할 수 있다면 직장생활에서 일어나는 수많은 대화에서 여러분이 지금까지 얻어내지 못했던 큰 가치를 얻을 수 있게 될 것입니다. 그리고 이를 통해 본인의 경쟁력을 업그레이드할 수 있습니다.

이렇게 겉으로 보이는 경쟁력을 만들어냈다면 이제는 보이지 않는 경쟁력을 만들 차례입니다. 사실 보이지 않는 경쟁력은 더 종류가 다양합니다. 역시 업무 영역이나 특성에 따라 달라질 수 있습니다. 따라서 여기서는 공통적인 몇 가지 항목만을 알아보려고 합니다.

보이지 않는 경쟁력의 첫 번째 항목은 역시 체력입니다. 직장생활에서 체력만큼 중요한 건 없습니다. 물론 체력은 직장생활뿐 아니라

인생을 살면서 가장 중요하다고 해도 과언이 아닙니다. 체력이 부족하다면 아무리 열정적으로 직장생활에 임하고 싶어도 그러기가 어렵기 때문입니다. 심지어 직장생활은 1~2년 안에 끝나는 일도 아닙니다. 20대 후반에 시작해서 60이 다 될 때까지 견뎌야 하는 직장생활에서 체력이 부족하다면 직장생활을 잘하기는 쉽지 않을 것입니다. 제 주변에서도 건강 때문에 중간에 휴직을 하거나 퇴사를 하는 분들을 가끔 보게 됩니다. 특히 40대에 접어들면서 업무에 대한 스트레스가 쌓이고, 체력이 약해지면서 각종 질병에 시달리고, 급기야 심각한 정도의 건강 문제가 생겨 부득이하게 직장을 떠나야 하는 분들이 많습니다. 요즘에는 정신적인 문제도 심심치 않게 발생하곤 하지요. 우울증이나 공황장애 같은 질병이 더 이상 남의 이야기가 아닌 세상에 살고 있습니다. 따라서 정신적, 신체적으로 건강을 꾸준히 유지할 수 있다는 것은 직장에서 무엇보다도 큰 경쟁력입니다. 이를 위해 하루에 한 번은 꼭 운동하고, 영양가 있는 식사를 챙겨 먹는 습관이 중요합니다. 20~30대에 아무리 건강했던 사람이라고 하더라도 나이가 들면 신체 능력이 떨어질 수밖에 없습니다. 따라서 미리미리 운동과 식습관 개선 등을 통해 보이지 않는 경쟁력을 만들어놓는 것이 장기 레이스인 직장생활에서는 필수라고 할 수 있습니다.

    보이지 않는 두 번째 경쟁력은 바로 습관입니다. 몇 시에 잠을 자는지, 몇 시에 일어나는지, 출근은 몇 시에 하는지, 문제가 생겼을 때는 어떤 것을 먼저 확인하는지, 약속 시간에 늦지는 않는지, 책을 자주 보는지, 메모를 자주 하는 편인지, 화를 많이 내는지 등 누구나 살면서 정말 많은 행동 양식을 가지고 있게 마련입니다. 그리고 위에 언급한 이런 행동 양식과 관련된 습관들은 직장생활을 하는 내내 드러나게 됩니다. 회사에서 보면 일찍 출근하는 사람들은 늘 일찍 출근합니다. 그리고 늦는 사람들은 거의 항상 늦곤 합니다. 약속 시간도 마찬가지입니다. 시간을 잘 지키는 사람이 있고, 그렇지 않은 사람이 있습니다. 사실 이런 것들이 별것 아니라고 생각할 수도 있습니다. 하지만 습관은 반복된다는 특징을 가지고 있습니다. 습관은 반복되기 때문에 그 사람에 대한 이미지를 만들게 됩니다. 늘 부지런한 사람, 늘 허둥대는 사람, 늘 준비된 사람, 늘 변명하는 사람…. 이런 이미지를 통해 그 사람에 대한 평가가 이루어지고, 이게 바로 그 사람의 경쟁력이 되는 것입니다. 지금 나는 어떤 습관을 가지고 있는지 마음속으로 한번 열거해보시기 바랍니다. 나는 어떤 습관을 가지고 있는가? 회의 시간에 어떤 습관을 보이고, 업무를 시작할 때 어떤 습관을 가지고 있는지, 시간 약속이나 대화를 할 때는 어떤 습관이 있는지 한번 머릿속으로 떠올려보십시오. 그중에 좋은 습관은 계속 유지하려고 노력하고, 개선이 필요한 습관이 있다면 하나씩 고쳐나가도록 해보십시오. 보이지 않는 경쟁력이 업그레이드 될 것입니다.

보이지 않는 세 번째 경쟁력은 인맥입니다. 인맥 역시 사회생활에서 빼놓을 수 없을 만큼 중요한 경쟁력입니다. 그래서 사람들이 기를 쓰고 여러 모임에 들어가려고 하는지 모르겠습니다. 동창회부터 시작해서 향우회, 전우회, 산악회, 골프 등의 다양한 모임에 참석하고, 세미나에서도 만나기만 하면 서로 명함을 주고받는 게 일상이 되었습니다. 인맥을 잘 관리한 사람은 자기 능력보다 훨씬 더 높은 자리에 오르게 되고, 인맥 관리에 소홀했던 사람은 자신의 능력을 제대로 알리지 못해 후회하게 되는 경우도 많습니다. 아직도 각종 영업 활동에서는 "내가 아무개랑 같은 고향 출신이다", "내가 아무개랑 학교 동기다" 같은 말을 하면서 인맥을 활용하는 경우가 있습니다. 그 정도로 인맥은 또 다른 경쟁력이라고 볼 수 있습니다. 물론 풍부한 인맥을 갖기 위해서는 좋은 학교를 졸업하는 등 우위의 조건을 가져야 하는 것도 사실입니다. 하지만 꼭 고향이나 학교, 군대의 인연이 아니라고 하더라도 내 가치를 알아주는 사람이 있다면 그 역시 좋은 인맥이라고 생각합니다. 같은 회사에서 만난 사람이 내 가치를 알아주고, 프로젝트에 참여했던 다른 회사의 누군가가 내 가치를 인정해주거나 나를 기억한다면 그만한 인맥도 없을 거라고 생각합니다. 그리고 그렇게 만들어진 인연은 결국 미래에 보다 좋은 결과로 나에게 돌아오게 됩니다. 바쁘다고, 시간이 없다고 사람들을 멀리하지 마시고, 인맥을 만드는 것 역시 나의 경쟁력에 도움이 된다는 사실을 기억하십시오. 그리고 좋은 사람들과의 인맥을 만들어보십시오.

　　보이지 않는 경쟁력은 이 밖에도 많이 있을 겁니다. 그리고 개인에 따라 그 항목은 달라질 수 있을 겁니다. 결국 나의 경쟁력을 높이기 위해 무엇이 필요하고, 어떤 부분을 개선해야 하는지는 내가 가장 잘 알고 있습니다. 지금보다 한 단계 발전된 나를 만들기 위해 필요한 경쟁력이 무엇인지 한번 생각해보고, 경쟁력을 기르기 위해 어떤 노력이 필요한지 고민해보시기 바랍니다.

내 마음속 메모장

- 어차피 직장생활은 경쟁이다. 내가 갖추어야 할 경쟁력은 보이는 경쟁력과 보이지 않는 경쟁력으로 나뉜다.

- 보이는 경쟁력의 첫 번째는 외모다. 깔끔하면서도 단정한 이미지를 유지하는 게 중요하다. 명품이 아니라도 주름 없는 바지와 깔끔한 셔츠, 단정한 머리 스타일을 유지하자. 외모는 가꾸기 나름이다.

- 보이는 경쟁력의 두 번째는 말이다. 효과적인 대화를 나누기 위한 노력이 필요하다. 화법에 대한 강의를 듣는 게 어렵다면 책이라도 사서 보자. 말만 잘해도 경쟁력은 올라간다.

- 보이지 않는 경쟁력 첫 번째는 체력이 바탕이 된 건강이다. 아무리 열정이 넘쳐도 건강이 받쳐주지 못하면 앞으로 나아갈 수 없다. 직장생활은 장기전이다. 꾸준히 운동하고 식습관을 개선해서 장기전에 대비하자. 특히 마흔을 넘겼다면 꼭 신경 쓰자.

- 보이지 않는 경쟁력 두 번째는 습관이다. 모든 상황에서의 내 습관을 정리해보자. 그리고 그중 잘하고 있는 것은 지속하고, 나쁜 것이 있다면 개선해보자. 다른 사람들에게 나도 모르게 보여지는 습관은 시간이 흘러 내 이미지가 된다.

- 보이지 않는 경쟁력 세 번째는 인맥이다. 직장생활을 하는 데 필요한 사람들과의 인맥을 잘 만들어놓으면 분명 미래의 나에게 도움이 된다. 결국 사회생활의 힘은 인맥에서 나온다. 아무리 바빠도 좋은 인맥을 만드는 것에 소홀하지 말자.

직장생활 돌아보기

어떤 경쟁력을 가지고 있다고 생각하나요? 사내에서 '이것만큼은 내가 제일 잘한다'라고 생각되는 부분이 있나요? 그런 부분이 있다면 아래에 적어보세요. 만약 아직 그런 부분이 없다면 계발하고 싶은 능력을 생각해 보고, 아래에 적어보세요.

7
상사가 된다는 것

직장생활을 하면서 어느 정도 시간이 지나면 고참이라는 소리를 듣게 되고, 부하 직원들의 상사가 됩니다. 팀장이든, 매니저든, 관리자든 직함과 관계없이 누군가의 상사가 되면 그때부터는 나 혼자 일을 하고, 나 혼자만의 성과로 평가를 받는 것이 아닙니다. 팀으로 일을 하고, 내가 관리하는 팀의 성과로 평가를 받게 됩니다.

최근에는 많은 기업들이 수평적인 조직으로 변화를 도모하면서 상하 관계를 줄인 탓에 상사의 위치에 속하는 사람들도 같이 줄어들긴 했습니다. 하지만 그래도 아직은 직장생활에서 어느 정도 경력이 쌓이게 되면 자연스럽게 이런 자리에 올라가게 되는 게 대부분입니다.

상사가 되기 전에는 내가 상사가 되었을 때를 막연하게 그려보곤 합니다. 내가 저 자리에 올라가면 지금 내 상사보다 훨씬 더 잘할 수 있을 것 같고, 그동안 행해진 많은 잘못된 관행들도 모두 뿌리 뽑고, 팀원들에게 존경받는 상사가 되리라는 멋진 상상을 해봅니다. 상사가 되고 나서 떠안아야 할 책임감의 무게보다는 상사가 되었을 때 누릴 수 있을 것 같은 여러 가지 권한과 장점에 대한 기대감으로 가득 차기도 합니다. 아마 이 글을 읽으시는 분들 중에도 '내가 상사가 된다면 이렇게 해야지' 하고 생각하는 분들이 있을 겁니다.

상사란 어떤 자리일까요? 그리고 상사가 되면 팀원들이 본인을 어떻게 생각하고 있는지 잘 알 수 있을까요? 팀원들이 본인을 무서워하거나 피하려고 하는지, 아니면 본인을 존경하거나 따르려고 하는지 느낄 수 있을까요? 아마 대부분의 상사는 팀원들이 자신을 무서워하거나 피하는 걸 바라지는 않을 것입니다. 팀원들이 자신을 존경하거나 따르게 하려고 노력할 것입니다. 하지만 대체로 팀원들의 상사에 대한 평가를 보면 내가 존경하거나 따르고 싶은 상사의 수는 그리 많지 않습니다. 팀원들에게 대부분의 상사들은 그저 피하고 싶거나 무섭거나 괜히 껄끄러운 그런 존재인 것입니다.

그렇다면 어떻게 해야 팀원들이 상사인 여러분을 따르고 존경하게 할 수 있을까요? 무조건 잘해준다고 팀원들이 여러분을 존경하게 될까요? 그렇게 되기가 쉬운 건 아닙니다. 심지어 상사 역시도 자신의 직책에 대한 만족감이 떨어지는 상황이라면 팀원들이 자신을 어떻게 생각하는지까지 고민할 시간이 없을지도 모릅니다.

제 경험을 말씀드리자면 사실 상사가 되고 나면 팀원 시절이 더 나았다는 걸 느끼게 됩니다. 팀원일 때에는 같이 모여 상사를 안주 삼아 떠들 동료들이 있었고, 아무리 회사 분위기가 안 좋아도 내가 맡은 일만 제대로 하면 특별히 나에게 불이익이 돌아오는 경우는 별로 없었습니다. 물론 상사에 비해서 권한도 적고 월급도 적었지만, 나 하나만 챙기면 되는 심플한 삶이었습니다. 상사가 되고 나면 일단 같이 모여 넋두리를 나눌 동료가 사라집니다. 내 앞에 있는 팀원들은 상사인 나의 말을 잘 따르는 모습을 보이지만, 정작 그들이 나를 마음속으로 어떻게 생각하는지는 알 수 없습니다. 상사가 되면 나 하나만 챙기는 건 당연히 불가능합니다. 모든 팀원의 성과가 곧 나의 성과이기 때문입니다. 회사 분위기도 항상 신경을 써야 합니다. 제대로 안테나를 세워두지 않으면 팀이 괜한 불이익을 받을 수도 있기 때문입니다. 다른 팀의 상사들은 모두 너무 노련해 보이는데, 유독 나만 우리 팀을 제대로 챙기지 못하는 것 같아 늘 마음이 무겁습니다. 그리고 지금까지는 한 사람, 즉 내 상사의 눈치만 보면서 살았지만 이제부터는 내 상사는 물론이고, 팀원 하나하나의 눈치까지 봐가면서 살아야만 합니다.

그래서 어떤 사람은 승진해서 상사가 되는 것을 원하지 않는 경우도 있습니다. 본인은 끝까지 팀원으로 남아서 일하고 싶다고 이야기합니다. 물론 회사의 성격에 따라 그게 가능한 경우도 많습니다. 특히 요즘에는 리더가 되지 않더라도 시니어 팀원으로서의 역할도 많아지고 있기 때문에 점점 다양한 기회를 얻을 수 있습니다. 하지만 내가 원하든 원치 않든 일단 상사라는 자리에 올라가면 그때부터는 새로운 세계관이 시작됩니다. 팀원 시절 정말 일 잘한다는 소리를 듣던 사람도 팀장이 되고 나서 좋지 않은 평가를 받는 경우도 있고, 팀원 시절 그리 두드러진 성과를 보여주지 못하던 사람도 팀장이 돼서는 탁월한 성과를 보여주는 경우도 있기 때문입니다.

어떻게 하면 팀원들에게는 존경받는 상사가 되면서, 상사로서의 능력을 회사에 보여줄 수 있을까요? 어떻게 하면 팀을 책임지는 리더로서 모두를 만족시키면서 다른 어떤 팀보다 많은 성과를 낼 수 있는 팀으로 만들어갈 수 있을까요?

쉬운 것 같지만 막상 걸어보면 쉽지 않은 상사의 길에 대해서 생각해보려고 합니다. 물론 지금 상사라는 자리에 있는 분들도 있을 테고, 앞으로 그 자리에 올라갈 분들도 있을 것입니다. 설령 당분간 상사가 될 일이 없는 분이라고 하더라도 지금 우리 팀의 상사는 무슨 고민이 있고, 무슨 생각을 하고 있을까를 이해하는 데도 도움이 될 수 있을 거라고 생각합니다.

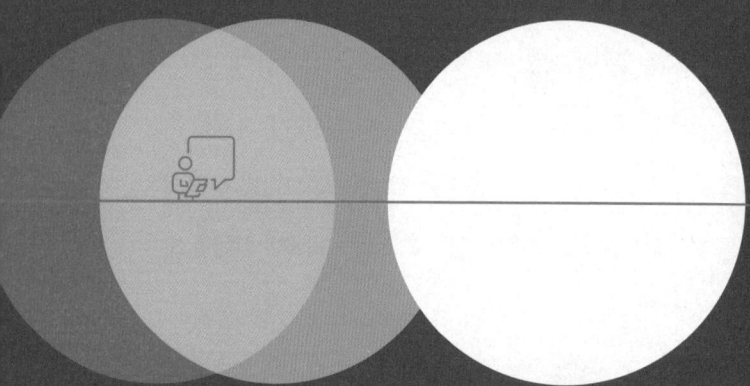

1
팀원들이 보고 있다

텔레비전을 보면서 누구나 한 번쯤 연예인의 삶을 부러워해본 적이 있을 것입니다. 늘 화려하고 멋져 보이는 삶, 어디에 가도 사람들이 알아봐주고 작은 일 하나도 화젯거리가 되는 그런 셀럽의 삶을 꿈꿔본 적이 있을지도 모르겠습니다. 이와 똑같지는 않겠지만 상사의 삶이란 연예인의 삶과 약간은 닮은 면이 있는 것 같습니다.

우리 팀이 몇 명인가와 상관없이 팀의 리더가 된다는 것은 회사에서 그들을 책임진다는 의미이고, 팀원들에게 상사는 직장생활의 성공과 실패를 좌우하는 가장 중요한 사람일 것입니다. 따라서 그들은 상사가 생각하는 것 이상으로 상사의 일거수일투족에 관심이 많을 수밖에 없습니다.

내가 어느 날 상사라는 자리에 올라갔다고 해서 원래 가지고 있던 나의 스타일이 하루아침에 변하는 것은 아닐 겁니다. 평소에 술을 좋아하던 사람이 상사가 됐다고 술을 안 마시는 것도 아니고, 평소에 농담을 좋아하던 사람이 상사가 됐다고 갑자기 진지해지는 것도 아닐 겁니다. 회사에서 평소에 같이 술을 즐겨 마시던 직원들과 모여 퇴근 후 술을 한잔할 수도 있고, 예전처럼 사람들이 모인 자리에서 이런저런 농담을 주고받을 수도 있습니다. 하지만 우리 팀 직원들은 이런 상사의 행동 하나하나에 의미를 부여하기 시작합니다. 상사가 어떤 직원들과 어제 술을 마셨다고 해보겠습니다. 그런데 이 사실을 알게 된 다른 직원들은 상사의 이 행동을 상사가 그 직원들과 특별히 친하다는 의미로 받아들일 수도 있고, 앞으로 있을 승진에 그들이 먼저 대상자로 올라갈지도 모른다고 생각할 수도 있습니다. 또 상사가 커피를 마시면서 사람들에게 했던 별 의미 없는 발언에도 '곧 우리 팀에 무슨 일이 있을 것 같다'라고 생각을 할 수도 있습니다. 전에는 내가 누구랑 술을 마시든, 사람들과 어떤 농담을 주고받든 아무 문제가 없었지만, 상사가 되고 나서부터는 내가 누구랑 술을 마셨다고 하면, 왜 그 사람들과 술을 마시게 된 건지 궁금해하고, 어디 가서 무슨 농담을 했다고 하면 하필 그 자리에서 왜 그런 이야기를 했는지 그 이유를 알고 싶어 합니다. 일반인이 했을 때 아무 문제가 없었던 행동들을 연예인이 하게 되면 이슈가 되듯이 말입니다.

    상사가 되고 나서 팀원들과 면담을 하는 과정에서도 마찬가지입니다. 나름대로 팀원들과 진솔한 대화를 나눠보고 싶다는 의욕에 넘처 이런저런 속마음까지 다 털어놓게 되면 그 역시 나중에 문제가 될 수 있습니다. 솔직한 상사의 이야기가 팀원의 능력 부족에 대한 직설적인 비판이었다면 그 팀원은 이에 대해 상처를 받고 실망하게 되면서 기회가 있을 때마다 이직을 생각하게 될 수도 있습니다. 면담을 한 팀원이 다른 팀원에 비해 월등하게 뛰어나다는 평가를 한 자리였다면 앞으로 있을 연봉 인상이나 승진에 대해 미리부터 김칫국을 마실 수도 있습니다. 또 같은 팀에 있는 직원의 문제점에 대해 다른 팀원에게 이야기를 했다면 이것은 다른 팀원들에게 상사가 이미 그 팀원을 포기했구나 하는 생각을 하게 만들 수도 있습니다. 물론 상사로서 직원들에게 솔직한 것은 좋은 것입니다. 하지만 그렇다고 예전처럼 자신의 생각을 아무 거리낌 없이 팀원들에게 이야기할 수는 없습니다. 이제는 대화를 하는 동안에도 자신이 팀원들의 상사라는 것을 잊어서는 안 됩니다. 아무 생각 없이 했던 본인의 말 한마디가 팀원들에게 미치는 영향은 상사가 되기 전과는 확실히 다르다는 것을 알아야 합니다.

    팀 회의를 하는 과정에서도 마찬가지입니다. 팀원들과 회의를 하다 보면 어떤 팀원의 의견에는 동의가 되고, 또 어떤 팀원의 의견에는 동의할 수 없는 경우가 있습니다. 상사도 인간이다 보니 감정이라는 게 있고, 회의를 하다 보면 가끔 화도 나고 짜증도 내는 경우가 있기 마련입니다. 그렇다고 하더라도 지나치게 일부 팀원의 의견을 무시하고, 특정 팀원의 의견만을 지지하는 행동은 삼가야 합니다. 상사 입장에서는 분명 이유가 있어서 그런 행동을 했겠지만 팀원들 모두가 그런 상황을 상사의 입장에서 받아들이지는 않기 때문입니다. 당장 마음에 들지 않는 의견이라고 하더라도 일단은 모든 의견에 대해서 강한 지지나 거부 없이 받아들이는 모습을 팀원들에게 보여주어야 합니다.

팀원들과의 관계에서도 마찬가지입니다. 특정 팀원에게만 회사에 공식적으로 알려지지 않은 소식을 미리 귀띔해준다거나, 특정 팀원들과만 식사를 자주 한다거나 하는 행동은 곧바로 다른 팀원들에게 알려지게 됩니다. 내가 평소에 좀 더 믿음이 가는 팀원이 있고, 내가 같이 식사하면 기분이 좋아지는 팀원이 있기 때문에 별 생각 없이 했던 행동이지만, 다른 팀원들은 그렇게 생각하지 않을 수도 있습니다. 상사와 그 팀원 간의 특별한 친분 때문에 그 직원이 특혜를 받고, 나머지 직원들이 공정한 대우를 받지 못할 수도 있다는 우려와 오해를 품게 될 수도 있습니다. 이런 팀원들의 생각은 팀의 단합력을 떨어트리고 상사에 대한 신뢰에도 금이 가게 할 수밖에 없습니다. 상사라는 자리가 아무리 외롭고 마음 둘 곳이 없다고 하더라도 팀원들 중에 친구를 찾는 일은 삼가야 할 행동입니다. 왜냐하면 상사는 팀원들과 상황에 따라서 다양한 관계 설정을 하게 되기 때문입니다. 잘한 일이 있을 때는 아낌없이 칭찬하지만, 부족한 부분이 있을 때는 이에 대한 책임도 물어야 할 때가 생기게 됩니다. 만약 팀원 중에 나와 친구처럼 지내는 사이가 있다고 가정해본다면, 그 팀원에 대해 내가 상황에 따라 공정하게 처신하기도 어렵겠지만, 설령 그렇게 했다고 하더라도 다른 팀원들은 나의 공정함을 믿지 않을 수도 있습니다. 정말 개인적으로 호감이 가고 믿음이

가는 팀원이 있다면, 그에게 좀 더 중요하고 책임감이 요구되는 업무를 맡기고, 그가 그 업무를 성공적으로 수행하게 함으로써 좀 더 발전시켜 주는 것이 상사로서의 책임이라는 것을 알아야 합니다.

또한 다른 부서의 사람들에게 자기가 데리고 있는 팀원에 대한 이야기를 한다거나 팀 내부의 문제를 이야기하는 것 역시 극히 위험한 행동입니다. 상사라는 직책에 있다 보면 이래저래 생각할 것도 많고 조심해야 할 것도 많아 행동하는 게 편하지 않습니다. 딱히 이런저런 이야기를 할 만한 곳이 없다 보니, 다른 팀 사람들에게 특정 팀원이나 팀 내부의 문제를 이야기하는 경우가 종종 있습니다. 물론 팀원들에 대한 칭찬이나 팀이 잘되고 있다는 이야기를 한다면 크게 문제 될 게 없을 것입니다. 하지만 문제는 우리 팀 누구 때문에 늘 짜증이 난다든지, 우리 팀에 사실은 이런 문제가 있다든지 하는 속이야기를 팀 외부 사람들에게 이야기하는 경우입니다. 식사 자리나 술자리에서 생각 없이 했던 이런 말들은 며칠만 지나면 모두 우리 팀 직원들의 귀에 들어갈 것입니다. "너네 팀 상사가 이런 이야길 하더라", "너네 팀 상사가 너네 팀은 이런 문제 때문에 골치가 아프다더라" 같은 이야기를 전해 들은 팀원들의 사기가 떨어지는 건 당연한 결과일 것입니다.

상사가 되고 나서 조심해야 할 것 중에 가장 중요하다고 생각하는 것은 바로 일관성 있게 말하는 것입니다. 사람이 살다 보면 이런 경우 저런 경우가 있고, 또 '지금은 맞고 그때는 틀리다'라는 영화 제목처럼 경우에 따라 달라지는 상황이란 게 있을 수 있습니다. 하지만 상사가 팀원들 앞에서 하는 말은 일관성이 있어야 합니다. 분명 처음에는 어떠한 경우에도 규칙을 지키라고 했다가 나중에는 상황에 따라 융통성도 있어야 한다고 팀원들에게 이야기한다면 도대체 상사의 어떤 말을 따라야 할지 팀원들은 혼란스러울 수밖에 없습니다. 처음에는 매출이 가장 중요하니 그것부터 챙기라고 했다가 왜 내부 교육을 안 받아서 팀 성적을 떨어뜨리냐고 화를 내는 상사를 보면 도대체 어느 장단에 춤을 춰야 할지 모르게 됩니다. 사실 이렇게 상사의 말이 그때그때 달라지는 경우는 너무도 빈번하게 일어납니다. 상사 역시 자기 윗사람의 지시를 받는 조직의 일원이다 보니 자기 윗사람의 말에 따라 부하 직원들에게 하는 말이 달라지기도 하고, 본인이 전에 했던 말을 잊어버리고 다른 말을 할 수도 있습니다. 상사 본인은 자기가 한 말을 잊어버릴 수 있습니다. 하지만 팀원들은 결코 상사가 한 말을 잊지 않고 있다는 것을 명심해야 합니다. 일단 상사의 말이 자주 바뀌게 되면 팀원들은 이후에 상사가 아무리 어떤 내용을 강조해도 그 말이 언제 바뀔지 몰라 상사의 말에 신뢰를 하지 않게 됩니다.

비슷한 경우는 또 있습니다. 이 역시 상사들에게 아주 빈번하게 일어나는 일입니다. 바로 말과 행동이 다른 경우입니다. 말로는 모든 직원들을 공평하게 대우해야 한다고 하면서 막상 혜택은 자신과 가까이 지내는 몇몇 팀원들에게만 몰아주거나, 상사보다는 팀원들의 생각이 더 중요하다고 하면서 자기 혼자만의 생각으로 모든 결정을 내려버리는 경우가 있다면 그런 상사의 말을 믿을 팀원은 없을 것입니다. 말하는 것을 들어보면 팀원들의 고충을 속속들이 알 정도로 팀원들을 잘 이해하는 것 같지만, 막상 실무를 수행할 때는 팀원들의 사정은 안중에도 없는 상사도 있습니다. 기회만 있으면 팀원들은 상사의 칭찬을 먹고 사는 거라고 이야기하며 질책보다는 칭찬이 중요하다고 강조하던 어떤 상사는 화가 나면 장소를 가리지 않고 직원들을 심하게 꾸짖곤 했습니다. 그런 상사가 평소에 아무리 부하 직원을 칭찬하는 것이 중요하다고 강조한들 그 말을 곧이곧대로 믿을 직원은 없을 겁니다.

상사라는 자리는 그런 자리입니다. 상사가 되고 나면 그때부터는 말과 행동에 더 큰 책임을 느껴야 합니다. 내가 몇 시에 출근을 하는지, 그리고 퇴근은 몇 시에 하는지를 눈여겨보고 있는 팀원이 있고, 내가 보내는 메일이 평소와 어떻게 다른지, 행간에 숨은 의미는 없는지를 알고 싶어 하는 팀원들이 있습니다. 내가 누군가와 심각하게 통화를 하면 상대방이 누구인지, 그 내용은 무엇인지, 그리고 그 통화 후에 상사가 어떤 행동을 하는지를 주시하는 팀원도 있습니다. 내가 누구와 점심을 먹었는지, 퇴근 후에 누구랑 술을 마셨는지를 알고 싶어 하는 팀원도 있습니다. 그리고 내가 했던 모든 말들은 이후 나의 행동과 늘 비교되기 시작합니다.

어찌 보면 상사가 되는 순간부터 상사의 모든 말과 행동은 팀원들의 감시 대상이 되고 맙니다. 그리고 상사로서 관여하는 인사고과나 승진, 연봉 인상 결과가 발표되면 지금까지의 모든 상사의 말과 행동을 승진자나 연봉 인상 대상자들과 연관시키는 직원이 있습니다. 공정한 판단에 따른 결과였다고 하더라도 승진하지 못하거나 인상될 연봉이 만족스럽지 않은 팀원들은 서운함을 느끼고, 일부에선 서운함을 넘어 오해까지 품게 됩니다. 그리고 이런 문제는 팀원들 간에 문제를 만들기도 하고, 간혹 이탈자가 생기게도 합니다. 팀의 성과가 떨어지는 건 당연한 결과일 것입니다. 뒤늦게 상사가 나서서 오해를 풀어보려고 애써보지만 쉽지 않을 때가 많습니다.

물론 이와 같은 상황이 늘 벌어지는 것은 아닙니다. 팀을 리드하는 상사도 AI가 아니고 사람인데 어떻게 감정이 없을 수가 있고, 어떻게 모든 행동을 하나하나 신경 써 가면서 직장생활을 할 수 있겠습니까? 그렇게 하려면 밥도 혼자 먹어야 하고, 술도 안 먹어야 하고, 업무상 꼭 필요한 대화 이외에 누구와도 대화를 나누어서는 안 될지도 모릅니다. 하지만 여기서 상사가 된 여러분이 알았으면 하는 내용은, 팀원들은 상사의 말과 행동에 생각보다 무척 집중하고 있다는 것입니다. 무심하게 던진 말 한마디, 별 생각 없이 했던 행동들 때문에 괜히 팀원들이 상사를 오해하게 하고, 괜한 걱정을 하게 할 필요는 없다는 것입니다.

상사가 되었다는 건 상사로서 책임의 무게를 떠안아야 한다는 것입니다. 그리고 팀원들을 책임져야 한다는 것입니다. 그러니 이제는 혼자라는 생각보다는 막중한 책임을 가진 사람이라는 생각으로 모든 말과 행동에 신중해져야 합니다. 비록 그렇게 하는 것이 조금 불편하고 힘들다고 하더라도, 이제 상사라는 자리에 올라갔으니 어떤 면에서는 연예인이 되었다는 기분으로 삶을 살아보시기 바랍니다. 유명 연예인이 된 것처럼 남들의 시선에 신경도 좀 더 써보고, 내가 하는 말과 행동에도 조금 더 신중을 기하다 보면, 분명 누구나 원하는, 믿고 따르고 싶은, 그래서 존경받는 상사의 자리에 한 걸음 더 다가갈 수 있게 될 것입니다.

내 마음속 메모장

- 내가 팀원일 때는 내 말과 행동을 문제 삼는 사람이 별로 없다. 하지만 상사라는 직책에 오르고 나면 내 언행은 모든 팀원들의 관심 대상이 된다. 왜냐하면 상사는 팀원의 직장생활 성패를 가르는 열쇠를 가지고 있는 사람이기 때문이다.

- 팀원들과의 대화에서도 상사의 언어를 사용할 수 있어야 한다. 지나치게 솔직한 대화는 그들을 실망시키거나 오해에 빠지게 한다.

- 팀원과는 친구가 되어서는 안 된다. 상사는 팀원들과 다양한 상황에서 관계를 맺어야 하기 때문에 친구가 될 수 없다. 특정한 누군가와 친해지면 나머지 팀원들의 불필요한 오해를 살 소지가 있다.

- 다른 팀 직원들과의 대화에서도 우리 팀의 안 좋은 점이나 우리 팀원에 대한 이야기는 삼가야 한다. 이런 이야기는 결국 며칠 안에 우리 팀원들의 귀에 들어가게 되어 있다.

- 상사의 말이 그때그때 달라지면 팀원들은 상사를 신뢰할 수 없다. 상황이 크게 바뀌는 불가피한 경우가 아니라면 늘 일관성 있는 태도를 유지하는 것이 필요하다.

- 말과 행동이 다르지 않도록 주의해야 한다. 팀원들은 상사의 말을 늘 기억하고 있다. 그런데 상사의 말과 행동이 다르다면 그런 상사를 믿고 따를 팀원은 없다. 아는 것과 실천하는 것은 다르다. 자기가 한 말에 책임을 질 줄 아는 상사가 되자.

- 상사가 되었다는 것은 팀원들에 대한 책임의 무게를 떠안는다는 것이다. 회사에서의 나는 더 이상 나 개인의 삶이 아니라 팀원을 모두 품는 책임자의 삶을 살아야 한다는 것을 항상 기억하자.

2
정확한 기준을 만들어라

설문 조사를 해보면 상사에게 팀원들이 바라는 것 중 가장 우선순위가 높은 항목 중 하나가 바로 공정성이라고 합니다.

'도대체 이렇게 평가한 기준이 뭡니까?'

회사에서 무언가 공정하지 않다는 생각이 드는 일에 대해 직원들은 상사에게 이렇게 따지고 싶을 것입니다. 그것은 인사 고과일 수도 있고, 승진일 수도 있고, 연봉 인상일 수도 있을 것입니다. 상사가 무언가 중요한 결정을 내릴 때, 팀원들은 상사의 판단 기준을 알고 싶어 합니다. 물론 상사로부터 좋은 평가를 받았거나 승진이나 연봉 인상의 대상이 된 직원이라면 굳이 상사가 그런 판단을 한 기준을 알고 싶어 하지 않을지도 모릅니다. 하지만 다수의 미대상자들은 상사의 평가 기준을 알고 싶어 합니다.

제가 팀장이던 시절 팀원들과 면담을 하면서 이런 이야기를 나눈 적이 있습니다. "올해 우리 팀 전체를 가지고 1등부터 최하위까지 등수를 매기려고 합니다. 팀원 각자의 올해 성과와 기여도를 가지고 이 평가를 진행하려고 하는데, 본인은 스스로를 평가했을 때 우리 팀에서 몇 등이라고 생각하십니까?" 이 질문에 거의 대부분의 팀원들이 이렇게 답했습니다. "제가 생각했을 때 올해 저는 최고의 업무 성과를 보여주지는 못한 것 같습니다. 하지만 저의 업무 성과가 제일 떨어졌다고는 생각하지 않습니다. 즉 1등도 아니겠지만 그렇다고 제가 팀에서 최하위는 절대 아니라고 생각합니다." 면담을 했던 팀원 중에 본인이 최하위에 있을 것이라고 생각했던 사람은 아무도 없었습니다. 하지만 분명한 건 우리 팀 중 한 명은 반드시 최하위에 있어야 한다는 것입니다. 나중에 인사고과 결과가 발표되고 나면 분명 1등을 한 직원은 아무런 불만이 없을 것입니다. 하지만 최하위 등수를 통보받은 직원은 분명 상사에게 이렇게 이야기할 것입니다. "도대체 기준이 뭡니까? 왜 제가 최하위 직원이라는 평가를 받아야 합니까?" 이런 질문을 받았을 때 상사가 명확한 기준을 제시하지 못한다면 분명 그 직원은 공정성에 대한 의심을 하기 시작할 것입니다.

물론 각 팀원의 성과를 수치로 비교할 수 있는 경우라면 상사 입장에서는 평가 기준을 잡기가 좀 더 수월할 수 있습니다. 예를 들어 영업 팀의 경우 각자 부여받은 매출 목표가 있고, 그 목표를 얼마나 달성했는지로 평가되는 경우가 일반적이기 때문에 기준이 명확할 수 있습니다. 하지만 이렇게 수치로 비교가 되지 않는 경우도 많습니다. 제가 몸담았던 기술 조직의 경우는 각 SE들이 참여했던 프로젝트의 매출로 그 사람의 기여도를 평가하기도 합니다. 하지만 모든 업무 성과를 직원들이 참여한 프로젝트만을 가지고 평가하는 데는 어려움이 있습니다. SE별 담당하는 기술이 다르고, 담당하는 고객 범위가 다르기 때문에, 단순 매출 기여 비교만을 가지고 평가를 하기에는 무리가 있기 때문입니다. 어떤 기술 부분은 신기술이라 정말 많은 시간을 투자해도 매출이 적게 나오지만, 회사 입장에서는 미래의 투자를 위해 그 분야에 집중해야 하는 상황이고, 어떤 기술은 이미 성숙한 단계에 있기 때문에 조금만 지원을 해줘도 매출이 많이 나오는 분야가 있습니다. 이때 신기술을 지원하는 SE는 정말 많은 노력과 시간을 투자했지만 매출에 대한 기여도가 낮을 수밖에 없고, 성숙한 단계의 기술을 지원하는 SE는 잠깐의 노력과 시간을 투자했어도 매출 기여도가 높습니다. 그렇다면 누구에게 더 높은 점수를 줘야 할까요?

이렇게 팀의 특성에 따라 팀원들의 평가 기준이 달라져야겠지만 분명한 것은 모든 팀원이 동의하는 명확한 평가 기준이 있어야 한다는 것입니다. 참고로 제가 담당하던 기술 팀의 경우는 세 가지 평가 항목을 가지고 있었습니다.

첫 번째 항목은 그 팀원이 올 한 해 회사의 성장에 얼마나 기여했는가입니다. 즉 연간 매출에 대한 기여도입니다. 이는 본인이 참여해서 성공한 프로젝트의 규모가 될 것입니다. 담당하는 고객군, 담당하는 기술에 따라 달라지겠지만 아무래도 제가 있던 회사가 영업 위주의 회사라는 특성을 가지고 있다 보니 매출에 대한 기여를 첫 번째 항목으로 가지고 갈 수밖에 없는 구조였습니다. 하지만 앞서 이야기한 대로 기술의 특성상 이 항목만을 가지고 모든 평가가 이루어지지 않도록 추가 항목을 구성했습니다.

두 번째 항목은 올해 팀과 회사를 위해 얼마나 기여했는가입니다. 여기서 팀과 회사에 대한 기여라는 것이 조금 막연할 수 있는데, 이는 팀이나 회사의 발전을 위한 공통 업무에 얼마나 노력했는지를 평가하는 것입니다. 앞서 회사가 미래를 위해 신기술에 집중하고, 다양한 세미나와 전시회, 기고 등을 통해 이 기술을 고객들에게 알리려고 노력하는 중이었다고 가정한다면, 이런 회사의 방향성을 위해 세미나나 전시회에서 신기술 관련 내용을 발표하는 데 앞장서고, 다양한 기고를 통해 신기술을 홍보한 공로가 있는 직원에게 좋은 평가를 내릴 수 있을 것입니다. 또한 기술 팀원들의 기술력 향상을 위해 필요한 내용을 정리해서 팀원들에게 공유하는 일을 했다거나 내부 세미나에서 좋은 내용을 발표했다거나 팀을 위해 다양한 공을 세운 것이 인정되는 직원도 좋은 평가를 받게 될 것입니다. 특히 이 항목은 원래 각자 맡은 업무가 있는데도 불구하고 팀이나 회사를 위해 추가적인 시간과 노력을 투자해서 성과를 만드는 데 기여했다고 판단되는 직원들이 더 좋은 평가를 받을 수 있도록 만들어진 항목입니다.

세 번째 항목은 한 해 동안 얼마나 성장했는가입니다. 물론 회사라는 곳이 직원의 재능과 서비스를 돈으로 보상해주는 시스템을 제공하는 곳이라고 하더라도 직원 입장에서 스스로 발전하지 않고서는 언제까지나 회사가 원하는 재능과 서비스를 제공해줄 수는 없을 것입니다. 특히 기술의 경우 새로운 트렌드의 기술이 계속 발전하고 있는데 언제까지나 지금껏 알고 있는 기술만을 가지고 버틸 수는 없습니다. 꼭 기술적인 부분이 아니라도 본인의 성장이 없는 상태에서 회사가 요구하는 것을 계속 제공하면서 기나긴 직장생활을 성공적으로 이끌어나갈 수는 없습니다. 따라서 연초에 각자의 발전을 위해 스스로 성장 목표를 설정하고, 이를 연말에 평가함으로써 각자 한 해 동안 스스로 성장하기 위한 노력을 하겠다고 약속하는 것입니다. 그것은 기술일 수도 있고, 자격증일 수도 있고, 영어 능력 향상일 수도 있고, 건강이나 체력적인 부분의 보강일 수도 있습니다.

아무리 올 한 해 회사의 매출에 기여한 바가 크다고 하더라도, 두 번째나 세 번째 항목이 부족할 경우 평가에서 좋은 점수를 받기 어렵습니다. 그래서 팀원들은 이 세 가지 항목에서 고루 좋은 평가를 받기 위해 노력했던 것 같습니다. 사실 짧게 보면 첫 번째 항목만을 가지고 평가를 하는 것이 효과적일지도 모르지만 팀원들이 성장하고, 팀이 같이 성장하기 위해서는 두 번째, 세 번째 항목이 필요하다고 생각했습니다. 그리고 이에 대해 모든 팀원들도 동의했기 때문에 이후 평가에 대해 "기준이 뭡니까?"라고 의문을 제시하는 팀원들은 없었습니다.

물론 위 세 가지 항목이 다른 모든 팀에도 적용 가능한 항목은 아닐 것입니다. 각 팀의 특성을 파악하고 팀별로 가장 적절한 평가 항목을 만든 다음 이를 팀원들과 공유하는 것이 중요합니다. 또 이런 평가 항목을 만드는 과정에 팀원들을 참여시켜 스스로 평가 항목을 만들도록 하는 것 역시 의미가 있습니다. 그들 스스로 만든 평가 항목이 있다면 이후에 이 항목에 대해서 이의를 제기하거나 동의하지 않는 일은 없을 것이기 때문입니다.

상사로서 명확한 기준을 가져야 하는 것은 평가뿐만이 아닙니다. 상사의 모든 말과 행동을 팀원들이 주시하고 있다는 것을 잊어서는 안 됩니다. 예를 들어 상사가 어떤 팀원의 생일을 우연히 기억하고 있었는데 그 팀원의 생일에 축하 인사를 하고, 같이 식사를 했다고 가정해보겠습니다. 상사 입장에서는 우연히 알게 된 그 팀원의 생일을 그냥 지나가기가 뭐해서 축하의 말을 했고, 마침 점심 약속이 없어서 그 팀원과 점심을 먹게 된 것이었지만, 이를 본 나머지 팀원들은 앞으로 각자 생일을 맞을 때마다 상사의 축하 인사와 점심 식사를 기대하게 될 것입니다. 그런데 이후에는 상사가 그렇게 하지 않는다고 한다면 분명 상사에게 실망하는 팀원이 생겨날 것입니다.

의외로 이와 비슷한 일들은 상사의 무신경 속에 빈번하게 생기곤 합니다. 어떤 중요한 프로젝트가 성공적으로 마무리된 직후였습니다. 이 프로젝트를 총괄했던 상사는 프로젝트가 성공했다는 기쁨에 차 그동안 그 프로젝트를 도와주었던 사람들을 일일이 언급하며 감사를 표했습니다. 하지만 그가 호명하는 이름에는 그 프로젝트를 위해 애썼던 몇몇 사람의 이름이 빠져 있었습니다. 이름이 호명되었던 사람들은 자신이 이름이 호명되는 걸 들으면서 가볍게 넘어갔겠지만 끝내 이름이 호명되지 않았던 사람들은 두고두고 그 상사에 대해서 서운한 감정이 남게 됩니다. 그리고 이후 그 상사의 지원 요청에 대해서는 아무래도 소극적인 대응을 하게 될 것입니다. 아예 사람들의 이름을 부르지 않았거나, 이왕 부른다면 모든 사람의 이름이 빠지지 않도록 주의했어야 하는데도 불구하고, 특별한 기준 없이 생각나는 사람의 이름만을 불러버리는 바람에 오히려 그 행동은 마이너스로 작용하게 된 것입니다.

상사가 되고 나서 신경 써야 할 사람은 인정받는 몇몇 사람이 아니라, 소외받는 대다수의 사람이라는 것을 잊지 말아야 합니다. 인사공고가 났을 때 승진 대상자가 된 사람들은 대부분 이렇게 생각합니다. '음… 내가 잘나서 승진이 되었군. 좀 늦은 것 같긴 하지만 결국 내 능력으로 승진하게 된 거야.' 직원들은 자신의 이번 승진을 위해 상사가 얼마나 많은 고심과 노력을 했는지 알지 못합니다. 그리고 승진 대상자가 되지 못한 나머지 직원들은 이렇게 생각합니다. '저 상사가 그 친구만 챙기는 것 같더니 결국 또 이렇게 그 친구를 밀어줬구만… 결국 나는 아무리 노력해도 알아주지 않는군.' 대부분의 승진 탈락자들은 그렇게 상사에게 서운한 감정을 느끼게 됩니다. 상사란 그런 자리입니다. 그래서 먼저 소외받는 입장이 된 사람들을 생각해야 합니다. 어차피 좋은 일이 생긴 사람은 상사를 찾지 않습니다. 지금 상사가 필요한 사람들은 좋은 일이 일어나지 않은 사람입니다. 그들을 찾아가 그들이 실망하지 않도록 달래주는 것이 상사의 의무이기도 합니다.

상사가 되면 어떤 행동을 하기 전에 그 행동으로 영향을 받는 사람을 먼저 생각해야 합니다. 그 행동 때문에 기뻐할 사람보다는 그 행동 때문에 실망할 사람을 먼저 생각하고 어떻게 행동해야 할지를 결정해야 합니다. 그리고 모든 팀원이 그 행동의 기준에 동의할 수 있도록 근거를 만들어두어야 합니다. 팀원 중에 상사의 행동 때문에 소외당하는 사람이 없어야 합니다. 좋은 의도로 한 상사의 행동이 99%의 팀원들에게 만족을 주고, 1%의 팀원을 소외시키는 일이라면 그런 행동은 오히려 안 하는 게 나을 수 있습니다. 결국 그 1%가 나중에는 내가 될 수도 있다는 팀원들의 불신만을 만들고 마는 행동이 될 것이기 때문입니다.

명확한 기준이 없이 상황에 따라 그때그때 달라지는 상사의 행동은 팀원들이 상사를 신뢰할 수 없게 만들고, 상사의 공정성을 의심하게 할 수밖에 없습니다. 아무리 사소한 결정이라고 하더라도 팀원 모두가 동의하는 결정이 될 수 있도록 해야 합니다. 그래서 상사는 본인의 행동에 대해서 끊임없이 리뷰해보고 피드백을 받아야 하는 것입니다. 상사가 된 여러분이 팀원이었을 때를 다시 한번 생각해보면서 오늘 내린 결정을 돌아보시길 바랍니다.

내 마음속 메모장

- 상사 입장에서 아무리 공정하고 객관적으로 팀원에 대한 평가를 내린다고 해도 명확한 평가 기준이 없다면 직원들은 평가 결과에 동의하지 않는다.

- 모든 평가에는 직원들이 동의하는 평가 기준이 있어야 한다. 평가를 하기 전에 미리 평가 기준을 만들어 직원들의 동의를 얻어야 한다.

- 평가 기준을 만들 때는 직원들이 참여하도록 함으로써 스스로 만든 기준을 더 잘 따를 수 있게 유도한다.

- 상사의 평가에 의해 이득을 보는 소수는 어차피 상사를 찾지 않는다. 지금 상사의 관심이 필요한 사람은 평가에서 이득을 얻지 못하는 나머지 대다수의 사람들이다.

- 상사가 어떤 행동을 할 때는 그 행동으로 인해 영향을 받는 사람을 먼저 생각해보자. 그 행동으로 인해 소외받는 사람이 없도록 하는 것이 중요하다.

3

상사에게 밀리면 팀원에게도 밀린다

팀원이던 시절에는 상사를 보면서 그런 생각을 했습니다.

'내가 저 자리에 올라가면 모든 걸 다 내 마음대로 결정할 수 있겠지.'

하지만 상사가 되고 나서 알게 되는 게 있습니다. 그 자리에 올라가서 보니 나보다 윗사람이 있더라는 것입니다. 즉 상사가 된다고 모든 걸 다 내 마음대로 결정할 수 있는 게 아니고, 내 상사의 승인에 따라야 한다는 것입니다. 팀원일 때는 상사 자리에만 오르면 못할 게 없을 것 같았지만, 상사가 되고 보니 그 위에 있는 상사의 눈치를 봐야 한다는 걸 알게 되었습니다. 층층시하라는 말이 바로 이럴 때 쓰는 말인가 봅니다. 그래서 결국 상사가 되어서도 무엇 하나 결정해서 진행하려고 해도 상사의 상사에게 승인을 받아야 합니다. 이런 승인을 잘 받아 팀원들에게 다양한 혜택을 제공해주는 상사가 있는 반면, 매번 승인 과정에서 자신의 상사에게 제대로 승인을 못 받아 팀원들까지 피해를 보게 하는 상사도 있습니다.

특히 팀을 책임지는 상사의 입장에서 팀원들에게 중요한 승인으로는 팀을 위한 예산 집행이 있습니다. 팀을 대상으로 하는 외부 워크숍을 진행하거나 팀 회식이나 이벤트와 같은 행사를 하려고 할 때 상사는 자신의 상사로부터 이에 대한 승인을 받아야 합니다. 팀을 책임지는 입장에서 이런 행사는 팀원들의 사기와 연결되기 때문에 꼭 필요합니다. 그런데도 회사 입장에서는 늘 그렇듯이 예산이 빠듯하고, 정해진 업무 일정 때문에 직원들에게 이런 기회를 항상 제공하기는 어렵습니다. 이때 상사의 능력이 필요한 것입니다. 승진이나 연봉 인상의 경우도 마찬가지입니다. 팀별로 승진이나 연봉 인상을 위한 회사의 승인이 필요한데 이때도 상사가 어떻게 팀원들의 업무 기여도와 능력을 자신의 상사에게 잘 어필하느냐에 따라 대상자의 범위가 달라질 수 있습니다. 그 외에도 교육 기회나 해외 출장 등 다양한 분야에서 상사의 능력에 따라 승인 여부가 결정되는 경우가 많습니다.

혼자 살 때는 내가 돈을 못 벌어오면 나 혼자 굶거나 라면으로 때우면 되는 삶을 살았다면, 식구가 딸린 가장이 돈을 못 벌어오면 가족이 모두 굶어야 하는 것과 마찬가지입니다. 그처럼 상사가 자신의 상사에게 제대로 인정을 못 받아서 본인 팀에서 진행해야 할 것들이 제대로 진행이 안될 경우, 상사뿐 아니라 팀원 전체가 불이익을 받는 건 어찌 보면 당연한 결과입니다. 상사야 본인이 부족해서 그렇다고 하더라도 팀원들 입장에서 보면 부족한 상사를 만나 자신들까지 불이익을 받는 현실이 답답하기만 할 것입니다.

따라서 상사가 되었다면, 지금부터는 어떠한 상황에서도 자신과 상사와의 관계를 제대로 관리해야만 합니다. 그래야 본인이 담당하고 있는 팀을 제대로 알려서 인정받도록 하고, 팀에 필요한 다양한 승인을 상사로부터 그때그때 효과적으로 받을 수 있기 때문입니다. 내 상사와의 불편한 관계 때문에 자신의 팀원들도 불이익을 당하지 않도록 해야 합니다. 전에는 나 혼자만 책임지면 되는 몸이었으니 내가 기분 나쁘면 상사랑 한판 하기도 하고, 그러다 정 못 견디면 떠나면 그만이었다면, 이제는 나 혼자의 몸이 아니라는 걸 늘 명심해야 합니다. 설령 내가 떠나더라도 나 때문에 불이익을 보는 팀원들이 있다는 걸 생각해야 합니다.

상사와 잘 지내는 방법에 대해서는 이미 앞에서 이야기했으니 그 부분을 참고하시면 될 것 같고, 여기서는 팀을 책임지는 사람으로서 내 상사와 어떻게 관계를 가져가야 할지에 대한 이야기를 드려볼까 합니다. 팀원으로서 상사와 잘 지내는 방법과 팀의 리더로서 자신의 상사와 잘 지내는 방법에는 약간의 차이가 있습니다.

팀을 책임지는 입장에서 나의 상사에게 좋은 평가를 받기 위한 첫 번째는 바로 우리 팀이 좋은 평가를 받을 수 있도록 해야 한다는 것입니다. 우리 팀이 담당하는 업무에서 좋은 평가를 받거나 중요한 프로젝트를 성공적으로 마무리했거나 해서 회사 전체에서 주목할 만한 기여를 할 때가 있습니다. 하지만 이런 상황은 원한다고 언제나 만들 수 있는 것은 아닙니다. 타이밍이 있고 다양한 외부 상황이 있기 때문에 팀원들과 팀장인 상사의 노력만으로는 어려운 경우가 많습니다. 따라서 이런 기회에 좋은 결과를 만들 수 있도록 노력하는 것이 당연히 중요하겠지만 이 밖에도 부가적인 노력이 필요한 부분이 있습니다.

그것은 각 팀별로 주어진 과제가 있을 경우입니다. 예를 들어 회사에서 이번에 모든 직원들이 필수로 완료해야 하는 교육 공지를 내려보냈다고 가정해보겠습니다. 모든 직원들은 회사에서 배포하는 1시간짜리 온라인 교육을 모두 수강하고 이후에 진행되는 테스트에 모두 합격해야 한다는 내용입니다. 이와 같이 교육 공지가 나오면 회사는 수강 완료 여부를 팀별로 체크하게 됩니다. 그리고 매주 관리자 회의에서 팀별 상황을 보고하게 되는데, 이런 기회를 노려야 합니다. 이는 모든 팀들의 성적을 완료 순위로 볼 수 있게 하는 기회입니다.

이때 우리 팀이 가장 먼저 교육 수강과 테스트를 완료하게 된다면 회사 전체에서 주목을 받을 수 있을 뿐 아니라 사장님이나 담당 임원으로부터 칭찬을 받을 수밖에 없습니다. 단합되고 일사불란한 팀의 모습을 외부에 보여줄 수 있을 뿐 아니라 이로 인해 팀장이 팀을 효과적으로 운영하고 있다는 사실까지 알 수 있으므로 여러모로 좋은 점수를 받을 수 있습니다. 어차피 모두 통과해야 하는 교육 과정인데 다른 팀보다 조금 먼저 완료한 덕분에 팀 전체의 이미지를 좋게 만들 수 있는 것입니다. 이와 비슷하게 시간을 정해 놓고 팀별로 완수해야 하는 일들은 의외로 많습니다. 따라서 팀의 책임자로서 이와 같은 일들을 다른 팀보다 빠르게 완수해서 상사에게 좋은 인상을 만들어주는 기회로 삼는 것이 중요합니다.

또한 본인이 담당하는 팀의 업무 성과를 효과적으로 상사에게 알리는 것도 중요합니다. 대부분 팀의 책임을 맡는 상사가 되면 팀별로 업무 보고서를 자신의 상사에게 제출하게 됩니다. 보통은 주간 업무 보고와 분기별 업무 보고를 하게 되는데, 이와 같은 업무 보고 역시 중요합니다. 같은 일을 했어도 업무 보고를 어떻게 하느냐에 따라 윗선에서 그 팀을 어떻게 평가하는지는 달라질 수 있습니다. 같은 일이라도 업무 보고에서 그 팀이 지금 진행하고 있는 일이 윗선에서 강조하는 어떤 부분에 부합되는지, 또 회사의 방향성에는 어떻게 일치하는 것인지를 보여줌으로써 팀이 효과적으로 운영되고 있음을 인식시켜주어야 합니다. 만약 만족스럽게 업무 보고를 한 팀이 있다면 보고를 받은 윗선에서는 그 팀을 더욱 신뢰하게 될 것입니다. 또한 분기별로 진행되는 분기별 업무 보고에서도 현재 팀이 진행하고 있는 주요 업무가 회사가 가고자 하는 방향과 어떻게 일치하고 미래 목표에 부합되는지를 주요 임원들에게 제대로 어필한다면, 이를 보고받는 입장에서는 그 팀에 좀 더 많은 지원을 해줘야겠다고 생각하게 될 것입니다.

이렇듯 상사의 역할은 자신이 담당하는 팀이 항상 잘 운영되고 있고, 회사의 방향성과 일치하고 있으며, 회사에 가장 많은 기여를 하고 있다는 것을 외부에 알리고, 자신의 팀에 필요한 다양한 요구 사항들을 외부로부터 빠르고 효과적으로 얻어내는 것이라고 볼 수 있습니다. 이를 위해서 상사의 대외적 활동이 중요한 것입니다. 팀을 잘 알리고 필요한 걸 받아와야 하는데 자신의 상사와 관계가 좋지 않아 필요한 보고와 협의가 있는데도 이를 계속 미루고 피하거나, 다른 팀과의 협력이 필요한데도 이를 진행하지 않아 팀원들이 업무에 어려움을 느끼게 된다면 상사의 역할을 제대로 하고 있다고 볼 수 없을 겁니다. 그리고 이렇게 윗선과의 관계가 좋지 않은 상사를 믿고 따를 팀원은 그리 많지 않을 것입니다.

이제 상사가 된 이상 본인이 홀몸이 아니라는 것을 알아야 합니다. 이제 여러분에게는 여러분만을 믿고 의지하는 팀원들이 있습니다. 그 팀원들을 위해서 때로는 원래 내가 가지고 있던 스타일을 바꿔야 할 수도 있고, 내가 만나고 싶지 않던 사람을 만나야 될 수도 있고, 피하고 싶던 일을 떠맡아야 할 수도 있습니다. 이를 통해 내 상사로부터 우리 팀이 인정을 받도록 해야 하고, 우리 팀에 필요한 다양한 요구 사항을 상사로부터 관철시켜야 하는 것입니다. 만약 이와 같은 일을 피하거나 미루게 된다면 그 피해는 바로 팀원들에게 돌아갈 수밖에 없고, 팀원들에게 피해를 입히는 믿음직하지 못한 상사를 믿고 따를 팀원들은 없을 것입니다.

팀원으로 일할 때 꽤 좋은 평가를 받았던 직원이 승진을 하고 나서 팀장 자리가 본인의 적성에 맞지 않아 힘들어하는 것을 종종 봅니다.

그런 경우, 그 사람뿐 아니라 그 사람이 담당하는 팀원들까지 여러 어려움에 처하기도 합니다.

상사가 된 이상, 마치 유명 연예인의 매니저가 되었다고 생각하고, 내가 담당하는 연예인들이 조금이라도 더 좋은 대우를 받고, 조금이라도 더 빛날 수 있도록 매니저로서 달려야겠다는 각오를 해보시기 바랍니다. 방송국에 찾아가 PD들을 만나 전단지를 돌리면서 연예인들을 홍보하고, 담당하는 연예인에게 문제가 생기지 않도록 관리하고, 스케줄이 꼬인 경우 직접 나서서 해결하고, 내가 맡은 연예인이 연말 시상식에서 더 큰 상을 받을 수 있도록 앞장선다면, 분명 모든 연예인이 찾는 매니저가 될 것입니다. 하지만 내 성격이 소심하다고, 내가 그 PD를 싫어한다고, 내가 맡은 연예인에 대한 홍보를 피하고 미룬다면 내 연예인들이 대중에게 좋은 평가를 받는 것을 기대하기는 어려울 것입니다. 그리고 당연히 그 연예인도 더 이상 이 매니저와는 일하고 싶어 하지 않을 것입니다.

오랜 기다림 끝에 상사가 되었다고 팀원들을 모아놓고 상사로서의 권한만을 생각하며 그 안에 머물면 안 됩니다. 지금부터는 팀원들을 위해 밖으로 나가 열심히 돌아다녀야 한다는 생각으로 팀원들을 외부에 알리고, 팀원들에게 필요한 것들을 얻어 오는 역할에 앞장서보시기 바랍니다. 분명 처음에는 새롭게 상사로 온 여러분에 대한 의문을 갖던 팀원들도 여러분의 노력 덕분에 이루어진 다양한 변화를 보면서 여러분을 상사로 믿고 따르게 될 것입니다. 그리고 그렇게 믿음으로 하나 된 팀은 더욱 큰 성과를 만들며 여러분을 성공한 상사로 만들어줄 거라 생각합니다.

내 마음속 메모장

- 상사가 된다고 모든 것을 다 내가 결정할 수는 없다. 내가 결정한 것에도 결국 내 상사의 승인이 필요하다.
- 필요한 요구 사항이 있을 때 이를 상사에게 빠르고 효과적으로 승인을 받을 수 있어야 한다. 이는 팀의 사기와도 연관된다.
- 팀원이 싱글이라면, 상사는 딸린 식구가 있는 가장이다. 싱글 시절에는 내가 못하면 나 혼자 굶으면 되지만, 가장이 돼서 내가 잘하지 못하면 우리 식구 모두가 굶어야 한다.
- 모든 팀에게 요구하는 교육이나 테스트 등을 빨리 완료해 주목받으면 팀이 좋은 평가를 받을 수 있다. 어차피 해야 하는 거라면 빨리 해서 좋은 인상을 심어주자.
- 주간 보고와 분기별 보고에 정성을 다하자. 팀이 회사의 방향성과 일치하고, 상사의 기대에 맞게 일하고 있다는 것을 강조해야 한다.
- 상사는 연예인 매니저, 팀원들은 연예인이라고 생각하자. 그들이 항상 최고의 대우를 받도록 매니저가 궂은일을 마다하지 않아야 하고, 그들을 알릴 수 있도록 최선을 다해야 한다는 걸 잊지 말자.

4
조직 키우기

회사가 추구하는 중요한 목표 중 하나는 이윤 추구입니다. 이윤 추구란 쉽게 말해 투자 비용 대비 최대한의 이익을 만들어내는 것이고, 이를 위해 회사는 다양한 방면에서 투입되는 예산을 절감하기 위한 노력을 합니다.

인력도 마찬가지입니다. 모든 회사는 가능한 한 적은 인원으로 많은 성과를 내는 것을 목표로 합니다. 하지만 팀을 운영하는 사람 입장에서 보면 우리 팀의 조직이 지금보다 커지는 것이 여러 이유로 더 유리할 수 있습니다. 팀이 커지면 당연히 상사인 나의 역할도 더 커지고 책임도 무거워지겠지만 승진할 가능성이 높아지게 되고, 또 팀이 커지면서 조직이 나누어질 경우 내 밑에 다시 팀장이 생길 수도 있기 때문에 그런 경우 나는 팀원들에게 상사 위의 상사가 될 수 있습니다(보통 외국계 회사의 경우 이를 Level 2 매니저라고 합니다). 즉, 나의 하위 조직에 다시 팀 매니저들을 두는 구조를 만들 수 있습니다. 물론 이렇게 하위 조직을 만들지는 않는다고 하더라도 팀이 커지게 되면 아무래도 팀의 업무를 보다 분산시켜 전문화가 가능하고, 팀원들이 다른 팀원들의 공백을 서로 커버해주는 백업 시스템을 만들기도 용이하며, 충분한 인력을 활용함으로써 다양한 시장 기회를 놓치지 않고 효율적으로 활용할 수 있습니다. 뿐만 아니라 팀에 주어지는 예산이 증가함으로써 보다 효과적인 인력 충원과 승진 등을 하기에 유리할 수 있습니다.

어떤 분들은 '팀이 커지면 뭐하나? 괜히 일만 많아지고 골치만 아프다. 가지 많은 나무에 바람 잘 날 없다'라고 생각하실 수도 있습니다. 하지만 회사라는 곳은 어차피 작은 조직인 팀들이 모인 사회이고, 이러한 구조에서 큰 조직을 가진 사람의 권한이 더 클 수밖에 없는 것이 사실입니다. 작은 조직 하나 거느리고 조용히 지내고 싶은 사람도 있겠지만 회사라는 곳은 그렇게 있도록 놔두지 않습니다. 작은 조직은 언제든 큰일이 생기면 더 큰 조직에 통합되거나 사라질 수도 있습니다. 따라서 작은 조직은 더 조용할 수 없고, 오히려 더 바람 잘 날이 없습니다. '가늘고 길게' 갈 수 없다면 일단 조직을 키워서 큰 조직으로서 누릴 수 있는 다양한 이점을 누리는 것이 유리합니다.

제가 아는 두 분의 상사가 있습니다. 두 분 모두 뛰어난 능력을 가진 분이었고 조직의 부서장 경력도 10년이 넘는 베테랑이셨습니다. 그런데 두 분의 업무 수행 스타일은 조금 달랐습니다.

한 분은 회사의 가이드라인에 무조건 따르는 스타일이었습니다. 워낙 업무에 충실했던 그분은 상급자의 지시에 대해서는 아무리 어려운 일이라도 그 지시에 따르려고 최선을 다했습니다. 당시 회사는 비용을 줄이기 위해 인력과 조직의 최소화를 추진하는 중이었고, 많은 부서들이 이에 동참하기를 요청했습니다. 하지만 많은 팀의 리더들은 여러 가지 이유를 대며 이 요청을 따르기를 미루거나 가능한 한 최소한의 인원만 정리하려고 안간힘을 쓰고 있었습니다. 예를 들어 현 조직에서 10%의 인원과 조직을 축소시켜야 한다는 회사의 가이드라인이 있었다고 한다면, 웬만한 조직에서는 3~5% 정도 선에서 어떻게든 막아내려고 버티고 있는 상황이었습니다. 아무래도 인원이 갑자기 줄어들고 조직이 축소되면 일을 하는 입장에서는 당장 여러 가지 어려움이 닥칩니다. 그렇기 때문에 아무리 회사의 가이드라인이 내려오고 윗사람이 이를 밀어붙이려고 해도 부서의 책임을 지는 상사로서 어떻게든 막아보려고 했던 것입니다. 하지만 제가 아는 그분은 철저하게 회사가 시키는 대로 가이드라인에 따라 10%의 조직과 인력 축소를 단행했습니다. 회사 입장에서는 그분의 조직이 인력과 조직 축소에 앞장서주는 바람에 당연히 큰 도움을 받았고, 그분 덕분에 다른 팀에서는 원래 축소 가이드라인이었던 10%보다 낮은 5% 내외로 인력과 조직 축소를 마무리할 수 있게 되었습니다. 물론 그분의 팀원들은 인력이 갑자기 줄어들면서 당연히 일이 많아지고, 담당 업무가 바뀌면서 여러 가지 어려움이 따랐습니다. 그분은 회사에서 칭찬을 많이 들었지만 결국 그분의 조직이 축소되면서 팀원들의 삶은 더 고달파지고 업무 만족도는 떨어지기 시작했습니다. 이후에 회사의 매출이 증가하고 업무가 늘어나면서 인력 충원이 필요한 상황이 되면서 기존에 인력 축소를 적게 했던 다른 팀의 인력은 더 늘어났습니다. 반면, 그분의 팀 인력 규모는 쉽게 늘어나지 않게 되었습니다. 이미 적은 인원으로도 어느 정도 운영이 가능하다는 걸 회사가 알아버렸기 때문입니다. 조직 규모가 줄어들었으니 당연히 팀 내 승진 기회도 줄어들었고, 이후 그분은 그 팀을 떠났지만 그 팀이 다시 예전 규모로 돌아가기는 쉽지 않게 되었습니다.

또 다른 한 분은 앞서 말씀드린 분과는 정반대 스타일이었습니다. 이분은 현재보다는 미래에 대한 이야기를 많이 하는 스타일이었습니다. '물론 현재도 중요하지만, 회사가 앞으로 더 성장하기 위해서는 미래를 위해 우리는 이런 조직이 필요하다'라며 구체적인 방안을 늘 제시하곤 했습니다. 너무나 타당한 근거와 투자 대비 효과가 구체적으로 보였기 때문에 회사 입장에서는 그분의 의견대로 조직을 확대하기 위한 투자를 할 수밖에 없었습니다. 그분의 조직은 날로 확장되어가고, 그 덕분에 많은 팀원들이 새로운 조직의 책임을 맡는 상사로 승진하게 되었습니다. 또한 그분의 조직은 늘 성장하는 조직이었기 때문에 당연히 팀원들의 업무 만족도는 높을 수밖에 없었습니다. 물론 처음에 그분이 이야기한 대로 모든 투자에 대해 성과가 나타난 것은 아니었습니다. 하지만 일부는 투자 성과가 나타났고, 또 조직이 이미 만들어진 후였기 때문에 이 조직을 통해 다른 역할을 수행하게 함으로써 보다 유연한 조직을 만들어낼 수 있었습니다. 회사가 시키는 대로 하라는 것만 했으면 그분의 조직은 그렇게 크게 성장하지 못했을 것입니다. 하지만 조직을 키우는 그분의 능력 덕분에 그분 본인은 물론이고 같은 팀에서 일했던 많은 팀원들이 혜택을 보는 결과를 만들어낼 수 있었습니다.

저 역시 조직의 장을 맡은 상황에서 비슷한 경험을 하게 되었습니다. 늘 회사는 조직의 효율성을 강조하며 인력과 조직의 축소를 요구하는 상황에서 아무리 조직을 더 키우고 싶어도 현실의 벽이 너무 높다는 걸 느끼곤 했습니다. 앞서 말씀드린 두 번째 분처럼 저에게는 그런 탁월한 능력이 없었기 때문에 마음은 늘 조직을 키우고 싶었지만 현실은 항상 발버둥을 치기만 했던 기억이 납니다. 우리 팀원을 한 명이라도 더 승진시키고, 팀에 필요한 추가 인력을 한 명이라도 더 보충한다는 게 얼마나 힘든 일인지 너무나 잘 알고 있습니다. 그냥 회사가 시키는 대로 하고 나라도 좀 찍히지 말고 편하게 살자는 생각이 들었던 것도 사실입니다.

물론 조직이 커진다고 무조건 장점만 있는 건 아닙니다. 하지만 조직의 장이라는 상사의 자리에 올라간 상태에서 조직을 키우면 여러 기회를 만들어낼 가능성이 높습니다. 당연히 조직이 커지게 되면 해야 할 일도 늘어나고, 효율적인 조직 운영에 대한 책임도 늘어나고, 중복되는 업무에 대한 조정도 필요할 것입니다. 그럼에도 불구하고 조직을 키워야 하는 이유는 다양한 시장의 기회에 효과적으로 대비할 수 있고, 좋은 인력을 많이 보유함으로써 경쟁 우위를 확보할 수 있을 뿐 아니라, 팀원들에게 다양한 분야의 업무에 도전할 기회를 제공할 수 있고, 이를 통해 더 많은 승진 기회를 부여할 수 있게 되며, 본인 스스로도 상사로서 더 많은 경험을 얻을 수 있기 때문입니다.

앞서 이야기한 것처럼 회사가 아무리 조직을 축소하려고 하고, 효율을 강조한다고 하더라도 조직을 책임지는 상사라는 자리는 내 조직을 안전하게 지키고, 더욱 성장시켜야 하는 책임이 있는 자리라고 생각합니다. 물론 모든 상황에서 다른 팀은 어떻게 됐건 내 조직만을 지키고 성장시킨다는 것은 불가능할 수 있습니다. 내가 아무리 그렇게 하려고 해도 상황이 허락하지 않는 경우도 많습니다.

하지만 제 경험에 비추어 볼 때 내 조직을 어떻게든 지키고 키우겠다는 마음을 갖고 있는 상사와 그냥 시키는 대로만 하겠다는 상사와는 분명한 차이가 있었습니다. 여러분이 상사 자리에 올라간다면 기회가 있을 때마다 여러분의 조직을 조금이라도 확장시키는 데 노력을 다 하시고, 나중에 회사가 어려워 조직을 축소하려고 할 때도 가능한 한 조직을 지키기 위해 버텨보실 것을 권해드립니다. 상사에게는 늘 상사만을 바라보는 팀원들이 있다는 것을 항상 잊지 않으시길 바랍니다.

내 마음속 메모장

- 회사는 항상 조직과 인력을 최소화하려고 한다. 하지만 조직의 책임자는 항상 조직을 키우기 위해 노력해야 한다.

- 조직이 커지면 업무를 수행할 인력을 보다 효과적으로 배정할 수 있을 뿐 아니라 인재 확보가 용이하고, 업무별 백업도 가능하게 된다. 뿐만 아니라 조직이 커지기 때문에 승진 기회도 많아지게 된다.

- 조직을 확대하기 위해서는 회사를 설득할 수 있어야 한다. 회사의 미래 성장을 위한 투자로 인력과 조직의 확장이 필요하다는 것을 회사가 인정할 경우 조직을 확장시킬 수 있다.

- 현실적으로 조직을 확장시키는 것은 말처럼 쉽지 않다. 하지만 항상 기회를 노려야 한다. 특히 내가 맡은 조직이 축소되지 않도록 방어할 수 있어야 한다.

5
가끔은 포장이 더 중요하다

　　상사가 되면 팀원들과 1 대 1 면담을 하는 경우가 있습니다. 그동안 인사 평가에서 그닥 좋은 평가를 받지 못했던 팀원이 이런 이야기를 했습니다. "아무래도 이 회사는 저와 맞지 않는 것 같습니다. 저는 그동안 보이지 않는 곳에서 정말 묵묵히 일을 열심히 하고 있었는데, 회사는 그걸 알아주지 않아요."

　　어쩌면 그 팀원의 말이 맞을지도 모릅니다. 하지만 제 경험상 대부분의 회사는 직원 하나하나가 어디서 무슨 일을 얼마나 열심히 하고 있는지 알지 못합니다. 아니, 알 수가 없습니다. 원래 가장 이상적인 상황이라면 직원들은 누가 알아주든 알아주지 않든 맡은 바 임무를 성실하게 수행하고, 회사는 그 직원이 얼마나 열심히 일하고 성과를 만들었는지를 한 치의 오차도 없이 평가해서, 그 직원이 성과를 낸 만큼 보상을 해주는 게 맞을 것입니다. 그래서 그런 역할을 하라고 각 팀별로 책임자를 두고 있기도 합니다. 하지만 그 책임을 맡은 상사 역시 모든 팀원들을 다 따라다니면서 매 순간 그들이 무슨 일을 얼마큼 열심히 하고 있는지를 알아낼 수는 없다는 게 문제입니다.

　이런 문제를 해결하기 위해 상사는 팀원들에게 업무 보고를 받습니다. 그리고 업무 진행에 대해서 주간 회의를 통해 팀원들과 협의를 하려고 합니다. 하지만 막상 보고서를 작성하고 주간 회의에 참석해야 하는 팀원들 중에는 이런 절차가 번거롭다고 생각하는 경우가 있습니다. '일하기도 바빠 죽겠는데, 보고서까지 써야 해?', '그걸 또 매주 회의에 들어가서 상사에게 하나하나 설명해야 해?' 이런 생각이 드는 것입니다. 그런 생각으로 보고서를 작성하다 보니 내용이 형식적이고 그걸 보는 상사 입장에서는 이 직원이 도대체 지난주에 무슨 일을 얼마나 한 건지, 그리고 이번 주에는 무슨 일을 하겠다는 건지 제대로 알 수가 없습니다. 심지어 매주 진행되는 주간 미팅에서도 이 직원이 본인의 업무에 대해서 세부적인 내용을 보고하지 않는다면 상사는 그 직원이 무엇을 얼마나 열심히 하고 있는지 알 수 없습니다. 그 직원 입장에서는 정말 업무가 바쁘고 힘들어, 보고서를 쓰고 주간 미팅에 참석해 세부적인 내용을 보고할 여력조차 남아 있지 않았기 때문에 보고를 소홀히 했을 수도 있습니다. 하지만 이런 그의 소홀함 때문에 그 직원은 상사에게 본인이 하고 있는 일에 대해서 제대로 알리지 못했고, 결국 평가에서도 좋은 결과를 얻을 수 없게 됩니다.

이 직원의 입장에서는 일도 나보다 열심히 하지 않은 것 같은 다른 팀원들이 상사에게 쓰는 보고서에만 공을 들여서 칭찬을 받는 것 같고, 결국 인사 평가에서도 좋은 점수를 받으면 억울할 만도 합니다. 하지만 회사 시스템은 결국 그렇다는 것을 알아야 합니다. 나 혼자 아무리 열심히 해도 그 사실을 알아주는 사람이 없다면 결코 좋은 평가를 받을 수 없는 것입니다. 따라서 중요한 것은 내가 일한 만큼 그 업적을 알리는 것입니다. 내가 알리지 않으면 아무도 알아주지 않기 때문입니다. 내가 일한 것을 알리라고 만든 시스템이 바로 보고입니다.

　　회사니까 딱딱하게 보고라는 용어를 사용하긴 하지만, 사실 보고는 소통의 일종이라고 볼 수 있습니다. 나와 회사와의 소통, 그것이 바로 보고라는 절차로 이루어지는 것입니다. 그리고 회사를 대표하는 사람은 바로 나의 상사입니다. 따라서 내가 회사에 나를 알리는 것은 상사와의 소통을 통해서이고, 이런 상사와의 소통을 위해 보고라는 절차가 있다고 이해하시면 됩니다. 당장은 귀찮고 번거로운 절차이지만, 사실 이 보고라는 절차는 다른 사람이 아닌 나를 위한 것이라고 생각해야 합니다.

　　따라서 내가 만약 회사에서 인정받고 싶다거나 회사에 내가 지금 하고 있는 업무에 대해서 적극적으로 알리고 싶다면, 보고를 잘 활용해야 합니다. 매주 업무 보고를 하는 시간을 가장 중요한 시간이라고 생각하고, 한 주 동안 내가 진행했던 모든 업무에 대해서 가급적 세부적인 내용까지 기입해야 합니다. 일주일 내내 고객사에 방문해서 프로젝트 하나를 계속 진행했다고 가정했을 때 어떤 사람은 그냥 프로젝트명과 고객사 이름만 한 줄 적고 끝내는 사람이 있을 수 있습니다. 하지만 여러분은 거기에 더해서 이번 주에 이 프로젝트를 통해 진행한 세부 업무가 무엇이고, 그중 내가 좀 더 강조하고 싶은 것은 무엇인지를 상세하게 작성해보시기 바랍니다. 같은 일을 했어도 보고서를 어떻게 작성했는지에 따라 이 보고서를 보는 상사의 평가는 달라질 수 있습니다. 물론 내가 하지도 않은 일까지 꾸며서 작성하라는 의미는 아닙니다. 보고서가 중요하다고 너무 과장되게 보고서를 꾸미거나, 하지 않은 일까지 추가하라는 게 아니고, 내가 진행한 업무를 가급적 상사가 잘 이해할 수 있도록 작성하는 것이 중요합니다. 그리고 그 과정에서 고객사의 피드백이나 업무에 지원이 필요한 부분이 있다면 보고서에 추가하는 것이 좋습니다. 특히 고객사의 피드백 같은 경우는 회사에서도 중요하게 보는 부분이기 때문에 고객사에 갔을 때는 되도록 고객과의 면담을 통해 이런 피드백을 잘 정리한다면 상사도 이를 아주 의미 있게 평가해 줄 것입니다. 이렇게 여러분의 노력과 정성으로 만들어진 보고서를 통해 상사는 여러분이 매주 어떤 업무를 하고 있고, 어떤 성과를 내고 있는지 알 수 있게 됩니다. '그저 주어진 일만 열심히 하면 나중에 회사가 알아주겠지' 하고 생각하지 마시고, 회사가 알 수 있도록 본인의 업무에 대해서 꼭 알려주시기 바랍니다.

상사가 되어서도 마찬가지입니다. 개인이 아닌 팀의 책임자로서 상사는 회사에 우리 팀이 얼마나 잘하고 있는지를 알릴 의무가 있습니다. 앞서 이야기한 대로 개인이 잘못할 경우에는 혼자 피해를 보면 그만이지만, 팀의 책임자가 잘못할 경우 팀 전체가 피해를 본다는 사실을 기억해야 합니다. 따라서 상사가 되어서 팀의 업무나 활동을 회사에 제대로 알리지 못할 경우 팀이 좋은 평가를 받을 수 없고, 회사로부터 혜택을 제대로 받을 수 없게 되기 때문에 상사로서의 책임은 더욱 중요하다고 볼 수 있습니다.

팀을 책임지는 상사 역시 주간 업무 보고를 자신의 상사와 임원들에게 하는 경우가 일반적입니다. 팀원일 때에는 개인의 업무만을 정리해서 보고하는 게 전부였지만, 이제는 팀 전체의 업무를 보고해야 하기 때문에 그 양도 훨씬 많아지고, 보고할 내용도 훨씬 다양해지게 됩니다. 따라서 팀장과 팀원의 보고 방식에는 차이가 있어야 합니다. 팀원일 때에는 내가 이번 주에 진행한 업무에 대해서 가급적 세부적인 내용까지 보고하는 게 일반적이었다면, 팀의 책임자 입장에서는 상세한 내용보다는 그 업무의 의미에 대한 설명이 필요합니다. 예를 들어 어떤 고객과 미팅을 했다면, 미팅의 세부적인 내용보다는 왜 이 미팅을 하게 되었는지, 이 미팅을 통해 기대되는 결과물은 무엇인지 등에 대해서 보고를 해야 합니다. 즉 이 보고서를 읽는 회사의 임원 입장에서는 이 팀이 회사의 매출과 이익에 어떤 기여를 하고 있는지를 알고 싶어 합니다. 그들은 이 팀의 팀원들이 얼마나 되는 시간 동안 일을 했는지, 얼마나 바쁜지, 야근을 한 직원이 누구인지에 대해서는 관심이 없습니다. 그들이 알고 싶은 것은 이 팀이 회사에 얼마나 도움이 되고 있고, 얼마나 중요한 역할을 하고 있는지입니다. 따라서 회사 임원들의 눈높이에 맞게 세부적인 내용은 과감하게 줄이고, 그들이 관심 있어 할 만한 내용으로 보고를 진행해야 합니다.

특히 수많은 보고를 받는 임원들의 입장에서 보면 매주 각 팀별로 올라오는 주간 업무 보고를 하나하나 읽어보기 어렵습니다. 그런데 올라오는 보고서에 복잡하고 세부적인 내용까지 적혀 있다면 더욱 관심을 얻지 못할 것입니다. 따라서 임원들에게 보고를 하는 입장이라면 최대한 간단하게 중요한 내용만을 강조해서 보고하는 것이 중요합니다. 그 보고를 받은 회사의 임원들이 '이 팀은 우리 회사에 꼭 필요한 일을 하고 있군'이라고 생각한다면 성공한 것이겠지요.

팀을 책임져야 하는 상사가 되었다면 가급적 우리 팀을 회사에 제대로 알리는 것이 중요합니다. 이번에 어떤 프로젝트를 성공적으로 완수했다고 한다면, 상사는 그 내용을 회사의 모든 직원들에게 알리는 데 앞장서야 합니다. 메일로 전사 직원들에게 해당 프로젝트의 간단한 소개와 이 프로젝트에 참여한 팀원들, 그리고 프로젝트를 성공시킨 팀원들의 노력과 이 프로젝트가 우리 회사에 어떤 의미가 있는지 등에 대해서 알리는 것입니다. 또한 이 프로젝트의 성공을 위해 애써준 다른 팀 직원들에게도 고마움을 전해야 하고, 뒤에서 지원해준 자신의 상사나 임원들에게도 고마움을 전하는 내용을 넣어야 합니다. 이렇게 프로젝트의 성공을 전사 직원들에게 알리는 첫 번째 목적은 우리 팀의 성공을 회사 전체에 알리는 것이고, 두 번째 목적은 우리 팀 팀원들을 회사에 알리는 것입니다. 어느 정도 규모 이상의 회사라면 사실 같이 일하는 경우가 아니라면 우리 팀 팀원을 다른 팀에서 알기가 어렵습니다. 특히 임원들의 경우 더욱 잘 모르는 경우가 대부분입니다. 따라서 이렇게 기회가 있을 때마다 알릴 수 있는 팀원이 있다면 상사로서 그들을 회사 전체에 알리는 것이 중요합니다. 이렇게 팀원들을 알리게 되면 나중에 승진 기회가 있을 때 이를 승인하는 임원들 입장에서는 한 번이라도 이름을 들어본 직원에게 더 높은 점수를 줄 가능성이 크기 때문입니다.

회사에서 누가 얼마나 일을 많이 했고, 얼마나 열심히 했는가를 제대로 측정하기란 생각처럼 쉽지 않습니다. '포장은 중요하지 않아. 내용물이 좋으면 되는 거지'라고 생각할지 모르지만 사람들은 대부분 포장을 뜯어보고 물건을 사는 게 아니고 포장만을 보고 물건을 고릅니다. 마찬가지로 '남들이 알아주는 게 뭐가 중요해? 나만 열심히 하면 되지'라는 생각에도 함정이 있습니다. 남들 모르게 나 혼자 열심히 한 일은 결국 남들은 모르게 되더라는 것입니다. 따라서 내가 열심히 일한 만큼 그 성과를 알리는 것 역시 중요하다는 걸 기억하시기 바랍니다. 그리고 내가 팀을 책임지는 상사가 되었다면 보고의 중요성은 더욱 커진다는 것을 명심하십시오.

이제부터는 회사가 알아주기만을 기다리지 말고 내가 먼저 나를 회사에 알리겠다는 생각을 가지고 적극적으로 나서보십시오. 회사가 나를 알아주지 않는다는 억울한 마음은 생기지 않을 것이고, 분명 같은 업무 성과에 대해서도 지금까지와는 다른 평가 결과를 얻을 수 있게 될 것입니다.

내 마음속 메모장

- 회사는 보이지 않는 곳에서 묵묵히 일한 직원의 성과를 잘 알지 못한다. 따라서 '내가 일한 걸 당연히 알아주겠지'라는 생각은 착각인 경우가 많다.

- 회사가 직원들이 어디서 얼마나 일을 하고 있고 그게 얼마나 중요한 일인지 알아보기 위해 만든 것이 보고라는 절차이다. 보고는 상사와의 소통이다. 보고는 귀찮고 번거로운 절차라는 생각을 버려야 한다.

- 내가 하는 일을 회사에 제대로 알리고 인정받기 위해서는 보고라는 절차를 효과적으로 활용할 줄 알아야 한다. 같은 일을 해도 어떻게 보고하느냐에 따라 평가가 달라지기 때문이다

- 직원이 하는 보고와 팀장이 하는 보고는 달라야 한다. 팀장은 우리 팀이 하는 일이 회사가 가고자 하는 방향과 얼마나 일치하고 회사에 얼마나 도움이 되는지를 모든 임원들이 쉽게 이해할 수 있게 해야 한다.

- 상사는 우리 팀이 담당한 프로젝트가 성공한 경우 회사 직원 모두에게 알리고 우리 팀을 자랑해야 한다. 이 기회를 활용해서 우리 팀 직원들을 임원들에게 알릴 수도 있다.

- 우리가 물건을 살 때 포장만을 보고 구매를 결정하듯 회사도 보고서를 보고 직원이 얼마나 열심히 일했는가를 판단하는 경우가 대부분이다. 일만 열심히 하면 된다는 생각보다는 내가 한 일을 제대로 알리는 것도 중요하다는 것을 잊지 말자.

- 회사가 알아주지 않는다고 억울해하지 말고, 내가 먼저 나서서 내가 한 일을 제대로 알려보자.

6
어차피 안 고쳐진다

    오랜 시간 팀원으로서의 생활을 마무리하고 능력을 인정받아 상사라는 자리에 올라가게 되면 대체로 굳은 각오를 하게 됩니다. '팀장이 되었으니 이제부터 그동안 생각해왔던 멋진 팀을 제대로 한번 만들어보자. 상사로서도 모범이 되고, 팀원들을 잘 가르쳐야지!' 상사가 되었으니 의욕이 넘칩니다. 팀의 모든 문제를 해결하고 싶고, 더 강한 팀을 만들기 위해 팀원들의 부족한 점도 다 고쳐주고 싶습니다. 그래서 팀원들과 일대일 면담도 진행하고, 각자에게 개선이 필요한 부분을 알려주고, 어떻게 개선할지에 대한 계획도 세웠습니다. 물론 각자 부족한 점을 개선하려면 추가적인 노력과 시간이 필요하겠지만, 결국 팀원들에게도 도움이 되는 일이니 잘한 일이라고 생각했습니다.

    그런데 상사가 되었다고 해서 팀원들의 부족한 부분을 다 개선할 수 있을까요? 그리고 그렇게 상사의 입장에서 바라본 팀원들의 부족한 부분을 개선하려고 하는 게 맞는 일일까요?

처음 팀장이라는 직책을 맡고 저는 제가 가지고 있는 장점을 팀원들에게 잘 가르치고, 팀원들의 단점을 개선시켜서 우리 팀을 최고의 팀으로 만들어야겠다 생각했습니다. 그래서 첫 번째로 했던 것이 출근 시간 변경이었습니다. 이십 년도 더 지난 일이기도 하지만, 그땐 팀장의 권한이 더 대단했던 것 같습니다. 아무리 팀장이라고 해도 요즘 같으면 정해진 출근 시간을 앞당긴다는 건 쉽지 않은 일일 텐데, 그땐 그게 가능했습니다. 저는 원래 9시였던 출근 시간을 앞당겨 7시에 출근을 시키고, 모여서 2시간 동안 자격증 공부를 하자고 했습니다. 당시에 팀원들에게 필요한 자격증이 있었는데, 시험 합격을 위해서 아침 시간을 활용하기로 한 것입니다. 한 달이라는 한시적인 기간이긴 했지만, 팀원들은 매일 아침 7시까지 출근해 2시간 동안 공부하는 것을 무척 힘들어했습니다. 그런데도 팀장인 저는 매일 팀원들의 출근 시간을 체크하고, 공부를 독려했습니다. 그땐 그게 팀장의 역할이라고 생각했던 것 같습니다. 이게 맞는 방식이었을까요?

팀장인 저에 비해 너무나도 착하고 순했던 저희 팀원들이 반발을 하지 않았기에 망정이지, 지금 생각해보면 전혀 프로페셔널한 방법이 아니었던 것 같습니다. 이렇게 반강제적인 방식은 전혀 효율적이지 않을 뿐 아니라 지속 가능한 방법도 아니라는 걸 시간이 흐른 뒤에야 깨닫게 되었습니다.

그 이후에도 저는 고객 앞에서 발표를 할 때마다 늘 힘들어하던 직원을 위한답시고, 매주 그 직원에게 제 앞에서 발표를 시키고, 발표에 대한 피드백을 주는 시간을 가졌습니다. 나중에 그 직원은 본인 역시 최선의 노력을 다하고 있지만, 제 눈높이를 맞추지 못해 너무 힘들다고 고백했습니다. 결국 그 직원의 발표 스타일은 제가 원하는 수준으로 개선되지 못하고 트레이닝은 끝났습니다. 이와 같은 기술적인 분야뿐 아니라, 업무 스타일에서도 개선이 필요하다고 느껴지는 팀원들을 보면, 저는 가급적 가시적인 성과가 나올 때까지 꽤나 그 직원들을 힘들게 했던 것 같습니다.

시간이 흐른 뒤에 저는 두 가지 사실을 알게 되었습니다.

첫 번째는 아무리 노력해도 제가 원하는 대로 고쳐지지 않더라는 것이었습니다. 당시에는 제가 강하게 밀어붙여서 개선되었다고 생각했던 부분들도 시간이 지나면 다시 원래 상태로 돌아가고, 직원들에게는 나쁜 상사의 이미지만 남게 된다는 것을 알았습니다. 다시 생각해보니 우리 집에 있는 내 자식도 부모인 내가 그들의 습관을 고쳐주기가 어려운데, 이미 성인인 직원들을 바꾸려고 했다는 것 자체가 무리한 시도였구나 하는 생각이 들었습니다. 부모가 자식에게 지나치게 간섭하면 자식도 부모에 대한 반감이 생기고 피하려고 하는데, 아무리 좋은 의도라고는 하지만, 자식도 아닌 남에게 그렇게 간섭하는 건 잘못된 행동이었구나 하는 걸 느끼게 되었습니다. 그런 상사의 행동은 직원들의 부족한 점을 개선하기보다는 그들에게 스트레스를 주고, 상사에 대한 반감만 일으킬 수 있다는 걸 시간이 흐른 뒤에야 알게 된 것입니다. 직원에게 무언가 부족한 부분이 보일 때는 전체를 다 개선하려고 하지 말고, 당장의 업무에 꼭 필요한 부분만 개선하려고 해보시기 바랍니다. 예를 들어 발표가 부족한 직원을 발표의 달인으로 만들겠다는 목표를 세우기보다는, 일단 발표 자료를 좀 더 쉽게 만드는 것만이라도 해보자는 목표를 주는 것입니다. 이렇게 개선해야 할 부분을 축소하게 되면 대상 팀원도 부담이 줄고 가시적인 성과도 빠르게 나올 수 있기 때문입니다. 제 경험을 보아도 이 방법이 가장 효과적이었던 것 같습니다.

두 번째는 상사인 저의 눈에 부족해 보였던 그 팀원들이 사실 알고 보니 정말 장점이 많은 사람들이었다는 것입니다. 그동안 제가 너무 그들의 부족한 면만을 보았다는 걸 깨달았습니다. 한번 부족한 면이 보이니, 이상하게도 계속 그들의 부족한 점들만 보였던 것 같습니다. 그들의 단점을 보고 스트레스를 줄 게 아니고, 그들의 다양한 장점을 찾아내려고 노력하지 않은 제가 잘못되었다는 걸 나중에야 알게 되었습니다. 상사인 저의 눈은 그동안 그들의 장점을 보려고 하지 않았고 항상 단점만을 찾으려고 했던 것입니다. 그래서 그들이 늘 부족해 보였고, 늘 그들에게 개선만을 요구했던 것입니다. 그동안 제가 팀원들을 잘못된 눈으로만 바라보고 있었다는 사실을 알게 된 건 우연한 계기 덕분이었습니다.

팀원들과 외부로 나가 워크숍을 진행하기로 하고 워크숍 주제를 선정하는 단계에서 저는 워크숍의 발표 주제로 '나만 알고 있는 비밀'을 잡았습니다. 즉 업무와 상관이 없어도 되니 무조건 '나만 알고 있는 것'을 주제로 20분씩 모든 팀원이 발표를 하도록 한 것입니다. 처음 이 주제를 받고 팀원들은 모두 난감해했습니다. 보통 워크숍이라고 하면 업무에 대한 주제로 토론을 하거나 관련 기술을 서로 공유하는 자리이고, 발표도 시간 관계상 팀장이 주로 하는 방식이었습니다. 한데 일단 주제가 너무 막막했고, 또 팀원들 모두가 발표를 해야 한다는 것에 부담을 느끼는 것 같았습니다. 하지만 예외 없이 모두 발표를 해야 한다는 규정을 계속 강조한 덕분에 모든 팀원들이 자신만이 알고 있는 비밀에 대해 발표를 준비해왔습니다. 어떤 직원은 '바가지 쓰지 않고 핸드폰 구매하는 법', 어떤 직원은 '산에 올라가 심마니처럼 약초 캐는 법', 또 어떤 직원은 '퇴직해도 빈곤층으로 살지 않는 법' 같은 다양한 주제로 발표를 했습니다. 평소에는 생각지도 못했던, 자신만이 알고 있는 주제를 가지고 발표를 하는 직원들을 보며 '정말 관심과 열정을 갖게 되면 저런 눈빛을 보여주는구나', '이들은 내가 생각했던 것보다 정말 다양한 장점을 가졌구나'라는 걸 느끼게 되었습니다. 어떤 직원은 직접 캠핑 장비를 가지고 와 캠핑하는 법에 대해서 발표를 했고, 또 어떤 직원은 '길거리 토스트와 똑같은 맛을 내는 토스트 만드는 법'을 발표하고 팀원들 모두에게 자신이 만든 토스트를 나눠주기도 했습니다. 정해진 시간을 훌쩍 넘길 때까지 모든 팀원들이 열정적으로 자신의 주제를 발표하고 서로 질문을 주고받는 모습을 보면서, 팀원들의 다양한 장점을 제대로 바라보지 못했던 저의 모습을 반성했습니다. 상사인 내가 그들에게 제대로 열정을 부여해줄 수만 있다면, 앞으로도 계속 오늘 같은 모습을 볼 수 있을 거라는 자신감도 생겼습니다.

팀장으로서 연차가 쌓이고 많은 팀원들과 생활해보면서 느낀 점이 있다면, 팀장은 팀원을 있는 그대로의 모습으로 받아들일 수 있어야 한다는 것이었습니다. 그들의 있는 그대로의 모습을 보고, 그 모습 중에서 그들의 장점을 찾아 그 부분을 칭찬해주고, 활용할 수 있도록 해줘야 한다는 것이었습니다. 그리고 개선이 필요한 부분이 있다면 딱 필요한 부분에 대해서만큼만 보강할 수 있도록 해줘야 한다는 것이었습니다. 뜀뛰기에 소질이 있는 토끼에게 하늘을 날아야 한다고 스트레스를 주면 안 되겠지요. 계속 뜀뛰기에 집중할 수 있도록 해주고, 뜀뛰기를 하는 데 개선이 필요한 부분이 있다면 보강하도록 해줘야 한다는 것을 알게 되었습니다.

하지만 당시에는 제가 직급이 높다는 이유만으로, 제가 원하는 스타일이 아니라는 이유만으로 그들의 스타일을 바꾸도록 강요하고, 장점보다는 부족한 점만을 보려고 했습니다. 시간이 지나고 난 후 이제 와서야 그때 내가 참 부족했구나 하고 후회를 합니다.

만약 여러분이 누군가의 상사이고, 팀원들을 책임지는 팀장 역할을 하게 되었다면, 그리고 여러분의 눈에 팀원들의 단점이 보이기 시작한다면, 눈을 감아보십시오. 그리고 잠시 후 다시 눈을 떠 이번에는 그들이 가지고 있는 다양한 장점을 먼저 찾아보십시오. 분명 여러분의 팀원들에게는 다양한 장점이 있을 것입니다. 그리고 그것을 찾을 때까지 그들의 단점을 보는 눈은 잠시 감아주시기 바랍니다. 나중에 그들의 장점을 찾아냈다면, 상사로서 그들이 각자의 장점을 활용할 수 있는 업무를 맡겨보시기 바랍니다. 분명 여러분의 팀원들은 지금보다 훨씬 더 큰 열정으로 훨씬 더 성공적인 결과를 가져올 것입니다.

이 모든 것은 상사인 여러분의 눈으로부터 시작된다는 사실을 기억하시기 바랍니다.

- 상사로서 직원들의 부족한 점을 고쳐주고 싶은 마음이 생기더라도 직급으로 밀어붙이는 행동은 도움이 되지 않는다.
- 고치고 싶은 것이 있다면 정말 꼭 고치고 싶은 부분을 빠른 시간 내에 개선할 수 있게 도와주자. 어차피 고쳐지지 않는다는 생각을 해야 한다.
- 알고 보면 모든 직원들은 나와 다른 장점을 가지고 있다. 나의 관점으로 직원들의 단점만을 찾지 말고 그들의 다양한 장점을 먼저 보려고 노력하자. 단점을 보려고 하면 단점만 보이고, 장점을 보려고 하면 장점만 보이게 되어 있다.
- 성공하는 팀을 만드는 것은 상사의 눈에서 시작된다. 직원들의 장점을 보려는 눈을 가진 상사는 결국 그들의 장점을 찾아내서 직원들과 함께 성공할 것이다.

7

이별을 대하는 올바른 자세

직장생활 경력이 30년이 넘었지만 아직도 적응이 안 되는 것이 있습니다. 그것은 바로 회사를 떠나겠다고 찾아오는 팀원을 대하는 일입니다. 물론 그 직원이 우리 팀이 아니고 다른 부서에 속한 직원이라면 동료로서 그 직원의 새로운 도전을 응원해주고, 도움이 될 만한 이야기를 해주며 훈훈하게 이야기를 할 수도 있을 것 같습니다. 하지만 그 직원이 우리 팀의 핵심 인재라면, 그리고 내가 그 팀을 책임지고 있는 상사의 입장이라면 어떨까요?

물론 사람마다 생각이 다를 수 있겠지만, 저는 그 직원이 아무리 그 팀에 꼭 필요한 직원이라고 하더라도 회사의 미래보다 그 직원의 미래가 더 중요하다고 생각하기 때문에 결정을 막을 수는 없다고 생각합니다. 그 직원은 퇴사 결정을 할 때 자신의 인생이 걸려 있는 결정이기 때문에 정말 많이 고민했을 것이고, 또 주위에 자신이 믿을 만한 사람들의 조언도 충분히 들었을 것입니다. 지금의 익숙함을 벗고, 새로운 곳으로 이직을 선택한 이유는 물론 그 직원만이 알겠지만 분명 이직하는 것이 충분히 더 큰 장점이 있다는 판단을 내렸을 것입니다. 그리고 상사인 저에게 이야기를 꺼내기 전까지 수많은 생각과 고민을 했을 것입니다. 한번 이야기를 꺼낸 이상 되돌릴 수도 없기 때문입니다. 이렇게 어렵게 내린 그의 결정을 단지 상사라는 이유만으로, 단지 그가 우리 회사에 꼭 필요하다는 이유만으로 막아설 수 있을까요? 물론 상사로서 그 직원에게 왜 그런 결정을 내리게 되었는지, 지금 회사에서 부족하다고 생각하는 게 무엇인지, 그리고 만약 지금 회사가 그 직원이 부족하다고 생각하는 부분을 해결해주겠다고 한다면 이직에 대한 결정을 바꿀 생각이 있는지를 물어볼 수는 있을 것입니다. 하지만 그럼에도 불구하고 그 직원이 이직하겠다는 결심을 되돌리지 않는다면 그래도 끝까지 그 직원을 막아서는 게 맞을까요?

그런 생각 때문에 그동안 저는 이직을 결정한 직원들에게 가능하다면 다시 한번 생각을 해보라고 권하긴 했지만, 그들의 인생에 책임을 지는 것은 역시 그들 자신이라고 생각하기 때문에 그들의 결정을 존중하고, 무리하게 퇴사를 막아야겠다는 생각을 하지 않았습니다. 이렇게 팀원의 결정을 말리지 말아야겠다고 생각한 이유 중 하나는 저의 경험 때문이기도 했습니다.

이제 막 회사의 업무에 적응을 마치고 점점 일에 익숙해지기 시작한 사원 3년 차 시절, 저는 심각하게 이직을 생각하고 당시 부서장이 었던 과장님에게 면담을 신청했습니다. 그리고 그 자리에서 퇴사하고 싶다는 의사를 전했습니다. 평소 저를 친동생처럼 챙겨주시던 인자했던 과장님의 표정이 험악해지기 시작했고, 아침에 시작했던 대화는 저녁 시간까지 이어졌습니다. 과장님은 절대로 저를 놓아줄 수 없다는 이야기까지 하시며 강하게 막아섰고, 당시에 사회 경험도 별로 없고, 이직에 대한 확신도 크지 않았던 저는 과장님의 단호하고 끈질긴 반대에 막혀 결국 이직을 포기하고 말았습니다. 물론 그때 과장님의 반대가 저의 인생에 어떤 영향을 주었는지는 알 수 없습니다. 과장님의 말대로 이직을 하지 않아서 오히려 더 성공적인 삶을 살았을 수도 있습니다. 하지만 이상하게도 무언가 일이 제대로 풀리지 않거나 직장생활에서 힘든 고비를 만날 때마다 '그때 다른 선택을 했더라면'이라는 생각이 들곤 합니다. 이런 저의 경험 때문에 직원이 이직 결정을 내렸을 때 가급적 그 직원을 존중하려고 하는 것 같습니다.

하지만 회사를 대표하는 팀의 리더 입장에서 보면 저의 이런 판단이 틀릴 수도 있겠다는 생각이 들게 한 사건이 있었습니다. 어느 날, 팀원 중 늘 성실하고 긍정적이면서도 업무에 뛰어난 성과를 보이던 직원이 면담을 신청했습니다. 팀원들로부터 면담 신청을 받게 되면 뭔가 서늘한 느낌이 들 때가 있습니다. 왜 갑자기 팀원이 팀장에게 면담을 신청할까요? 대부분은 이직 이야기를 하기 위해서입니다. 그날도 어김없이 제 슬픈 예감은 적중했고, 그 직원은 많은 고민 끝에 새로운 도전을 위해 이직을 결심했다는 이야기를 저에게 꺼내놓았습니다. 워낙 일도 잘하고 다양한 방면에서 좋은 평가를 받고 있던 직원이어서 팀장 입장에서는 그 직원의 이직을 만류하고 싶었던 것이 사실입니다. 당장 그 직원을 대체할 만한 인력을 구하기도 어렵겠지만 그에게 걸었던 기대도 높았기 때문에 더욱 말리고 싶었습니다. 하지만 저의 '오는 사람 안 막고, 가는 사람 안 잡는다'라는 평소 지론 때문에 말릴 수는 없었습니다. 그래서 결국 그 직원에게 결정을 응원한다는 말과 함께 이직을 승인해줬습니다.

문제는 그다음에 일어났습니다. 그 직원의 이직 소식을 듣게 된 저의 상사가 저에게 연락을 해 "왜 그 직원의 이직을 막지 않았냐? 그 직원이 회사에 얼마나 중요한 사람인 줄 모르냐? 팀장이 그렇게 회사 인력을 쉽게 다른 데로 빼앗기면 어떻게 하느냐"라며 역정을 내셨습니다. 하지만 저는 평소 저의 지론대로 "그 친구도 본인의 인생을 걸고 중대한 결정을 내린 건데, 아무리 회사 입장에서 필요한 인력이라고 하더라도, 결정을 존중해줘야 하지 않겠습니까"라며 상사를 설득했습니다. 이 말을 들은 저의 상사는 제가 회사를 대표해서 인력을 관리해야 하는 팀장의 입장에서 판단을 하지 않고, 그저 한 개인으로서의 생각을 회사 일을 하는 데 판단 기준으로 적용한 것이 아니냐는 이야기를 하셨습니다.

그 이야기를 듣는 순간, 지금까지 맞다고 생각했던 이직에 대한 저의 생각이 어쩌면 팀의 리더로서는 올바르지 않은 판단이었을 수도 있겠다는 생각이 들었습니다. 회사를 대표하는 팀의 리더 입장에서 본다면 회사의 중요한 인력을 그렇게 쉽게 잃는다는 것은 회사로서는 손실이 분명하고, 이를 막아야 하는 것이 팀장의 역할이라는 생각이 들었습니다. 핵심 인력을 잃고 새로운 인력을 보충해서 이전과 같은 역량을 갖추는 데는 많은 시간이 소요되기 때문에 회사 입장에서 보면 당연히 인력을 지켜야 한다는 생각이 들었습니다. 지금까지의 제 생각은 지극히 개인적인 입장에서 한 생각으로 느껴졌습니다. 결국 저는 그 직원의 이직을 끈질기게 말렸고, 그 직원은 마음을 접고 회사에 남기로 했습니다. 그리고 지금도 그 직원은 회사에 남아 중요한 업무를 수행하며 회사에서 인정을 받고 있습니다. 물론 그 직원 역시 예전의 저처럼 그때의 결정에 대해서 한번씩 돌아보고 있는지는 모르겠지만 말입니다.

　　그 일이 있고 나서부터 직원들이 이직에 대한 이야기를 꺼낼 때마다 저는 제 개인의 신념과 팀의 리더로서의 책임 사이에서 늘 혼란스럽기만 합니다. 지금도 저는 그들의 결정을 존중해주는 것이 맞다고 생각합니다. 수많은 날을 고민해서 내린 그들의 결정을 단지 상사라는 이유만으로 막아서고 반대한다는 것은 바람직하지 않다고 생각하기 때문입니다. 하지만 회사로부터 월급을 받고 리더라는 직책을 가진 상사의 입장에서 보자면 그들은 모두 회사에 꼭 필요한 핵심 인력들입니다. 따라서 그들의 이직이 회사 입장에서는 큰 손해라고 볼 수 있습니다. 그리고 리더로서 이런 손해가 일어나지 않도록 하는 것이 의무라고 생각합니다. 리더로서의 의무를 먼저 생각해야 하는지, 한 개인으로서 소신을 앞세워야 하는지 늘 고민스럽기만 합니다.

제 경험으로 보면 한번 떠날 마음이 생긴 직원은 지금 당장 그 직원의 마음을 돌린다고 해도 결국 나중에는 대부분 다시 떠날 결정을 하곤 합니다. 그래서 내린 결론이 있습니다. 이직을 하겠다고 찾아오는 직원이 있으면 회사를 대표하는 리더의 입장에서 그 직원이 퇴사에 대해 충분히 고민했는지 면담을 통해서 확인하고, 회사를 떠나지 않고도 그 직원이 원하는 기회를 제공할 수 있다면 회사에 남아달라고 제안을 해보고, 그럼에도 불구하고 그 직원의 이직 결심을 되돌릴 수 없다면 그 직원의 결정을 존중해주는 것. 그게 바로 제가 내린 결론이었습니다. 하지만 이런 결론을 현실에서 적용하기란 생각보다 쉽지 않았습니다. 회사에서는 리더에게 무조건 이직을 막도록 요구하고 있었고, 상사의 평가 항목에 직원의 이직률을 포함시킴으로써 이직을 많이 하는 팀의 리더는 능력이 부족하다고 평가하기 때문이었습니다.

회사의 그런 평가도 마냥 틀린 건 아닐 것입니다. 그러나 정말 직원의 이직을 막고 싶다면 직원이 이직을 생각하기 전에 회사에서 충분히 성장 기회를 얻을 수 있게 하고, 성취감을 느낄 수 있게 하고, 성과에 대한 보상을 해줘야 한다는 생각이 들었습니다. 이미 여러 가지 이유로 결국 최종적으로 이직을 결정한 직원에게 이제서야 보상을 제시하고, 퇴사를 말리는 것이 무슨 의미가 있을까 하는 생각이 들었습니다. 제대로 된 리더라면, 직원들이 이직 제안을 받더라도 그들이 지금 몸담고 있는 회사에 이미 만족한 상태여서 그 제안을 거절할 수 있게끔 미리 환경을 조성해줘야 한다고 생각합니다.

　　남녀 사이의 이별도 하루아침에 결정되는 게 아니라 그들이 만나온 수많은 날 동안 쌓였던 다양한 이유가 결국 이별이라는 결과를 만들어내는 것입니다. 이직을 결심한 직원도 하루아침에 그런 결정을 내리지는 않았을 겁니다. 그동안 회사에서 느꼈던 여러 가지 아쉽고 부족한 점 때문에 결국 그런 선택을 하게 되었을 겁니다. 따라서 리더는 평소 직원들과의 적극적인 소통을 통해 그들이 부족하다고 느끼는 것, 그들에게 필요한 것을 알아내야 합니다. 또한 그들이 회사 내에서 성장할 기회를 찾고 만족할 수 있게 해줘야 합니다. 평소에는 그들에게 무엇이 필요한지 아무 관심도 없다가 막상 떠나겠다고 찾아오니까 그때서야 죽기 살기로 막아서는 것은 결코 제대로 된 리더의 모습은 아니라고 생각합니다.

　　여러분이 리더이고 이직을 결정한 직원이 여러분을 찾아온다면 당장 그 직원 하나를 잡는 데만 집중하지 마십시오. 앞으로 더 많은 직원들이 그런 생각을 하고 여러분을 찾아올 수 있다는 생각으로, 직원들과 소통하려는 노력을 시작해보시기 바랍니다. 평소 그러한 노력을 기울이면 분명 직원들은 회사를 떠날 마음을 먹지 않을 것입니다. 제가 리더이던 시절 겪었던 혼돈과 실패의 경험을 여러분들은 하지 않으셨으면 하는 바람입니다.

내 마음속 메모장

- 팀원의 이직 선언에 대응할 때 회사의 일원이자 팀장으로서의 입장과 개인으로서의 입장에 차이가 있을 수 있다.

- 개인적으로는 직원이 이직을 선택하기까지 한 고민을 이해하고 그의 새 출발을 응원한다고 하더라도, 회사의 입장에서는 주요 인력을 잃는 것이기 때문에 팀장으로서 그들의 이직을 막아야 한다.

- 한번 회사를 떠날 마음을 먹은 직원은 당장은 결정을 보류한다고 하더라도 시간이 지나면 결국 이직을 실행하는 경우가 대부분이다.

- 회사를 떠나기로 한 직원을 붙잡으려고 애쓰기보다는 그들이 떠날 마음을 먹기 전에 정기적으로 소통하고, 성장할 수 있는 기회를 제공하고, 부족한 부분이 없도록 해주어야 한다. 그럼으로써 그들이 회사를 떠나고 싶지 않게 하는 것이 중요하다.

8
가스라이팅을 통한 마음 관리

요즘 뉴스를 보면 여기저기서 '가스라이팅(gaslighting)'이라는 말이 자주 등장합니다. 영국의 한 연극 제목에서 유래되었다는 가스라이팅은 다른 사람의 심리를 자신이 원하는 대로 조종하는 행동이라고 볼 수 있습니다. 여기서는 '가스라이팅'을 그런 의미로서가 아닌, 상대의 마음을 어떻게 관리하는 게 좋을까 하는 부분에 초점을 맞추어 이야기를 해보려고 합니다.

가끔 영화에서도 본 기억이 있는 스파르타는 고대 그리스의 강력한 군사국가로 잘 알려져 있습니다. 스파르타의 전사들은 강력하고 용맹했으며, 무엇보다도 일치된 행동과 팀워크로 잘 알려져 있습니다. 그 비결은 바로 어릴 때부터 받는 엄격한 정신 교육이었다고 합니다. 스파르타 소년들이 일곱 살 때부터 받기 시작했다는 군사 훈련에는 신체 강화뿐 아니라 정신력 강화 역시 강조되었다고 합니다. 이런 훈련 덕분에 고작 300명의 스파르타 군인들이 수만 명의 페르시아 군대를 격파할 수 있었던 것입니다. 이처럼 강인한 정신력은 전투에서뿐 아니라 회사 생활에도 필요한 경우가 많습니다. 회사가 정한 목표를 달성하기 위한 자신감과 애사심을 심어주는 데 정신력이 필요하기 때문일 것입니다.

지금은 신입사원 교육이 어떻게 진행되는지 잘 모르겠지만 제가 처음 회사 생활을 시작하던 90년대 초만 해도 대기업들의 신입사원 교육 프로그램에는 이런 정신 교육에 대한 부분이 많이 들어 있었던 것으로 기억합니다. 저 역시 몇 주간 진행되었던 신입사원 교육을 마치고 나니 회사에 대한 애정이 100배쯤은 더 커진 듯한 느낌을 받았고, 이 회사에 내 모든 열정을 바치리라는 진지한 맹세까지 했던 기억이 납니다.

글로벌 회사도 비슷합니다. 제가 몸담았던 회사의 경우 매년 전 세계 모든 세일즈 인력을 한곳에 모아 CEO가 직접 주관하는 세일즈 행사를 며칠간 진행합니다. 한번에 모이는 인원만 해도 2만 명이 넘다 보니 미국에서도 큰 회의장이 있는 라스베이거스에서 주로 행사를 진행하게 되는데, 행사 첫날 라스베이거스에서 2만여 명의 직원들이 한곳에 모여 CEO의 강연을 들을 때면 정말 남다른 기분이 들곤 했습니다. 내가 이 회사의 일원이라는 자긍심이 일면서 회사를 위해 뭐든지 할 수 있을 것 같은 자신감이 샘솟는 걸 느끼게 됩니다. 그게 바로 회사가 막대한 돈을 써가며 직원들을 한곳으로 불러 모으고 대형 행사를 개최하는 이유가 될 것입니다.

팀을 책임지는 상사의 입장에서 팀원들의 마음 상태를 관리할 필요가 있다고 느낄 때가 종종 있습니다. 하루하루 쌓여만 가는 매일의 업무들과 정해진 기간 내에 끝내야 하는 많은 일들, 여기에 회사로부터 내려오는 예기치 못한 다양한 과제들을 해결하기 위해 직원들은 늘 긴장하고 스트레스를 받을 수밖에 없습니다. 사실 회사는 월급을 받고 일을 하는 곳이니 시키는 일을 안 할 수는 없습니다. 하지만 직원들의 열의가 떨어지게 된다면 팀의 성과 역시 떨어질 수밖에 없고, 팀의 성과가 낮아질 경우 이에 대한 후속 조치가 다양한 형태로 일어나는 곳이기 때문에 상사 입장에서는 끊임없이 팀원들의 열정을 북돋아 줘야 합니다. 특히 핵심 인력의 경우는 현재 업무에 만족하지 못할 경우 이직할 수도 있기 때문에 상사는 늘 팀원들이 현재 업무에 만족하고 최고의 성과를 만들어낼 수 있도록 유도해야 합니다. 그리고 당연히 이를 위해 연봉 인상이나 승진과 같은 눈에 보이는 보상을 해주는 게 제일 좋습니다.

연봉 인상 시에도 그냥 연봉 인상 결과만을 대상 팀원에게 통보해주는 게 아니고 상황을 좀 더 극적으로 만들어줄 필요가 있습니다. 회사가 현재 상황이 좋지 않아 연봉 인상 대상자를 축소했고, 처음에는 네가 연봉 인상 대상자에 포함이 되지 않았지만, 앞으로 회사에 꼭 필요한 인재라는 것을 내가 임원들에게 설득했고, 회사가 이를 인정했기 때문에 특별히 이번에 대상자로 선정하게 되었다는 설명을 해주는 것입니다. 그리고 지금부터는 회사의 판단이 틀리지 않았다는 것을 알려주기 위해서라도 업무에서 최고의 결과를 한번 만들어보자는 말을 해주는 겁니다. 이 이야기를 들은 직원은 아무 설명 없이 그냥 연봉 인상이 결정되었다는 통보를 받았을 때보다 훨씬 더 큰 책임감을 느끼게 될 것입니다. 돈도 중요하지만 회사 임원들과 상사가 자신을 믿어주고 있다는 느낌을 주면 단순히 연봉이 올랐다는 기쁨을 넘어 그 직원에게 다시 한번 열정이 끓어오를 수 있게 해줄 것입니다. 상사로서 직원들에게 너무 공치사를 하는 것 역시 경계해야겠지만, 직원들을 개별적으로 면담하는 과정에서 그들의 마음을 잘 관리해주면 큰 효과를 만들어낼 수 있습니다. 특히 상사가 직원에게 신뢰감을 갖고 있다는 이야기는 자주 할수록 일종의 가스라이팅 효과가 있습니다. 웬만한 사람은 "내가 너를 믿는다"라는 말을 계속 듣게 되면 무의식적으로라도 그 믿음에 보답해야겠다는 생각을 하게 됩니다. 그리고 그런 말을 해준 상사를 믿고 따르게 될 확률이 높습니다. 물론 말로만 믿는다고 하고 행동에서는 그런 마음을 전혀 느낄 수 없다면 그건 거짓이 되겠지만, 상사가 팀원을 믿는 마음을 진심으로 보여준다면 분명 팀원들 역시 상사의 믿음에 답하기 위해 노력하게 될 것입니다.

팀원이 상사를 대할 때도 마찬가지입니다. 그저 시키는 일이나 잘해야겠다는 생각으로 상사를 대하거나 묻는 말에나 대답하겠다는 생각으로 행동하는 것은 좋지 않습니다. 가끔은 본인이 상사에게 어떤 점을 고맙게 생각하고 있고, 어떤 점을 배우고 있는가를 이야기하는 것이 좋습니다. 처음에는 괜한 아부처럼 들릴 수도 있지만, 이런 이야기를 계속 듣게 될 경우 상사는 '저 사람이 나에게 실제로 고마움을 느끼고 있고, 나를 믿고 있구나'라는 좋은 감정이 생길 수밖에 없습니다. 상사에 대한 감정이 100% 진심은 아니라도 상관없습니다. 그 말을 듣는 상사가 내 말을 어떻게 받아들이냐가 중요하기 때문입니다. 전하고자 하는 메시지가 있다면 가급적 일관적이고 주기적으로 전달했을 때 훨씬 더 효과가 있습니다.

대부분의 사람들은 자신에 대한 좋은 메시지는 웬만하면 그대로 믿으려고 하는 경향이 있다고 합니다. 자신에게 비판적인 메시지에 대해서는 강한 거부감을 보이지만, 자신에게 긍정적인 평가에 대해서는 설령 그 내용에 조금의 과장이 들어 있다고 하더라도 되도록 그대로 받아들이게 된다고 합니다. 특히 긍정적인 메시지를 일관되게 듣게 된다면 그걸 믿으려고 하는 경향이 더 커지게 된다고 합니다. 저 역시 남들이 하는 이야기 중 저에 대한 나쁜 이야기는 어떻게든 부정하려고 하면서도, 저에 대한 좋은 이야기는 거르지 않고 받아들이고 싶어 하는 것 같습니다. 따라서 직장생활에서도 가끔은 이와 같은 사람들의 마음을 잘 활용하면 좀 더 효과적인 관계를 만들어갈 수 있다고 생각합니다.

몇 년 전 론다 번이라는 작가는 『시크릿』이라는 책에서 현재의 결과는 과거의 내 생각으로부터 만들어진 것이라고 이야기했습니다, 그는 부와 성공의 비밀은, '가능하다고 생각하고 행동하면 결국은 이루어진다'라는 법칙에 있다고 했습니다. '된다고 생각하면 결국은 된다'라는 어찌 보면 무척 단순한 주제가 미국에서 시크릿 신드롬으로까지 이어진 것은 단순한 우연이 아닐 것입니다. 팀을 책임지는 상사로서 팀원들에게 성공에 대한 자신감을 심어주는 것은 상사가 해주어야 할 중요한 일입니다. 일상에 찌들고 업무에 지쳐 있던 직원들이 이런 상사의 노력을 통해 마음을 다잡고, 자신감을 회복하게 된다면 분명 팀의 성공을 이끄는 힘을 낼 수 있을 것이기 때문입니다.

    칭찬이든 믿음이든 자신감을 주는 말이든 진심을 담아서 그 마음이 느껴지도록 전달한다면, 상대 역시 그 말에 반응하게 될 것이고, 열정이 깨어날 수 있게 될 것입니다. 상대를 힘들게 하는 가스라이팅이 아니라 상대를 힘 나게 하고, 상대에게 열정을 만들어줄 가스라이팅을 할 수 있는 상사로서의 노력을 지금 시작해보시기 바랍니다.

내 마음속 메모장

- 같은 말이라도 상대의 마음을 움직일 수 있도록 메시지를 전하면 그 효과는 배가된다.

- 팀원들에게 상사가 자신들을 신뢰하고 있다는 것을 전달하는 것이 중요하다. 지속적인 노력으로 상사가 팀원들을 신뢰하고 있다는 것을 느끼게 하고, 이를 통해 책임감과 열정이 생기도록 한다.

- 상사의 마음을 관리하는 것 역시 중요하다. 아부 같지 않게 일관된 메시지('늘 고맙게 생각하고 많이 배우고 있다')를 전달함으로써 상사가 이를 거부감 없이 받아들이게 해야 한다.

- 가능하다고 생각하고 실행하면 이루어진다는 믿음을 팀원들이 가질 수 있도록 상사는 끊임없이 팀원들에게 긍정적인 메시지를 심어주어야 한다.

8
내 편 만들기 전략

회사 생활을 하면서 직급이 올라간다는 것은 꼭 좋은 것만은 아닌 것 같습니다. 물론 직급이 오르면 후배 사원도 생기고 월급도 올라가는 장점이 있습니다. 그러나 처리해야 하는 업무의 양도 더 많아지고 책임져야 하는 일들도 많아집니다. 그에 반해 나이가 들어감에 따라 체력은 더 떨어지고 기억력도 가물가물해지며, 새로운 일을 추진할 용기도 점점 떨어져갑니다.

나보다 훨씬 더 체력이 좋고, 나보다 훨씬 더 머리 회전도 빠르며, 나보다 훨씬 더 낮은 임금으로 일하는 후배 직원들이 있는데도 나이 많고 직급이 높다는 이유로 비싼 돈을 들여가며 회사가 나를 계속 고용하게 하려면 나에게 무언가 그들보다 뛰어난 능력이 있어야 합니다. 그것은 바로 후배 직원들에 비해 연차가 쌓인 고참으로서 주변에 나를 도와줄 수 있는 사람들이 훨씬 더 많다는 것이 아닐까 합니다. 제 경험상 거의 과장 때까지의 일이 나 혼자 해결할 수 있는 마지막 일이 아닌가 생각됩니다. 그보다 직급이 높아질 경우 주어지는 일은 나 혼자 할 수 있는 일이라기보다는 누군가에게 도움을 받아야 해결할 수 있는 일들이 대부분입니다.

따라서 경력이 쌓이게 되면 주변에 도와줄 사람이 많아야 합니다. 그리고 나를 도와줄 사람들은 순전히 내 스스로의 노력으로 만들어야 합니다. 그렇다고 그 사람들이 내가 해야 할 일을 모두 대신해준다는 의미는 아닙니다. 내가 아직 팀장이 아니라면 내가 누군가로 하여금 일을 하도록 할 일이 없기 때문입니다. 따라서 여기서 도움을 받는다는 것은 혼자 했다면 훨씬 더 많은 시간과 노력이 들었을 일을 주변 사람들의 협조를 통해서 보다 효율적으로 해결한다는 의미입니다.

예를 들어 신제품이 출시되어 이 제품에 대한 교육 자료를 만들어야 한다고 가정해보겠습니다. 신제품에 대한 기술적 정보들은 내가 홈페이지나 관련 자료를 가지고 공부해서 만든다고 하더라도, 이 제품이 목표로 하는 시장에 대한 정보를 구하는 것은 쉽지 않을 수 있습니다. 먼저 이 제품이 출시되었을 때 목표로 하는 시장 규모가 있을 것이고, 이 시장에서 현재 어떤 제품들이 얼마만큼 시장 점유율을 차지하고 있는지 등에 대한 정보는 기술을 담당하는 직원이 구하기 쉽지 않을 수 있습니다. 주로 이런 시장에 관한 자료는 마케팅 팀이나 기획 팀 등에서 다루기 때문입니다. 만약 내가 신입사원이라면 아마 이런 자료를 어디서 구해야 되는지를 몰라 인터넷을 뒤지거나 여기저기 알아보러 다니느라 시간과 노력을 쏟게 될 것입니다.

하지만 경력 사원이라면 이건 마케팅 팀의 누구에게 요청하면 되겠구나 하는 것을 단번에 알게 되고, 평소 친분이 있던 마케팅 팀 직원에게 부탁할 수 있게 됩니다. 사실 이런 부탁을 할 때에도 평소 그 사람과 얼마나 친분을 쌓아 놓았느냐에 따라 부탁의 방식이 달라질 수 있습니다. 예를 들어 그 직원과 별로 친분이 없다면 꽤나 복잡한 업무 절차가 필요할 수 있습니다. 즉, 왜 이런 자료가 필요한지, 그리고 이 자료를 어디에 쓸 것인지 등에 대한 협조 요청문을 만들어 상사에게 승인을 받고, 마케팅 팀 상사에게 전달한 후 마케팅 팀에서 공식적으로 주는 자료를 받을 때까지 기다려야 합니다. 또한 받은 자료가 부족해 추가 자료가 필요하거나 수정이 필요할 경우 따로 절차를 밟아야 하기 때문에 여간 번거롭고 시간이 많이 소요되는 게 아닙니다.

도움을 청할 직원과 평소 친분이 충분히 있다면, 굳이 그런 복잡한 절차를 밟지 않고도 필요한 자료를 전화 한 통, 메신저 한 번으로 충분히 얻어낼 수 있습니다. 정상적인 절차로 진행할 경우 3일 이상이 필요했던 일이 하루 안에 해결되는 것입니다. 내 사람이 있기 때문에 누릴 수 있는 이점이라고 할 수 있습니다.

꼭 회사 내에서의 업무뿐만이 아니더라도 내 편이 많으면 많을수록 직장생활을 하는 데는 유리한 면이 많아집니다. 고객 중에 내 편이 있다면 내가 고객사 프로젝트를 보다 손쉽게 처리하는 데 도움을 받을 수 있게 되고, 협력사 중에 내 편이 있다면 협력사와 같이 진행하는 프로젝트에서 효율적인 진행이 가능할 수 있을 것입니다. 만약 미디어나 시장 조사 기관 사람들 중에 내 편이 있다면 현재 시장 분위기나 경쟁사 분위기 등을 파악하는 데 도움을 받을 수 있을 것입니다. 또 높은 직급의 임원들 중에 내 편이 많이 생긴다면 아무래도 일하기에 편안한 환경이 조성될 수 있을 것입니다.

그렇다면 어떤 사람을 내 편으로 만들어야 하고, 어떻게 해야 내 편을 만들 수 있는지, 내 편인 사람들이 있다면 그들에게 어떤 도움을 받을 수 있는지 지금부터 한번 알아보겠습니다.

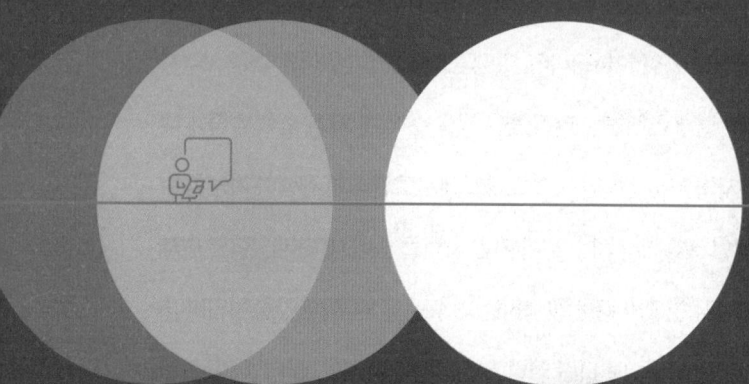

1
보이지 않는 손

　　회사에서 일을 하다 보면 주위의 도움을 받을 일이 많이 생깁니다. 물론 하나하나 다 내가 직접 알아보고, 내 힘으로 해결하면서 일을 할 수도 있습니다. 하지만 이렇게 일을 하면 효율성이 떨어집니다. 대부분의 일은 정해진 기한이라는 게 있는데 일을 혼자 진행하면 마감 시간을 맞추기가 어렵기 때문입니다. 따라서 나를 도와주는 다른 손들이 필요하고, 이런 손들이 많으면 많을수록, 그리고 다양하면 다양할수록 내가 낼 수 있는 효율은 더 높아질 수밖에 없는 것입니다. 주변에 업무 성과가 좋은 사람을 보더라도 한곳에 처박혀 나 홀로 독불장군처럼 일하는 사람은 많지 않습니다. 그들은 다양한 사람들을 만나고, 다양한 곳에서 정보를 수집하고, 늘 전화 통화를 하며 소통하는 모습을 보여줍니다. 그리고 일 잘하는 사람들 중 대부분은 다른 사람과의 관계도 좋습니다. 이렇게 많은 사람들과 좋은 관계를 유지할 수 있으니, 어떤 일이 생기든 주변에 도와줄 수 있는 사람이 많은 것입니다.

이와 같이 업무뿐만이 아니라 직장생활에서 생기는 각종 결과들에도 사실 보이지 않는 손들이 존재하는 경우가 많습니다. 예를 들어 내가 이미 진급할 시점이 지났는데도 진급이 안 되고 있다고 가정한다면, 여기에는 나의 진급을 막고 있는 보이지 않는 손이 있다고 생각할 수 있습니다. 그것은 나의 동료일 수도 있고, 나의 상사일 수도 있고, 예전 나의 상사였던 사람일 수도 있고, 나의 고객이나 협력사 직원일 수도 있습니다. 물론 이것은 내가 지금까지 해왔던 말이나 행동이 그들에게 어떤 영향을 주었던 것이고, 그 영향을 받은 보이지 않는 손들이 현재 나의 진급을 방해하고 있다고 볼 수 있습니다. 지금 당장 나의 진급에 결정권을 가지고 있는 사람은 나의 상사와 그 위의 상사이겠지만, 이 사람들 말고도 보이지 않는 손들이 나의 진급에 영향을 미치고 있는 것입니다. 따라서 단순하게 생각하면 나는 진급을 위해 내 상사와 그 윗사람에게만 잘 보이면 될 것 같지만, 사실 자세히 들여다보면 내 진급에는 그 사람 말고도 더 많은 사람들이 연관되어 있기 때문에 보이지 않는 이런 사람들과의 관계 역시 아주 중요하다는 것을 잊지 말아야 합니다.

이와 같이 직장생활에서 보이지 않는 손이 있다는 것을 이해했다면 이를 잘 활용해볼 필요가 있습니다. 예를 들어 팀장인 내가 필요한 예산을 승인받아야 할 때 당연히 예산에 대한 승인권자는 나의 상사인 임원이 되겠지만, 내가 이 승인을 그 임원에게 받아내기 위해서는 단지 해당 임원만을 설득한다고 일이 해결되지는 않는 경우가 많습니다. 회사 전체 예산을 관리하는 재정 부서의 관리자와도 미리 이야기를 해서 왜 이 예산이 필요한지를 미리 설명해두어야 하고, 기획팀장과도 만나서 이 예산의 우선순위가 왜 다른 팀의 예산보다 높아야 하는지도 설명해두어야 하고, 그 임원에게 영향을 줄 수 있는 사람들에게도 관련된 내용에 대해 미리 설명을 해두는 것이 필요합니다. 어차피 예산 요청을 받은 임원은 결정을 내리기 전에 관련된 재정 부서나 기획 부서의 의견을 확인할 것이기 때문입니다. 심지어 그 임원의 비서를 통해 언제 그 임원이 기분이 좋은지도 확인해서 가급적 그 임원의 기분이 좋을 때 예산 승인을 받으러 가는 것도 도움이 될 것입니다.

이렇게 무언가 나에게 나타나는 결과는 단지 내 눈에 보이는 한두 사람만이 만들어내는 결과가 아니라는 것을 항상 이해하고 있어야 합니다. 그래야 내가 원하는 결과를 만들기 위해 어떤 사람들을 만나야 하는지를 알 수 있게 됩니다. 물론 그 사람들을 만나기만 한다고 해서 내가 원하는 결과를 얻을 수는 없습니다. 평소에 그 사람들과의 관계를 미리 잘 형성해두는 것이 필요합니다. 앞서 설명한 예산 승인 건에서 내가 만약 기획팀장이나 재정부서 관리자와 친분이 없다고 가정해보겠습니다. 어차피 모든 부서에서 예산이 필요하다고 하고, 승인을 요청할 때마다 기획 팀이나 재정 부서로 찾아갈 것입니다. 그런데 내가 찾아간다고 우리 팀 예산 승인만 발 벗고 나서서 도와줄 리가 없습니다. 따라서 내게 필요하다고 생각되는 사람들이 있다면 평소에 같이 밥도 먹고, 차도 마시고, 가끔 팀 회식에도 초대해 그 사람들과 좋은 관계를 유지하는 것이 필요합니다. 특히 팀 회식에 내가 필요한 다른 팀 사람들을 초대하는 것은 의외로 효과가 좋습니다. 자연스럽게 팀 사람들을 소개할 수 있는 자리가 될 뿐 아니라, 따로 내가 필요한 사람들과의 시간을 만들 필요도 없기 때문입니다. 또한 이렇게 팀 회식에 초대를 받게 되면 초대받는 입장에서는 본인을 특별하게 생각해줬다는 느낌을 받고 고마움을 느끼게 됩니다.

또 다른 예를 들어보겠습니다. 내가 팀장으로 있는 우리 팀에 핵심 인력이 한 명 있다고 가정해보겠습니다. 그 직원은 업무 능력도 우수하고 잠재력도 뛰어나서 회사에서 좋은 평가를 받고 있지만, 아무래도 뛰어난 직원이다 보니 다른 회사에서도 좋은 조건으로 이직 제안을 자주 받고 있습니다. 물론 평소에 이 직원에게 성과에 대한 충분한 보상을 해주고, 성장 기회를 제공해주는 것이 중요할 것입니다. 하지만 혹시라도 이 직원이 이직 생각을 할 때 팀장인 내가 그 사실을 빨리 아는 것이 가장 좋을 것입니다. 이런 경우를 대비해서 평소 이 직원과 가까이 지내는 동료 직원이 누구인지를 파악해 그 동료들의 도움을 받는 것이 필요합니다. 또한 이런 핵심 인재의 경우 직원의 가족과 교류하는 것도 도움이 됩니다. 그 직원과의 자리에 팀장으로서 그 직원의 가족을 초대해 이 직원이 회사에서 얼마나 뛰어난 인재이고, 회사가 이 직원을 얼마나 중요하게 생각하는지를 이야기해주는 것입니다. 가족들 앞에서 그런 칭찬을 들은 직원은 회사의 믿음에 대한 큰 책임감을 느끼게 될 것입니다. 제 경험상 자주는 아니라고 하더라도 가끔 그런 시간을 가지면 확실히 그 직원의 태도가 달라지는 것을 느낄 수 있었습니다.

제가 직장생활을 통해 얻은 경험은 무엇이든 곧이곧대로 그저 시키는 대로 하려고 하면 힘들다는 것이었습니다. 그렇다고 무슨 위법한 과정을 통해서 결과를 만들자는 의미는 아닙니다. 물론 제 생각과 다른 생각을 가진 분도 있을 것입니다. 모든 조직에는 정해진 규정이 있고 모든 업무에는 업무 프로세스가 있는데 그걸 지키는 것이 맞다고 이야기할 수 있습니다. 이게 맞는 말이긴 하지만, 실제 상황에서 너무 프로세스만을 따지고 지키려고 하는 것은 오히려 융통성이 없다는 평가를 받을 수도 있고, 그 결과 역시 장담할 수 없는 경우가 많습니다.

회사에 공석이 생겨 회사 내부에서 지원자를 받고 있다고 가정해보겠습니다. 이 자리는 전부터 내가 꼭 한번 도전해보고 싶은 자리라 기다리고 있었는데 드디어 이 자리에 있던 사람이 퇴사를 해서 인원을 모집하고 있는 것입니다. 이런 상황은 회사에서 종종 일어납니다. 이때 내가 만약 이 자리에 지원하고 싶다면 어떤 절차를 밟아야 할까요? 모집 공고에 나온 대로 이력서와 경력 관련 서류를 만들어 인사 팀에 보내고 기다리면 될까요? 그리고 면접에서 평소 내가 가지고 있던 해당 업무에 대한 생각을 면접관에게 설명하면 합격할 수 있을까요? 규정대로라면 이렇게 해도 합격하는 데 아무 문제가 없어야 합니다. 모집 공고에 나온 대로 절차를 수행했기 때문입니다. 하지만 만약 이렇게 정해진 절차대로 진행했을 때 내가 합격할 확률은 그리 높지 않을 수도 있습니다.

만약 조금 더 경험이 많은 사람이라면 일단 전임자가 왜 퇴사를 했는지를 확인해보아야 합니다. 물론 전임자가 자신의 업무 진행과 관련 없이 이직을 결정한 것이라면 상관이 없겠지만, 현재 업무에서 무언가 문제가 있어서 퇴사한 것이라면 그 상황을 정확하게 파악해야 합니다. 그리고 이 부서의 팀장에 대해서도 파악이 필요합니다. 팀장이 중요하게 생각하는 것이 무엇인지, 이 자리에 올 사람에게 가장 기대하는 것이 무엇인지를 알아보는 것이 좋습니다. 이런 정보를 알기 위해서는 실제로 그 팀에 근무하는 사람으로부터 정보를 받아야 하는데, 그래서 미리 내가 가고 싶은 팀에 있는 사람과 관계 형성을 잘해놓을 필요가 있는 것입니다. 평소 그 팀의 분위기나 그 팀장의 스타일을 알아 놓으면 아무것도 모를 때에 비해 훨씬 대응하기 수월하기 때문입니다. 그 밖에도 내가 가고 싶은 자리의 세부 업무에 대해서 잘 알게 되면, 이력서나 경력 기술서에 넣으면 좋을 내용에 대해서도 알아볼 수 있고, 면접관이 어떤 질문을 할지도 미리 예상해볼 수 있을 것입니다. 이렇게 다양한 방면에서 이 자리에 지원하기 위해 준비를 한 사람의 결과와 그저 모집 공고에서 요구하는 절차만 따른 사람의 결과는 아무래도 다를 수밖에 없을 것입니다.

따라서 직장에서 일을 할 때에는 어떤 일이 있을 때 그 일을 어떻게 할 것인가만이 아니라, 이 일이 왜 생긴 것인지, 누가 이 일의 결과에 영향을 받는 것인지, 이 일과 관련된 사람들은 누구인지 등 다양한 질문을 해보고, 그 답을 찾아가는 습관을 가져야 합니다. 그저 주어진 일이니까 정해진 시간까지 해야겠다고만 생각하지 말고, 좀 더 그 일 자체에 대해서 여러 측면에서 바라보는 습관을 기른다면 일을 효율적으로 하는 데 도움을 받을 수 있습니다.

저 역시 입사 초기에는 그저 시키는 일을 해내는 데만 집중하다 보니 결과가 좋지 않은 경우가 많았습니다. 한번은 영업 사원이 자신이 담당하는 고객사 직원들의 교육을 시켜달라고 요청을 해왔습니다. 아무래도 영업사원 입장에서는 중요한 고객이다 보니 다양한 교육을 제공하고 싶었던 것 같습니다. 저는 영업 사원이 요청한 대로 교육 자료를 열심히 준비해서 약속된 시간에 고객사로 찾아갔습니다. 그런데 막상 교육장에 모인 인원은 서너 명뿐이었고, 준비한 교육 내용도 고객이 원하는 내용과 차이가 있었습니다. 저는 영업 사원에게 요청받은 대로 내용을 준비하고 영업사원이 미리 약속해놓은 시간에 방문했으나 결과는 제 기대와 어긋난 것입니다. 만약 그때 제가 시키는 대로만 일을 하지 않고, 일 자체에 대해서 먼저 알아보는 습관을 가졌다면, 먼저 그 교육이 왜 필요하게 되었는지, 그리고 그 교육을 누가 요청했는지, 교육 대상자들은 어떻게 선정되었는지, 대상자들이 원하는 내용은 무엇인지 등에 대해서 좀 더 알아보려고 했을 것입니다. 그리고 해당 고객사의 담당자나 교육 대상자로 선정된 직원들에게 직접 관련 내용을 확인했을 것입니다. 물론 이때 고객사 직원들과 미리 관계를 잘 만들어놓는 것은 필수라고 할 수 있습니다. 이렇게 고객사 직원들에게 직접 업무 확인을 하다 보면, 영업사원이 전달한 요청 사항이 실제 고객의 요구 사항과 다를 수 있음을 알게 됩니다. 그리고 고객사와의 협의를 통해 영업사원이 생각하는 교육을 고객에게 보다 효과적으로 전달할 수 있게 됩니다.

이처럼 우리가 직장생활에서 만나는 많은 일들이 겉으로 드러나지 않는 많은 사람들과 연관되어 있습니다. 내가 평소에 얼마나 이들과의 관계를 어떻게 만들어놓느냐에 따라 성공적인 결과를 얻는 데 도움을 받을 수 있을 뿐 아니라 효과적인 문제 해결이 가능해집니다. 물론 신입사원 시절에는 그런 모든 숨겨진 연결 고리를 찾는다는 것이 쉽지 않습니다. 경력을 쌓아가면서 업무에 영향을 미치는 요인들을 이해하고, 보이는 요인뿐만 아니라 보이지 않는 요인에 대해서도 관련된 이들을 찾아가다 보면 자연스럽게 어떤 일을 준비할 때 좀 더 완성도를 높일 수 있을 것입니다.

'빙산의 일각'이라는 말이 있습니다. 겉으로 드러난 것보다 실제 물속에 잠겨 있는 부분이 엄청나게 큰 빙산처럼, 실제 눈에 보이는 것보다 숨겨져서 보이지 않는 부분이 더 큰 경우를 이야기할 때 쓰는 말입니다. 직장생활에서 일어나는 일들은 바로 빙산의 일각과 같은 경우가 많습니다. 겉으로 보기엔 작고 단순해 보이지만 사실 보이지 않는 부분에 크고 복잡한 관계가 숨어 있는 경우가 있습니다. 앞으로 직장에서 어떤 일을 처리해야 하거나, 업무적으로 문제가 생겼을 때 '빙산의 일각'이라는 말을 다시 한번 생각하고, 감춰져 있는 관계와 보이지 않는 손이 있는지 확인하는 습관을 가져보시기 바랍니다. 분명 지금까지 보이지 않았던 새로운 길을 볼 수 있게 될 겁니다.

내 마음속 메모장

- 일을 효율적으로 잘하는 사람은 혼자 일하지 않는다. 많은 사람들의 도움을 받아 일하는 사람이 진정한 능력자이다.
- 직장생활에서 일어나는 많은 일들은 사실 수많은 보이지 않는 사람들의 관여로 인하여 이루어지는 경우가 많다. 이를 이해하고 그 사람들을 찾아내는 능력이 필요하다.
- 직장생활에는 정해진 규정이라는 것이 있지만, 무조건 규정만을 따르는 것이 답이 아닐 수도 있다.
- 할 일이 생겼다면 그 일을 시작하기 전에 무조건 그 일에 대해서 좀 더 알아보는 습관이 필요하다. '왜 이 일이 생겼는가?', '이 일과 관련된 사람들은 누구인가?' 등의 다양한 질문을 통해 일을 알아가는 과정에서 좀 더 효과적인 해법을 찾을 수 있다.
- 업무에 있어 보이는 부분만을 보려고 하지 말고, 그 속에 감춰진 보이지 않는 부분까지 보려고 하는 습관이 필요하다. 항상 '빙산의 일각'이라는 말을 기억하자.

2
다른 사람을 내 편으로 만드는 방법

　직장생활을 원활하게 하기 위해 나를 도와줄 수 있는 내 편을 많이 만드는 것은 아주 중요한 일입니다. 내 편이 돼줄 수 있는 사람은 회사 내부에서는 같은 팀 동료나 선후배가 있을 수 있고, 업무 수행 시 협조를 받아야 하는 인사 팀, 총무 팀, 기획 팀, 마케팅 팀, 업무 지원 팀에 있는 사람들이 될 수도 있을 것입니다. 이 사람들이 내 편이 된다면 일단 회사 내부에서 돌아가는 여러 가지 정보를 손쉽게 얻어낼 수 있을 것입니다. 또 업무를 하면서 도움이 필요할 때도 복잡하고 시간이 오래 걸리는 절차를 건너뛰고 좀 더 빠르고 효과적인 지원을 받을 수 있습니다. 회사 밖에서도 나에게 도움을 줄 수 있는 사람들은 많습니다. 특히 내가 담당하는 고객사의 사람들과 좋은 관계를 만들 수 있다면 업무에 큰 도움을 받을 수 있습니다. 고객사 외에도 협력사 직원들과의 관계 역시 중요하고, 심지어 경쟁사의 직원들과도 개인적인 관계를 잘 맺어두면 일하는 데 훨씬 많은 도움을 받을 수 있게 됩니다.

나를 도와줄 수 있는 사람이 많으면 많을수록 좋다는 것은 누구나 다 동의할 것입니다. 하지만 한정된 시간 동안 모든 사람을 다 내 편으로 만들 수는 없습니다. 따라서 그 많은 사람 중에 누가 나에게 제일 필요한지 판단하여 우선순위를 정하고 가급적 먼저 그 사람들을 내 편으로 만드는 전략이 필요합니다.

내 편으로 만들어야 할 사람들이 정해졌다면 먼저 그 사람들에 대한 파악이 필요합니다. 이 사람의 나이, 이 사람의 취미, 이 사람이 관심 있어 하는 분야, 여가 시간 등 사소한 것이라도 놓치지 않고 하나하나 관심 있게 알아가는 과정이 필요합니다. 갑자기 다가오는 사람을 반기는 이는 많지 않습니다. 상대가 거부감이 들지 않도록 어느 정도 속도를 조정하면서 가까워져야 하는데, 이 과정에서 그 사람에 대한 여러 가지 정보를 알아가면 되는 것입니다. 처음엔 그저 차나 한잔하는 시간을 가질 수도 있고, 가볍게 점심을 같이 먹어도 좋습니다. 다만 차를 마시든 점심을 먹든 일대일로 만나는 게 중요합니다. 사람이 많아질 경우 주제가 한 사람에게 집중될 수 없고 산만한 대화로 이어질 수밖에 없기 때문에 가급적 일대일로 만나는 기회를 잡아야 합니다. 게다가 이렇게 만나게 되면 아무래도 내가 식사나 차를 대접해야 할 텐데 만날 사람이 많아지면 경제적으로 부담이 될 수도 있습니다.

내 편으로 만들 사람들을 만나 대화를 할 때는 가급적 업무 이야기는 하지 않는 게 좋습니다. 당연히 공적인 성격의 만남으로 시작하게 되지만 너무 업무만을 위한 관계를 지향할 경우에는 그 사람과의 관계가 더 이상 가까워지기 어렵기 때문입니다. 또한 상대방도 자신과 가까워지려는 이유가 단순히 일 때문이구나 싶어서 경계할 수 있습니다. 따라서 일에 대한 주제는 최소화하고 우선 개인적으로 가까워질 수 있도록 가벼운 주제를 골라 편안한 대화를 유도하는 것이 좋습니다. 이렇게 업무적인 관계만이 아닌, 개인적으로 친한 관계를 만들어가는 것이 좀 더 쉽게 그 사람과 가까운 사이가 될 수 있게 합니다.

대화하면서 주의할 점은 가급적 상대방이 말을 많이 할 수 있도록 해주는 것입니다. 내가 상대방과 친해지고 싶다고 해서 대화를 계속 주도하고 상대가 듣기만 하도록 하는 것은 바람직하지 않습니다. 대부분의 대화에서 그 대화가 의미 있었다고 느끼는 사람은 말을 많이 한 사람이라고 합니다. 상대에게 나와 나눈 대화가 의미 있었다고 느끼게 하려면 상대방이 말을 많이 하도록 해야 하는 것입니다. 따라서 나는 상대가 계속 이야기를 할 수 있는 재료를 제공하면서 상대의 이야기를 경청하고, 상대가 나에게 더 이야기를 많이 할 수 있게 유도하는 것이 중요합니다.

만약 어느 정도 상대와의 관계가 가까워졌다면 이제 그 사람과의 특별한 관계 정립을 위한 계기가 필요합니다. 어떻게 보면 이 단계가 가장 중요한 단계라고 볼 수 있습니다. 어차피 직장생활에서 대강 알고 지내는 지인 관계는 흔하디흔합니다. 따라서 남들과는 다른 좀 더 특별한 사이가 되기 위해서는 남들이 잘 하지 않는 추가적인 노력이 필요합니다. 예를 들어 나보다 나이가 어린 사람의 경우라면 생일을 미리 알고 있다가 간단한 축하 메시지와 함께 기프티콘을 선물한다거나, 책상에 올려놓을 만한 사무용품이나 책을 선물하는 것도 좋습니다. 고객사에 근무하는 직원이라면 우리 회사에서 나오는 기념품이나 세미나 초대권을 따로 챙겨서 보내주는 것이 좋습니다. 만약 고객사가 대기업이거나 서울 본사에 근무하는 직원이라면 아무래도 다른 회사에서도 기념품을 많이 받을 수 있고, 세미나 참여 제안도 많이 받습니다. 그런데 고객사가 중소기업이거나 지방에 근무하는 직원의 경우는 상대적으로 기념품을 받거나 세미나에 초청받을 기회가 적을 수 있습니다. 이런 직원들을 따로 챙겨줄 경우 좀 더 각별한 사이를 만드는 데 도움이 됩니다. 기념품이나 선물을 보내주는 것 외에도 상대방이 어려운 상황에 처해 있을 때 적극적으로 나서서 도와주는 것도 중요합니다. 특히 내 편으로 만들어야 할 사람의 경조사라면 꼭 챙겨야 하고, 일반적인 지인 관계에 있는 사람들보다는 조금 특별하게 챙겨야 합니다. 그래야 그 사람도 나를 각별하게 생각하기 때문입니다.

제가 아는 어떤 분은 사람을 만날 때마다 만난 사람에 대한 기록을 본인이 관리하는 엑셀 파일에 남긴다고 합니다. 그 엑셀 파일에는 만난 사람의 이름과 언제 만났는지, 그리고 그날 대화를 통해서 알아낸 내용, 예를 들어 가족 관계나 취미, 관심 분야 등에 대해서 기록을 남겨 둔다고 합니다. 그리고 다음번에 다시 그 사람을 만나게 될 때 전에 만들었던 기록을 미리 읽고 나가서 그때의 기록을 가지고 이야기를 시작한다고 합니다. "전에 얘기했던 고양이 네로는 아직 잘 크나요?"와 같이 상대방이 한번 했던 이야기를 잘 기억하고 있는 모습을 보여주는 것이죠. 남들은 한번 듣고 잊었을 것 같은 이야기를 모두 기억하고 있다는 것에 상대방은 감동하고, 특별한 호감을 느끼게 된다고 합니다. 또 대화를 통해서 얻어낸 상대방의 기념일 정보를 보고 축하 메시지를 보내주기도 한다고 합니다. 이렇게 상대방을 세심하게 기억하고 있다는 것만으로도 그분은 많은 사람들과 특별한 관계를 맺을 수 있었다고 합니다.

결국 내 편을 만드는 것은 내가 다른 사람에게 관심과 정성을 쏟고 노력을 기울이는 것이라고 생각합니다. 처음엔 어느 정도 가까워지는 것이 가능하다고 하더라도 나의 관심과 정성이 부족할 경우 그 관계는 결국 그저 그런 지인 관계로 남게 되는 것이고, 내가 계속 그 사람에게 관심을 갖고 노력할 경우 결국 그 사람이 내 편이 되는 결과를 낳는다는 것을 경험을 통해 알게 되었습니다. 내 편을 만드는 데는 진심이 들어가야 한다는 걸 느끼게 된 것은, 결국 사람과 사람의 관계는 진심이 통했을 때만 제대로 맺어진다는 것을 경험했기 때문입니다. 내 편을 만들어야 하는 이유가 비록 업무 때문이라고 해도 말입니다. 아무리 의도를 감추려 해도 상대는 왜 자기에게 친하게 굴고 가까이 오는지 알 수 있습니다. '무슨 부탁을 하려는 거구나' 또는 '내가 하는 일이 저 사람에게 영향을 주는 거라서 나랑 친하게 지내려는 거구나'라는 생각으로 당연히 경계할 수밖에 없습니다. 시간이 지나 결국 부탁이나 요청을 받게 되면 '그럴 줄 알았다'라는 생각을 하게 될 겁니다. 이렇게 된다면 그 사람을 내 편으로 만들었다고 볼 수 없습니다. 비록 처음에 그 사람이 나를 경계했더라도 시간이 지나면서 내 진심이 그 사람에게 닿고, 그 사람이 나를 신뢰하게 만든다면 그게 바로 그 사람을 내 편으로 만든 것입니다. 그래서 이렇게 내 편을 만들기 위해서는 많은 시간과 노력과 진심이 필요합니다. 당장 어떤 일에 필요한 내 편을 만든다고 생각하지 않고, 좀 더 길게 바라보는 전략이 필요한 이유입니다. 한번 만들어놓은 내 편은 관리만 잘하면 평생 내 편이 될 수 있습니다. 그리고 이렇게 만든 내 편을 통해 또 다른 내 편을 쉽게 만드는 부수적인 효과까지 생기게 됩니다.

저 역시 직장생활을 하는 동안 내 편을 이렇게 많이 만들었고, 그들의 도움 덕분에 어려웠던 순간들을 잘 넘길 수 있었습니다. 사회생활에서 진정한 친구는 없다는 말이 맞다고 생각하지만, 그래도 주변에 좋은 내 편이 많았던 저는 그들에게 진정한 우정을 느꼈고, 또 그들 덕분에 나름대로 직장생활을 잘 버틸 수 있었습니다. 크게 자라는 나무의 뿌리는 그렇지 않은 나무의 뿌리보다 훨씬 더 땅속으로 깊게, 그리고 사방으로 넓게 퍼져 있다고 합니다. 그 이유는 나무가 크기 위한 물과 영양분을 땅속 이곳저곳에서 흡수하기 위해서일 것입니다. 사회생활도 이와 비슷한 것 같습니다. 내가 크게 자라기 위해서는 나의 뿌리가 넓고 깊게 뻗어 있어야 성장에 필요한 도움을 받을 수 있습니다. 내가 주변에 필요한 사람들과의 관계를 꾸준히 유지하는 이유는 그것이 바로 사회생활에 뿌리를 내리는 과정이라고 생각하기 때문입니다. 넓고 깊게 뻗은 뿌리를 가진 나무는 가뭄 속에서도 수분을 공급받을 수 있고, 척박한 땅에서도 영양분을 빨아들일 수 있으며, 큰 비바람에도 버티는 힘을 가지게 됩니다. 이처럼 여러분도 여러분의 사회생활에 단단한 뿌리를 만드는 사람들과의 관계에 진심을 담아보시기 바랍니다. 그 관계는 분명 여러분이 사회생활을 하면서 크고 안정되게 성장할 수 있게 하는 밑거름이 되어줄 것입니다.

내 마음속 메모장

- 모든 사람을 다 내 편으로 만들 수는 없다. 우선순위와 중요도를 정하고 목표에 집중하자.

- 내 편으로 만들어야 할 사람에게는 처음부터 부담스럽게 다가가지 말자. 자연스럽고 여유 있게 시간을 가지고 친해지자. 가급적 일대일 만남을 갖는 것이 좋다.

- 공적인 일로 알게 된 사이라도 만났을 때 업무 이야기는 가급적 배제하고 먼저 개인적인 친분을 쌓는 데 집중하자.

- 어느 정도 친분이 쌓였다면 보다 특별한 관계로의 발전이 필요하다. 남들과는 다른 전략으로 보다 가까운 사이를 만들어보자.

- 결국 내 편을 만든다는 것은 내가 상대방에게 얼마나 관심과 노력을 기울였는가로 결정된다. 진심이 보여야 내 편을 만들 수 있다.

- 뿌리가 깊고 넓게 뻗은 나무가 가뭄에 강하고 비바람에 뽑히지 않는 튼튼한 나무가 되듯이 나를 도와줄 진정한 내 편이 많으면 많을수록 사회에서 내가 더욱 크게 성장할 수 있다는 것을 잊지 말자.

3
누가 내 편인가

　　직장생활에서 내 편을 만든다는 것은 단순히 사람들과 친하게 지내는 것 이상의 의미를 갖습니다. 진정한 내 편은 나의 성장을 위해 조언을 아끼지 않고, 필요할 때 힘이 되어주는 사람을 의미합니다. 때로는 내가 잘못된 길로 가고 있을 때 바로잡아주기도 하고, 어려운 상황에서 든든한 버팀목이 되기도 합니다. 하지만 직장에서 수많은 사람들과 관계를 맺다 보면, 누가 진정 나를 도와주는 사람인지 잘 알 수 없을 때가 많습니다. 그렇다면, 나에게 진정한 도움이 되는 사람은 어떤 사람일까요? 그리고 그렇지 않은 사람은 어떤 사람일까요? 회사에서 흔히 일어날 수 있는 사례를 통해 살펴보려고 합니다.

　　나를 위해 조언을 아끼지 않는 사람과 비판만 하는 사람이 있다고 가정하겠습니다. 진정한 내 편은 나의 잘못이나 부족한 점을 지적하는 동시에, 그에 대한 해결책을 제시해줍니다. 예를 들어, 우리 팀에 직원 한 명이 있었는데, 그는 매번 보고서를 작성할 때마다 상사에게 꾸중을 들었습니다. 그런 상황에서 그의 선배는 "보고서가 너무 장황해서 요점이 드러나지 않으니, 다음번엔 핵심을 먼저 제시하고 나머지 부분은 간결하게 쓰는 게 어떨까?"라고 조언을 해주었습니다. 그 선배는 그 직원이 보고서를 잘 쓸 수 있는 구체적인 방법을 제시했고, 직원은 조언을 바탕으로 보고서를 개선할 수 있었습니다. 하지만 또 다른 동료는 달랐습니다. 그는 그 직원의 보고서를 보고 "이건 너무 엉망이야. 이렇게 쓰면 누가 알아보겠어?"라고 말하며, 문제를 지적하는 데 그쳤습니다. 그 동료는 그 직원이 무엇을 잘못했는지 알려주긴 했지만, 어떻게 고쳐야 할지는 전혀 언급하지 않았습니다. 이처럼 비판만 하는 사람은 나의 발전을 돕기보다는 나의 부족한 점을 드러내는 데 집중합니다. 진정한 내 편은 나에게 문제가 있을 때 단순히 지적만 하는 것이 아니라, 그 문제를 해결하는 데 도움을 줄 수 있는 사람이어야 합니다.

　　나의 성장을 위해 기회를 주는 사람과 기회를 차단하는 사람도 있습니다. 직장에서는 성장을 위해 다양한 기회가 주어집니다. 새로운 프로젝트에 참여하거나 더 큰 책임을 맡는 것이 그 예입니다. 한 직원은 입사한 지 2년 차였지만 여전히 단순한 업무만 맡고 있었습니다. 그러던 중 상사는 그에게 "이번에 중요한 프로젝트가 하나 있는데, 자네가 한번 맡아보겠어? 나는 자네가 해낼 수 있다고 믿어. 어려운 부분이 있다면 내가 옆에서 도와줄게"라고 말하며 그에게 도전할 기회를 주었습니다. 이 직원은 상사의 믿음에 책임감을 느끼고 최선을 다해 도전했습니다. 그는 이 기회를 통해 더 많은 것을 배울 수 있었고, 자신의 역량을 한 단계 끌어올릴 수 있게 되었습니다. 반면 또 다른 직원은 그의 상사로부터 "이건 자네한테 너무 어려운 프로젝트야. 괜히 실패라도 하게 되면 큰일이니까 그냥 평소 하던 일만 하자고"라는 말을 들었습니다. 상사는 겉으로는 그 직원을 위하는 것처럼 말했지만 사실은 그 직원이 새로운 일에 도전하거나 성장할 기회를 차단하고, 그가 제자리에 머무르도록 만들었습니다. 이런 사람들은 성장을 저해하고, 잠재력을 제한하는 사람입니다. 진정한 내 편은 나에게 도전할 기회를 주고, 내가 더 성장할 수 있도록 지원하는 사람이라는 걸 알아야 합니다.

문제 해결에 함께 나서는 사람과 문제가 있을 때 남의 탓을 하는 사람이 있습니다. 직장에서는 크고 작은 문제가 끊임없이 발생합니다. 그때 진정한 내 편은 함께 문제를 해결하려는 사람입니다. 예를 들어 어떤 직원이 중요한 프로젝트에서 실수를 저질러 마감 기한을 지키지 못할 위기에 처했습니다. 이때 그의 동료 한 명은 "가끔 이런 일이 생길 수도 있어요. 내가 도울 수 있는 부분이 있을까요? 우리 함께 해결해보자고요"라고 말하며 그를 도왔습니다. 그 동료는 문제를 해결하는 데 집중하고, 팀의 목표를 함께 이루려는 마음가짐을 보였습니다. 반면 또 다른 동료는 그 직원의 실수를 보고 "그래서 내가 전부터 미리 준비해야 한다고 했잖아요. 난 모르겠으니 알아서 빨리 해결해주세요"라고 말했습니다. 그는 문제를 함께 해결하려는 의지는 전혀 없이, 그저 책임을 그에게 떠넘기려 했습니다. 이런 사람은 문제가 생겼을 때 자신을 먼저 보호하려고 하며, 공동의 목표를 달성하는 데 도움을 주지 않습니다. 진정한 내 편은 동료에게 문제가 생겼을 때 비난하거나 책임을 전가하는 대신, 함께 해결책을 찾고 협력하는 사람입니다.

나를 진심으로 신뢰하는 사람과 나와 겉으로만 친한 사람이 있습니다. 내가 힘든 시간을 보낼 때 나를 진심으로 신뢰하는 사람을 찾을 수 있습니다. 진짜 내 편은 내가 잘못했을 때에도 믿음을 잃지 않고, 나의 역량을 믿어주는 사람입니다. 예를 들어 한 직원이 실수로 중요한 고객과의 미팅에서 준비한 자료를 빠뜨려 큰 위기에 처했습니다. 그의 상사는 "나는 자네가 이 상황을 잘 해결할 수 있을 거라 믿어. 조금 더 준비하고 노력한다면 우리가 함께 해결해볼 수 있을 거야"라고 말하며 그 직원에게 신뢰를 보냈습니다. 그렇게 상사는 직원의 실수에도 불구하고 그를 믿어주었고, 그 믿음 덕분에 그 직원은 빠르게 상황을 수습할 수 있었습니다. 반면 그의 동료는 평소에 그와 친한 척하며 자주 식사도 하고 취미 생활도 함께했지만, 정작 그가 실수를 하자 "이런, 이제 어떡하지? 너무 걱정되네. 하지만 그건 전적으로 자네 잘못이야. 난 상관없어"라며 선을 그었습니다. 겉으로는 친하게 굴었지만, 어려운 상황에서는 도움을 주지 않는 사람이라면 진정한 내 편이라고 볼 수 없습니다. 진정한 내 편은 내가 어려운 상황에 처했을 때도 나를 신뢰하고, 그 신뢰를 바탕으로 나와 함께 문제를 해결하려는 사람입니다.

나를 경쟁자로 보는 사람과 나와 함께 성장할 수 있는 사람이 있습니다. 직장에서의 경쟁은 불가피하지만, 나를 적대적으로 대하는 사람과 나와 함께 성장하려는 사람은 구분해야 합니다. 한 직원이 회사 내에서 중요한 프로젝트를 두고 동료와 경쟁하게 되었습니다. 이 직원과 경쟁하게 된 그의 동료는 이기고 싶다는 욕심에 이 직원의 성과를 깎아내리기 위해 상사에게 그의 실수만을 강조하며 나쁜 평판을 퍼뜨렸습니다. 이 과정에서 그 동료는 팀 전체의 성과를 해치는 결과를 초래하고 말았습니다. 반면 또 다른 동료는 비록 그 직원과 경쟁하더라도 서로의 성장을 응원하고, 함께 더 나은 성과를 이루기 위해 협력했습니다. 그 동료는 "우리는 서로 다른 강점을 가지고 있으니, 각자 맡은 역할에 최선을 다해 이 프로젝트를 수행해보자. 네가 잘하는 부분이 분명히 있으니, 그걸 잘 살리면 좋은 결과가 나올 거야"라고 말했습니다. 이처럼 경쟁 속에서도 서로를 존중하고 협력하는 자세를 보이는 사람이 진정한 내 편입니다.

　　직장에서 성과는 매우 중요한 요소입니다. 자신이 맡은 일을 성공적으로 수행했을 때 그 공을 인정받는 것은 동기를 얻는 데 큰 원천이 되기 때문입니다. 사회생활을 하다 보면 동료들과 서로의 성과를 인정하는 사람이 있는가 하면 다른 사람의 공을 가로채려는 사람이 있습니다. 한 직원이 팀 프로젝트에서 중요한 부분을 맡아 성공적으로 마무리했습니다. 그의 팀 동료는 "네 덕분에 이번 프로젝트가 잘 마무리됐어. 상사에게 네 기여도를 분명히 보고할게"라며 그 직원의 성과를 인정해주었습니다. 여기서 이 동료는 그 직원의 공로를 진심으로 인정해주는 사람으로, 이 사람 덕분에 그 직원은 자신감을 얻고 더 좋은 성과를 낼 수 있는 동기를 얻었습니다. 반면 또 다른 팀원이었던 선배 직원은 같은 프로젝트에서 이 직원의 성과를 자신이 낸 것처럼 상사에게 보고했습니다. 이 선배 직원은 그 직원이 열심히 기여한 부분은 일부러 언급하지 않았고, 오히려 자신이 프로젝트 전체를 주도했다고 주장했습니다. 이런 사람은 남의 성과를 가로채면서 자신의 입지를 강화하려고 하며, 결국 팀 내 신뢰를 무너뜨립니다. 내 편이 되는 사람은 서로의 성과를 인정하고, 함께 성장할 수 있도록 도와주는 사람이지, 자신의 이익을 위해 다른 사람의 노력을 무시하는 사람이 아닙니다. 직장 내에서 이와 비슷한 일들은 자주 발생합니다. 그런 일들의 진상은 당장 사람들에게 알려지지는 않을 수도 있지만, 시간이 지나고 나면 대부분 알려지곤 합니다. 그리고 한번 남의 공을 가로채는 사람은 앞으로도 계속 그런 행동을 할 가능성이 있으니 그런 사람은 가까이하지 않는 것이 좋습니다.

    직장에서는 진심으로 나를 지지하는 사람도 있고 그저 나를 이용하려는 사람도 있습니다. 진정한 내 편은 나를 지지하고, 내가 더 나아질 수 있도록 응원해주는 사람입니다. 새로운 업무를 맡아 긴장하고 있는 한 직원이 있습니다. 그때 그의 선배 직원은 "처음에는 힘들겠지만, 넌 충분히 해낼 수 있을 거야. 필요하면 내가 도와줄 테니, 부담 갖지 말고 도전해봐"라고 말하며 그를 진심으로 응원했습니다. 그 선배는 이 직원이 성장할 수 있는 기회를 응원하고, 필요할 때 지원해줄 준비가 되어 있었습니다. 이처럼 진심으로 나를 지지해주고, 도전할 수 있도록 도와주는 사람은 직장에서 내 편이라고 할 수 있습니다. 하지만 또 다른 선배는 다른 의도로 접근했습니다. 그는 이 직원에게 "네가 그 일을 잘 처리하면 상사에게 네 이름을 빼놓지 않고 말해줄게"라며 이 직원에게 많은 일을 떠넘겼습니다. 그는 이 직원의 성장을 진심으로 바라는 것이 아니라, 자신의 이익을 위해 이 직원을 이용하려 했던 것입니다. 이런 사람은 표면적으로는 도움을 주는 것처럼 보이지만, 실제로는 다른 사람을 이용하려는 의도를 가지고 있습니다. 도움이 필요할 때는 온갖 좋은 말로 꼬드겨 도움을 받다가 그 일이 끝나면 언제 그랬냐는 듯 돌아서는 사람들입니다. 이런 사람들 역시 철저히 걸러야 하는 부류라고 볼 수 있습니다.

또한 배려와 존중을 실천하는 사람도 있고 자기중심적인 사람도 있습니다. 직장 내에서 배려와 존중은 중요한 덕목입니다. 직급이 꽤 높았던 한 상사는 동료들이 어려움에 처했을 때 자신의 일처럼 나서서 도와주는 것으로 잘 알려져 있었습니다. 그는 항상 다른 사람들의 의견을 경청하고, 직급에 상관없이 상대방을 존중하고, 팀원들의 의견을 반영하려고 노력했습니다. 그런 그의 태도 덕분에 그는 회사에서 늘 존경받고 신뢰를 받는 존재였습니다. 직원들은 누구나 그 상사의 팀에 들어가고 싶어 했고, 그와 가깝게 지내고 싶어 했습니다. 반면 또 다른 상사는 겉으로는 늘 인자한 미소를 지으면서 사람들과 가깝게 지내는 체했습니다. 하지만 실상은 자신이 필요한 때에만 사람들에게 잘 대해주고, 그 일이 끝나면 언제 그랬냐는 듯 그 사람들을 멀리했습니다. 중요한 순간에는 다른 사람들의 의견을 무시하고 팀원들의 의견도 듣지 않기 일쑤였습니다. 모든 결정을 하는 데 있어서 자기 중심적이었지요. 주변 사람들은 그와 겉으로는 잘 지냈지만, 마음속으로 진정 그 상사를 존경하며 그의 편에 설 사람은 과연 얼마나 되었을까요?

직장생활에서 진정한 내 편을 찾는 것은 매우 중요합니다. 진정한 내 편은 나의 성장을 돕고, 어려운 순간에도 함께 해결책을 찾으려는 사람입니다. 해결책 없는 비판보다는 힘이 나는 조언을 해주고, 성장의 기회를 제공하며, 나를 신뢰하는 사람들이 바로 내 편입니다. 반면, 문제를 남의 탓으로 돌리거나 겉으로만 친한 척하며 막상 중요한 순간에는 실질적인 도움을 주지 않는 사람은 나에게 도움도 되지 않고, 내 편도 아닙니다. 직장에서 성공하려면 사람을 잘 볼 수 있는 눈을 가지고, 진정한 내 편을 찾아 그들과 함께 성장해 나아가는 것이 중요합니다.

내 마음속 메모장

- 대안 없이 비판만 하는 사람은 내 편이 아니다. 지적과 함께 조언을 해주는 사람이 진정한 내 편이다.
- 나를 위하는 척하면서 아무 기회도 주지 않는 사람은 내 편이 아니다. 나를 믿어주고 성장할 기회를 주는 사람이 진정한 내 편이다.
- 문제가 생겼을 때 남의 탓으로 돌리는 사람은 내 편이 아니다. 문제를 함께 해결하려고 나서주는 사람이 진정한 내 편이다.
- 친하게 지내지만 내가 어려운 상황에 처하면 나 몰라라 하는 사람은 내 편이 아니다. 그런 상황에서도 나에 대한 신뢰를 지키는 사람이 진정한 내 편이다.
- 나를 경쟁자로만 생각해서 어떻게든 밟고 올라서려는 사람은 내 편이 아니다. 나와 함께 성장하려고 하는 사람이 진정한 내 편이다.
- 내가 만든 공을 가로채려는 사람은 내 편이 아니다. 각자의 성과를 인정하는 사람이 진정한 내 편이다.
- 필요할 때 나를 이용하고 모른 척하는 사람은 내 편이 아니다. 진심으로 나를 지지해주는 사람이 진정한 내 편이다.

4
달이 지구의 주변을 맴도는 이유

 가끔 이런 이야기를 듣습니다. "저는 아무리 노력해도 주변에 제 편이 없어요. 저는 인복이란 게 없나 봐요." 사실 이런 이야기를 들을 때면 안타까운 마음이 먼저 듭니다. 물론 모든 경우가 다 그렇지는 않겠지만 조금 냉정하게 생각해본다면 주변에 사람이 없는 것은 어쩌면 본인에게 그 이유가 있을 수도 있기 때문입니다.

 학교 다닐 때 지구과학 시간에 태양계에 대해서 배우며 '수-금-지-화-목-토-천-해-명'이라고 태양계의 행성들을 외웠던 기억이 지금도 생생합니다. 갑자기 태양계의 행성에 대한 이야기를 꺼낸 이유는 어쩌면 우리가 사는 지구, 그리고 지구가 속해 있는 태양계가 인간관계와 비슷한 면이 있지 않나 하는 생각이 들어서입니다.

 태양이라는 항성이 있고 태양의 중력에 의해 태양의 주변을 돌고 있는 8개의 행성이 있습니다. 지구 역시 태양계의 행성 중 세 번째 행성으로 태양 주변을 돌고 있지만, 지구에는 지구의 중력으로 인해 지구 주변을 돌고 있는 달도 존재합니다.

혹시 사람과 사람 사이의 관계에도 중력이 존재하는 게 아닐까 생각해본 적이 있습니다. 내가 가진 중력이 크다면 내 주변에는 더 많은 사람들이 존재하게 될 것입니다. 여기서 중력이란 내가 가진 능력이라고 볼 수 있습니다. 그건 경제적인 능력일 수도 있고, 직업이나 직책에서 드러나는 사회적인 능력일 수도 있습니다. 그리고 꼭 경제적, 사회적 능력이 아니라도 남들이 판단했을 때 충분히 가까이 지낼 가치가 있다고 판단되는 능력이 나에게 있다면 분명 그와 같은 능력은 중력이 되어 다른 사람들을 끌어당기게 될 것입니다. 마치 태양이 지구를 비롯한 여러 개의 행성을 거느리고 있고, 지구 역시 태양 주변을 돌고는 있지만 지구 주변을 도는 달이라는 녀석을 데리고 있는 것처럼, 가지고 있는 힘에 따라 내가 누구의 주변을 돌지, 내 주변을 누가 돌게 할지를 정할 수 있다는 생각이 들었습니다.

그래서 내가 직급이 올라가고, 유명해지고, 능력이 많아질수록 내 주변에는 내가 원하든 원하지 않든 많은 사람들이 모이게 됩니다. 사장님은 어디를 가도 인기가 많고 주변에 사람들도 많이 모이는 것을 보면 알 수 있습니다. 그래서 사장님은 회의도 많고, 찾아오는 손님도 많고, 전화도 많이 걸려옵니다. 그렇게 직급이 높아지고 힘이 커질수록 주변에 사람들이 많이 모이는 것을 알 수 있습니다. 하지만 이렇게 많은 사람들이 몰리다가도 갑자기 변화가 생길 때가 있습니다. 승승장구하며 잘나가던 임원이라도 곧 회사를 떠난다는 소식이 돌면 그렇게 많이 찾아오던 그 임원의 손님들은 어느 순간 자취를 감춥니다.

제가 사원이던 시절에 곧 회사를 떠나게 된 한 임원과 차를 마시며 그 임원의 하소연을 들었던 적이 있습니다. 다른 건 다 견디겠는데 이제는 점심시간에 같이 밥을 먹자고 찾아오는 사람이 없어서 너무 힘들다는 그 임원의 이야기가 아직도 기억에 생생합니다. "정승집 개가 죽으면 사람들이 몰려와도, 정승이 죽으면 아무도 안 온다"라는 속담은 우습기만 한 것이 아니라 인간사를 반영하는 것 같아 씁쓸한 마음이 들기도 합니다.

꼭 회사뿐만이 아닙니다. 과거에 잘나가고 유명했던 사람들 중 이제는 대중에게 잊혀지고 사업도 망해서 단칸방을 전전하며 하루 벌어 하루 먹는 삶을 살아가는 이들이 있습니다. 이들이 가장 많이 하는 이야기는, 주변에 있던 많은 사람들이 모두 떠났다는 것이었습니다. 심지어 때로는 가족까지도요.

내 주변에 사람이 있느냐, 없느냐는 내가 내 주변에 사람을 모이게 할 수 있는 능력이 있느냐, 없느냐로 생각해볼 수 있습니다. 내 능력이 커지고 이를 통해 내 중력도 커진다면 주변에 내가 필요한 사람들이 자연스럽게 모이게 할 수도 있고, 아무리 주변에 사람이 많이 모여 있어도 내 능력이 없어지게 되면, 자연스레 내 중력이 약해져 그들이 멀어지게 될 겁니다.

결국 내가 달이 되어 지구의 주변을 뱅뱅 도는 신세가 될지, 태양이 되어 8개의 행성을 거느리고 그들이 내 주변을 돌게 할지는 나의 선택이라고 볼 수 있습니다. 하긴 생각해보면 태양 역시 우주에서는 변두리에서 은하계를 돌고 있는 작은 행성에 불과할지도 모르지만요.

아직 사회생활을 경험해보지 않은 분들에게는 조금 실망스러운 말일지 모르겠지만, 제 경험에 의하면 직장이라는 곳은 아름다운 동화 같은 곳은 절대 아니었습니다. 철저하게 힘의 논리가 존재하고 중력에 의해서만 움직이는 곳에 가깝다고 할 수 있습니다. 중력이 강한 곳에 모두가 몰려 있다가도 더 강한 중력을 가진 사람이 나타나면 모두 그곳으로 몰려가고, 다시 그 중력이 힘을 잃게 되면 그곳을 떠나는 일들이 일상적으로 반복되는 곳. 그곳이 바로 직장이라는 곳일지도 모릅니다. 사회생활에서는 이런 중력과 같은 힘에 의해 주변에 있는 내 사람의 수가 결정되는 것을 자주 보게 됩니다. 이 세상은 힘의 논리가 지배하는, 한없이 삭막한 곳이라고 한탄하는 분도 있을지 모릅니다. 하지만 이 사회가 그런 곳이라면 신세 한탄만 할 게 아니라 현실을 받아들이고 힘을 갖기 위해 노력하는 것이 좋지 않을까요?

이제부터 나의 능력을 키워 나만의 중력을 만들어봅시다. 그리고 더 이상 누군가를 쫓아다니는 인생이 아닌, 누군가가 내 주변을 맴돌게 하는 그런 인생을 만들어보면 어떨까요? 여러분이 지구가 되고, 태양이 되는 날을 맞기를 응원합니다.

- 내 주변에 사람이 몰리게 하려면 우선 능력이 있어야 한다. 내 능력이 다른 사람들을 끌어오는 중력이 된다고 생각하자.

- 내 능력이 커지면 중력이 강해져 주변에 사람이 많이 모이고, 내 능력이 약해지면 중력도 약해져 사람들이 떠난다.

- 누군가의 주변을 맴돌지 말고 남들이 내 주변을 맴돌수 있도록 내 능력을 키워보자. 내 능력이 커지면 결국 사람들은 자연히 나에게 오게 되어 있다.

9
떠날 때가 되었다는 것 알아채기

'회자정리'라는 말이 있습니다. 만남이 있으면 언젠가는 헤어짐도 있기 마련이라는 의미의 사자성어입니다. 30년 전만 해도 회사라는 곳은 한번 들어가면 퇴직할 때까지 다니는 평생직장의 개념이 강했습니다. '회자정리'라는 말이 와닿지 않는 때였지요. 하지만 이제 더 이상 '평생직장'이라는 말은 우리 사회에 적용되지 않는 것 같습니다. 그래서 우리는 회사에서 열심히 일을 하는 와중에도 이직을 생각해야 하는 것입니다. 회사가 날 버리기 전에 내가 먼저 회사를 떠날 수 있는 능력을 만들어놓는 것이 중요합니다.

앞서 이야기한 것처럼 내가 이직할 회사에 대한 정보도 많이 가지고 있고, 이직을 도와줄 수 있는 사람들도 많이 알고 있으며, 정기적으로 이력서를 업데이트해가면서 항상 이직 준비를 하고 있었다고 가정한다면, 어느 정도 이직에 대한 준비는 되어 있다고 볼 수 있습니다.

그럼 이제 이직의 시점을 잡아야 하는데요. 지금 다니는 회사를 떠나는 시점을 정하기 전에 일단 내가 이 회사에서 무언가 이룬 게 있느냐를 생각해보아야 합니다. 그 성취는 중요한 프로젝트를 완료한 경력일 수도 있고, 자격증일 수도 있고, 진급일 수도 있습니다. 무언가 이 회사에 와서 전보다 한 단계 성장했는가를 보아야 합니다. 만약 아직 이력서에 추가할 만한 중요한 내용을 만들지 못했다면 아직 회사를 떠나도 될 시기는 아니라고 볼 수 있습니다.

물론 평소 내가 가고 싶었던 회사에서 매력적인 이직 제안을 받았다면 회사를 떠나는 것에 대해서 고려해볼 만합니다. 하지만 왜 그 회사가 나에게 이직 제안을 했는지 냉정하게 알아볼 필요는 있습니다. 정말 나의 능력이 필요해서인지, 아니면 괜히 어떤 일의 방패막이나 병풍 역할로 내가 필요해서인지 확인해

보아야 합니다.

또한 현재 회사의 상황도 늘 알고 있어야 합니다. 회사에 이직을 통보했는데 얼마 안 돼서 희망퇴직 프로그램이 발표된다면, 내 입장에서는 퇴직 위로금을 받을 수 있는 기회를 놓쳐버리는 것이기 때문입니다. 어차피 회사를 떠날 거라면 회사가 희망 퇴직을 진행할 때 위로금을 받고 이직을 하는 것이 제일 바람직합니다. 물론 이런 상황이 내가 이직하기로 결심한 시점과 딱 맞아떨어지는 경우는 거의 없습니다. 거의 로또와 같은 확률이라고 할 수 있을 겁니다. 하지만 그래도 이직하기로 마음을 정했다면 회사의 상황도 눈여겨볼 필요가 있습니다.

연차가 쌓이고 직급이 올라갈수록 이직을 결심하는 데 신중해질 수밖에 없습니다. 아무래도 직급이 올라가면 회사에서의 대우도 좋아지고, 업무 역시 능숙해지기 때문에 다른 직장으로 이직을 생각하는 것이 쉽지 않습니다. 새삼스레 현재의 편하고 익숙한 환경을 버리고 새로운 환경에서 낯선 일들을 시작한다는 것이 나이 먹고 쉬운 결정이 아니기 때문입니다. 하지만 직급이 올라갈수록 내가 떠나야 하는 시점을 잘 아는 것이 중요합니다. 자칫 현재의 편안함과 익숙함에 빠져 회사의 시그널을 읽지 못하게 되는 경우에는 이직 시점을 잡지도 못하고 회사에서 버려질 가능성이 있기 때문입니다. 따라서 현재 내가 몸담고 있는 포지션에서 같은 직급에 있던 선임자들이 평균적으로 얼마 동안 이 직급에 머물렀으며, 이 직급 이후 그 선임자들은 어떻게 되었는지를 확인해볼 필요가 있습니다. 만약 이 직급에서 내가 선임자들의 평균 재직 기간을 넘겨서 근무했다면 이제는 다른 자리로 가야 하는 때가 된 것이고, 만약 이 회사 안에서 다른 자리를 찾지 못한 선임자들이 많았다면, 나 역시 이직을 준비해야 하는 것입니다. '나는 예외겠지'라는 생각은 웬만하면 하지 않는 것이 좋습니다. 통계적으로 '평균'이라는 것은 꽤나 신뢰할 만한 수치라는 사실을 저 역시 경험을 통해서 느꼈기 때문입니다.

아무리 이직에 대한 준비를 평소 해오고 있었다고 하더라도, 막상 이직을 결정하고 나면 본격적인 준비 기간이 필요합니다. 옮기고 싶은 회사가 내가 원하는 시점에 채용을 하는 경우는 드물기 때문입니다. 따라서 나의 이직 의사를 원하는 회사에 전달하고 기다리거나, 아니면 그 회사가 인력 채용을 할 때까지 기다려야 합니다. 이때 그동안 알고 지내던 주변 인맥의 도움이 필요합니다. 알고 지내던 헤드헌터나 가고 싶었던 회사의 직원 등을 만나 이직 의사를 밝히고 도움을 요청하는 단계가 필요합니다.

나의 의사와 상관없이 상황에 떠밀려 억지로 이직을 선택하게 되면 아무래도 시간의 여유나 마음의 여유가 없이 급한 선택을 할 수밖에 없습니다. 시간에 쫓겨서 한 급한 선택은 이후에 후회로 이어지는 경우가 많습니다. 중요한 것은 적절한 시점에 내가 먼저 이직을 준비하는 것입니다. 경력 관리의 성패는 이직을 어떻게 결정하느냐에 좌우되는 경우가 많습니다. 충분히 철저하게 준비해야 후회하지 않는 만족스러운 이직을 할 수 있습니다.

지금 자신의 현재 상태를 진단하고 이직 시점이 되었는지 분석하십시오. 그리고 나는 지금까지 이직 준비를 잘해오고 있었는지 생각해보시기 바랍니다. 떠날 시점을 알고 내가 원하는 곳으로 떠날 수 있다는 것은 무척 행복한 일이기 때문입니다.

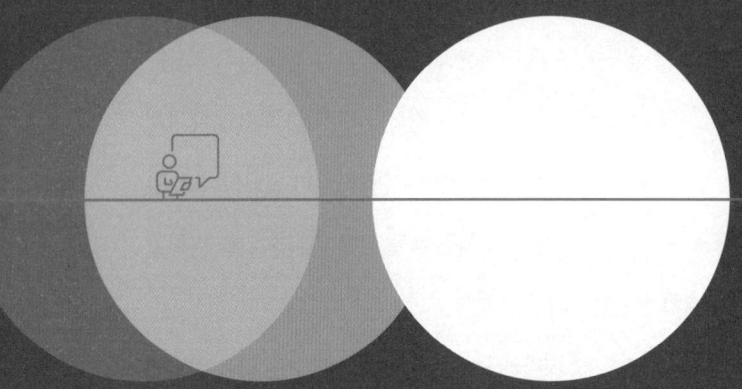

1
무릎에서 사서 어깨에서 팔아라

주식을 하는 사람이라면 이 말을 한 번쯤 들어봤을 겁니다. "무릎에서 사서 어깨에서 팔아라." 너무 욕심부리지 말고 적당한 시기에 주식을 사고팔라는 의미로 많이 사용되는 말입니다. 이 말은 직장을 옮길 때에도 비슷하게 적용되는 것 같습니다. 사람들은 이직 시점을 언제로 잡을 것인지에 대해 많이 고민하는데, 그러다 이직 시점을 놓치는 경우가 종종 있습니다. 아무래도 이직이 생각보다 까다로운 절차를 거쳐야 하는 일이고 인생이 걸린 일이다 보니 할지 말지 결정하는 것도 쉽지 않고, 결정을 하고 나서도 그 시점을 잡는 것이 쉽지 않을 수밖에 없습니다.

따라서 이직을 고민하는 사람이라면 누구나 한 번쯤 '지금이 이직할 타이밍이 맞는 걸까?'라는 질문을 하게 됩니다. 한 회사에 너무 오래 머물면 매너리즘에 빠지기 쉽고, 반대로 너무 자주 옮겨 다니면 경력의 일관성을 잃을 수 있다는 고민도 될 것입니다. 이직은 단순히 회사를 옮기는 것이 아니라, 경력과 미래를 재설계하는 중요한 결정입니다. 이 때문에 이직 타이밍을 신중히 선택하는 것이 무엇보다 중요합니다.

많은 사람들이 첫 직장에 입사할 때, '여기서 오랫동안 일해야지'라는 다짐을 하곤 합니다. 회사와 함께 성장하며 안정적인 경력을 쌓아 나가겠다는 생각과 함께 말입니다. 하지만 현실은 그런 다짐과 다르게 흘러가기도 합니다. 회사에 오래 머무는 것이 꼭 안정적이고, 좋은 선택은 아닐 수도 있습니다. 오히려 적절한 시기에 이직을 고민하지 않으면 자신의 경력을 더 이상 성장시키지 못하는 상황에 처할 수도 있기 때문입니다. 한 회사에 너무 오래 머물게 되면 아무래도 그곳에 적응하게 되고 새로운 변화에 둔감해지기 쉽습니다. 세상은 빠르게 변하고 있고 치열하게 경쟁하는 상황에서 나 혼자 이와 같은 변화를 느끼지 못한다는 것은 어떻게 보면 경쟁에서 뒤처지고 있다고 볼 수도 있기 때문입니다. 아무리 현재 직장에서 성과를 내고 있다고 하더라도, 미래에 대한 준비가 없다면 갑작스러운 변화에 대처하기 힘들어질 수 있습니다.

10년 넘게 대기업에서 안정적으로 일하던 한 친구가 있었습니다. 그는 한 회사에서 쭉 근무하며, 나름대로 만족스러운 경력을 쌓고 있었습니다. 그러나 시간이 지나면서 회사는 점점 변화를 요구했고, 새로운 기술을 배우지 않던 그는 점점 뒤처지게 되었습니다. 결국 회사의 대대적인 구조조정에서 그는 명예퇴직을 선택할 수밖에 없었고, 꽤 오랜 시간 방황 후 전혀 다른 직무로 이직을 해야 했습니다. 자신이 그동안 쌓아온 경력이 전혀 도움이 되지 않는 상황에 처하게 된 것입니다. 만약 그 친구가 몇 년 전부터 새로운 도전을 위해 준비를 했다면 어땠을까요? 아마 지금보다는 더 나은 결과를 만들 수 있었을 겁니다.

반대로, 적절한 타이밍에 이직을 준비한 다른 친구는 새로운 기회를 찾는 데 성공했습니다. 이 친구는 한 직장에서 5년 동안 일하며 그 분야에서 경력을 쌓고 자격증도 땄습니다. 이 친구는 그전 회사에서도 아주 인정을 받고 있었지만 여기에 만족하지 않았고, 자신의 경력이 성장했다고 느낀 시점에 다른 회사로 이직을 결심했습니다. 결과적으로 그는 새로운 직장에서 더 큰 책임과 기회를 갖게 되었고, 경력 면에서도 한 단계 도약을 이룰 수 있었습니다.

이 두 친구의 사례를 보며 한 회사에 오래 머무는 것은 경력 발전에 있어서는 오히려 위험할 수도 있다는 사실을 깨닫게 되었습니다. 너무 오래 한 회사에 머물게 될 경우, 익숙함과 편안함이 주는 달콤함 때문에 새로운 도전의 기회를 놓치게 될 수 있다는 사실을 간과해서는 안 됩니다. 적절한 시점에 이직을 고려하는 것이 장기적인 경력 관리 측면에서는 훨씬 더 큰 도움이 됩니다.

반면, 너무 자주 이직하는 것도 경력에 부정적인 영향을 줄 수 있습니다. 한 직장에서 충분한 성과를 내기 전에 이직을 반복하게 되면 커리어적으로 꾸준하게 성장해왔다는 근거를 보여주기 어렵기 때문입니다. 회사 입장에서는 빈번하게 이직을 반복한 지원자를 보면

'이 사람은 우리 회사도 금방 떠나지 않을까?'라는 생각을 하게 됩니다. 지원자가 안정적으로 근속할지에 대한 의구심이 들 수밖에 없기 때문입니다.

실제로 제가 아는 직원 중 한 명이 2년 간격으로 이직을 3번 한 적이 있었습니다. 계속 더 나은 조건을 찾아 이직을 한 것인데, 이직을 거듭할수록 면접에서 "왜 이렇게 자주 회사를 옮겼나요?"라는 질문을 피할 수 없게 되었다고 합니다. 결국 마지막으로 입사 지원한 회사는 이 직원이 장기적으로 일할 수 있을지 의구심을 가지게 되었고, 결국 그의 채용을 포기했다고 합니다. 그 직원 입장에서는 너무 잦은 이직이 좋은 취업 기회를 놓치게 만드는 원인을 제공한 것입니다. 자주 이직하는 것은 얼핏 보면 경력을 빠르게 발전시키는 것처럼 보일 수도 있습니다. 하지만 지나치게 회사를 자주 옮겨 다니게 되면, 결과적으로 채용 시장에서 신뢰를 잃게 되고 경력의 일관성도 해칠 수 있습니다. 또한 근무한 회사에서 충분한 성과와 경험을 쌓지도 못한 채 이직만을 반복한다면, 그 경험이 다음 회사에서 얼마나 유용할지는 불확실할 수밖에 없습니다. 결국, 너무 자주 이직을 선택하는 것은 본인의 경력에 오히려 악영향을 줄 수도 있다는 것입니다. 따라서 경력의 일관성을 유지하면서 적절한 시기에 이직을 선택해야 한다는 것을 기억하시기 바랍니다.

이직에 대한 이야기를 하다 보면 많은 사람들이 '현재 직장이 만족스러운데 굳이 이직해야 할까?'라는 고민을 한다는 것을 알 수 있습니다. 마음에 드는 직장에서 분명한 성과를 내고 있다면 계속 그곳에 머무는 것이 당연한 선택으로 보입니다. 하지만 경력 관리 측면에서 장기적인 목표를 염두에 두고 있다면, 현재에 만족하더라도 새로운 도전의 기회를 찾는 것이 필요할 수 있습니다.

저와 같이 일했던 또 다른 직원은 직장에서 매우 잘 맞는 업무를 하고 있었습니다. 업무 성과도 좋았고, 상사와의 관계도 원만했습니다. 매년 연봉도 높은 수준으로 올랐고, 승진 역시 남들보다 빠른 편이었습니다. 하지만 그는 어느 순간 자신이 정체되었다는 느낌을 받기 시작했습니다. 새로운 산업의 트렌드에 대한 관심이 많이 생겼지만, 회사는 그가 원하는 변화의 기회를 제공해주지 못했습니다. 그는 '지금 내 업무가 만족스럽지만, 이게 나의 경력에 있어 최선의 선택일까?'라는 고민을 했고, 결국 이직을 결심했습니다. 그리고 새로운 직장에서는 더 큰 프로젝트를 맡으며, 이전 직장에서 경험하지 못했던 다양한 도전을 할 수 있었습니다. 쉽지 않은 선택이었겠지만 결국 그의 이직은 그가 장기적으로 성장할 수 있는 기회를 제공해주었고, 덕분에 그는 현재의 업무에 아주 만족하며 직장생활을 하고 있습니다. 이처럼 현재 직장에서 만족하고 있더라도, 경력이 어느 정도 쌓였다고 느낄 때는 이직을 고려해보는 것이 좋습니다. 새로운 환경에서 더 크게 성장할 기회가 있을 수 있기 때문입니다.

그렇다면 이직 타이밍은 어떻게 결정해야 할까요? 이직을 고려해야 하는 몇 가지 신호들이 있습니다.

첫 번째는 더 이상 배울 것이 없다고 느껴질 때입니다. 업무가 더 이상 나에게 새로운 도전이 되지 않고, 정체된 느낌을 받을 때가 바로 이직을 고려할 때입니다. 더 이상 배울 것이 없다면 경력이 발전하지 않을 가능성이 크기 때문입니다.

두 번째는 회사의 비전과 내 목표가 맞지 않을 때입니다. 회사가 지향하는 방향과 내가 꿈꾸는 커리어가 다를 때, 그 갭을 줄이기 어렵다면 이직을 고민해봐야 합니다. 회사가 나의 성장과 맞지 않는 방향으로 나아가고 있다면, 경력을 발전시키기 어려울 수 있습니다. 특히 기술 분야에서 이런 상황이 자주 발생합니다. 내가 원하는 기술과 회사가 가지고 있는 기술에 차이가 있을 때, 내가 원하는 기술을 가지고 있는 회사로 이직을 고려하게 됩니다.

세 번째는 새로운 도전에 대한 갈증을 느낄 때입니다. 안정적인 업무에 만족하고 있지만, 스스로 새로운 도전을 하고 싶은 욕구가 생긴다면 그 또한 이직 타이밍이 온 것입니다. 업무가 더 이상 나에게 의미 있는 성취감을 주지 못한다면, 그때가 바로 변화를 모색해야 할 때입니다. 이 경우는 회사 내부에서 부서를 이동하는 것을 통해서도 변화를 가져가는 방법이 있기 때문에, 만약 현재 회사가 만족스럽다면 회사 내에서 부서 이동을 하는 옵션도 같이 생각해볼 필요가 있습니다.

결국 이직은 단순히 회사를 옮기는 것이 아니라, 나의 경력을 다시 한 번 점검하고 재설계하는 기회입니다. 한 회사에서 너무 오래 머무는 것도 위험하고, 자주 회사를 옮기는 것도 좋지 않습니다. 이직을 통해 더 나은 기회를 찾고, 경력을 한 단계 성장시키는 것은 경력 관리에 있어 필수적인 과정입니다.

적절한 시기에 이직을 결심하고, 새로운 도전에 나서면 자신을 더욱 성장시킬 수 있습니다. 지금 내가 머무는 곳이 나의 최종 목적지가 아니라 성장의 한 과정임을 인식하고, 새로운 도전을 위한 이직 타이밍을 고민해보십시오.

내 마음속 메모장

- 성공적이고 만족스러운 직장생활을 하는 동안에도 이직은 항상 고려해야 한다. 한곳에 너무 익숙해지는 것을 경계하자.
- 너무 자주 이직하는 것 역시 조심해야 한다. 한곳에서 충분히 경력에 추가할 만한 성과를 만든 다음 이직을 고려해야 한다.
- 첫 번째 이직 타이밍은 더 이상 내가 배우지 못하고 성장이 멈추었다고 생각되는 때이다.
- 두 번째 이직 타이밍은 회사의 비전과 내 목표가 맞지 않을 때이다. 내가 성장하고 싶은 방향과 회사의 방향이 맞지 않는다면 이직을 고려해야 할 때이다.
- 이직의 세 번째 타이밍은 내가 무언가 새로운 도전을 하고 싶을 때이다. 현재 업무에서 도전하기 어려울 경우, 이직을 하거나 팀을 옮겨 새로운 업무를 하는 것을 시도해야 한다.

2
사람이 몰리는 회사, 사람이 떠나는 회사

직장인이라면 한 번쯤 이런 생각을 해본 적이 있을 것입니다. '왜 어떤 회사에는 사람들이 몰리고, 또 어떤 회사에서는 사람들이 떠나려고만 할까?' 이직을 고민하는 사람들의 대화를 들어보면 회사마다 평판이 극명하게 갈리곤 하는 것을 알 수 있습니다. 잘나가는 회사들은 경쟁이 치열해 입사 지원서가 넘쳐나고, 반대로 문제 있는 회사들은 사람들이 떠나려고 줄을 섭니다.

그렇다면 어떤 회사가 사람들이 들어가고 싶어 하는 곳이고, 반대로 어떤 회사가 사람들이 떠나고 싶어 하는 곳일까요? 그리고 만약 내가 현재 근무하는 회사가 사람들이 떠나려고 하는 회사라면, 나는 어떤 선택을 해야 할까요?

사람들이 들어가고 싶어 하는 회사에는 크게 세 가지 특징이 있습니다. 우수한 기업 문화, 명확한 비전, 그리고 성장의 기회. 이 세 가지는 직장 선택에서 가장 중요한 요소로 작용하며, 사람들의 열망을 자극합니다.

우수한 기업 문화는 직장인의 삶의 질을 결정짓는 중요한 요소입니다. 직원을 배려하고, 공정한 평가와 보상을 제공하며, 직원들 간에 소통이 원활하게 이루어지는 곳은 누구나 다니고 싶어 할 수밖에 없습니다. 이런 회사의 특징은 일단 직원들의 표정이 밝습니다. 그리고 누구나 자신의 의견을 아무 거리낌 없이 이야기할 수 있습니다. 서로 신뢰가 있기 때문입니다. 이런 회사는 단순히 돈만 많이 주는 곳이 아니라, 일하는 사람이 존중받는 곳이라는 인식을 주기 때문에 사람들을 끌어모을 수 있는 것입니다. 그 예로 우리가 다 아는 구글이라는 회사는 오랫동안 사람들이 일하고 싶어 하는 회사로 손꼽혀왔습니다. 그 이유는 단지 고액의 연봉뿐만이 아니라, 창의성을 존중하는 기업 문화와 직원들에게 주어지는 자율성 등이라고 할 수 있습니다. 구글의 20% 룰은 그 좋은 예입니다. 직원들이 업무 시간 중 20%를 자신의 프로젝트에 쓸 수 있도록 허용하는 이 규칙은 회사에 대한 애착과 충성도를 높였습니다. 이런 문화는 직원들이 회사에 머물고 싶어 하는 강력한 이유가 됩니다.

회사의 명확한 비전이 중요한 이유는 회사와 직원 모두가 같은 방향을 보게 한다는 것 때문입니다. 회사의 비전이 명확하고, 그 비전에 따라 회사가 지속적으로 성장하고 있어서 신뢰가 쌓일 때, 사람들은 그곳에서 일하고 싶어집니다. 반대로 회사가 어디로 가고 있는지 모호하다면, 직원들은 불안감을 느끼고 떠날 준비를 하게 될 것입니다. 테슬라의 CEO 일론 머스크는 '지속 가능한 에너지로의 전환'이라는 명확한 비전을 제시하며 회사를 이끌고 있습니다. 이 비전은 단순한 기업 목표를 넘어, 인류의 미래에 대한 방향성을 제시합니다. 이런 강력한 비전이 있기에 수많은 인재들이 테슬라에 몰려들고, 열정적으로 일하는 것이겠지요. 비전은 단순한 슬로건이 아니라, 사람들을 결집시키고 동기를 부여하는 강력한 도구입니다.

아무리 좋은 회사라도 성장할 수 있는 기회가 없다면 사람들은 흥미를 잃습니다. 그만큼 성장의 기회는 중요합니다. 직장인은 항상 자신이 회사와 함께 성장하고 있다는 느낌을 받아야 합니다. 승진의 기회, 새로운 도전 과제, 스킬을 개발할 기회가 주어지는 회사는 자연히 사람들의 관심을 끌게 됩니다. 꽤 좋은 조건을 내건 대기업의 스카우트 제안을 마다하고 스타트업에서 일하는 친구가 있습니다. 그는 규모가 작은 회사에서 일하기 시작했지만, 회사가 빠르게 성장하면서 많은 성장 기회를 얻을 수 있었습니다. 회사가 커지면서 새로운 프로젝트에 참여할 기회도 많아졌고, 스스로 경력을 쌓는 데 많은 도움이 되었다고 합니다. 이런 성장 가능성은 사람들을 끌어당기는 중요한 요소입니다. 반면, 구조가 경직되어 있고 성장 기회가 제한된 회사는 아무리 높은 연봉을 준다고 해도 사람들을 오래 붙잡아 두지 못하는 경우가 많습니다.

사람들이 떠나고 싶어 하는 회사는 지금까지 알아본 회사들과는 반대의 특징을 가지고 있습니다. 낙후된 회사 문화, 불확실한 미래, 그리고 성장 정체는 사람들이 떠나는 주요 이유가 됩니다.

낙후된 회사 문화를 가진 곳의 특징은 다음과 같습니다. 경영진이 직원들의 의견을 무시하고, 불공정한 평가나 보상이 만연하며, 소통이 단절된 회사. 그런 회사는 직원들에게 스트레스를 줄 뿐입니다. 이와 같은 회사에서 일하는 직원들은 당연히 회사 문화에 점점 지쳐갈 수밖에 없습니다. 그런 회사에서 상사들은 부하 직원의 의견을 들으려고 하지 않고, 승진은 실력이 아닌 인맥에 따라 결정되는 경우가 많습니다. 직원들의 불만이 쌓여도, 회사는 이를 해결하려는 노력조차 하지 않기 쉽습니다. 또한 윗선에서는 공정함과 수평적인 문화를 강조하지만 오히려 회사는 그 반대로 돌아가고 있다는 걸 직원들은 체감합니다. 그래서 이런 회사는 직원들의 목소리는 들리지 않고 상사들의 목소리만이 난무합니다. 결국 이런 회사에서 머물고 싶어 하는 직원은 많지 않습니다. 직원들은 기회가 있을 때마다 회사를 떠나게 되고, 회사 분위기가 점점 더 나빠질 것은 불 보듯 뻔한 일이 됩니다.

회사의 미래가 불투명할 때, 직원들은 불안감을 느낄 수밖에 없습니다. 회사가 어디로 가고 있는지 모호하거나, 재정적으로 불안정한 상황이라면 아무리 높은 연봉을 제시해도 사람들은 떠나고 싶어집니다. 특히, 경영진이 명확한 비전 없이 방황하는 모습은 직원들에게 큰 불안을 안겨줍니다. 직원들은 회사의 현재도 물론 중요하게 생각하지만, 회사의 미래가 자신의 미래와 연결되어 있다는 생각을 하고 있기 때문에 미래가 불안한 회사에 계속 머물고 싶어 하지 않습니다.

회사가 성장하지 않으면 직원들의 커리어도 정체됩니다. 경력이 일정 수준에 도달했는데도 새로운 기회나 도전이 주어지지 않으면, 사람들은 직장을 떠나려고 합니다. 특히, 성장 기회가 제한된 회사는 젊은 인재들이 오래 머물기 힘든 환경입니다. 이런 회사의 특징은 유능한 직원은 모두 회사를 떠나고, 그저 자리만 차지하고 있는 오래된 월급 루팡들만이 가득하다는 것입니다.

만약 지금 내가 사람들이 떠나고 싶어 하는 회사에 근무하고 있다면 어떻게 해야 할까요? 중요한 것은 현재 상황을 냉정하게 분석하고, 장기적인 경력을 쌓을 수 있는 목표를 고민하는 것입니다.

먼저, 현재 회사의 상황을 객관적으로 분석해야 합니다. 회사의 문화가 악화되고 있는가? 경영진의 비전이 불투명한가? 성장의 기회가 줄어들고 있는가? 이런 질문들을 통해 현재 회사의 상태를 진단해보는 것입니다. 만약 회사가 점점 나빠지고 있고, 내가 더 이상 여기서 성장할 수 없다고 느껴진다면 이직을 고민하는 것이 맞습니다. 한 지인은 대기업에서 일하면서 회사 분위기가 점점 나빠지는 것을 느꼈습니다. 승진이 막히고, 새로운 도전 과제가 사라지면서 자신의 경력이 정체되고 있다고 판단한 것입니다. 결국 그는 몇 개월 동안 이직을 준비했고, 지금은 더 나은 회사로 옮겼습니다. 그는 현실을 냉정하게 분석하고, 필요한 결정을 내린 당시의 결정에 대해서 아주 만족한다고 이야기합니다.

만약 현재 회사에서 미래가 보이지 않는다면, 이직 기회를 적극적으로 모색하는 것이 좋습니다. 하지만 이직을 준비하면서도 현재 직장에서 최대한 많은 경험과 네트워크를 쌓는 것이 중요합니다. 또한, 이직을 위한 기술적 역량을 준비하는 것도 필수적입니다. 제 주변의 또 다른 친구는 자신이 다니던 회사의 비전이 불확실하다고 느끼면서 이직을 준비하기 시작했습니다. 그는 그동안 쌓아온 인맥을 통해 이직 기회를 알아보았고, 동시에 자신의 스킬셋을 강화하기 위한 교육 프로그램에 참여했습니다. 결국 그는 더 나은 조건의 회사로 이직할 수 있었고, 그곳에서 더 큰 성장 기회를 얻게 되었습니다.

이직을 준비하는 동안에도 현재 회사에서 가능한 한 많은 경험과 지식을 쌓는 것이 중요합니다. 회사의 분위기가 나빠지거나 비전이 불투명해진다고 하더라도, 그곳에서 배우고 얻을 수 있는 것들이 있을 수 있기 때문입니다. 이직을 염두에 두면서도 회사의 프로젝트에 적극적으로 참여하고, 자신의 역량을 키우는 데 집중해야 하는 이유입니다. 또한 이직을 준비하는 과정에서 필요한 스킬이나 자격증이 무엇인지 파악하고, 이를 보강할 시간을 충분히 가져야 합니다. 어차피 필요한 자격증이라면 지금의 회사에 있는 동안 최대한 준비를 해두어야 합니다.

이직은 단순히 지금의 불만을 해소하기 위한 수단이 아닙니다. 나의 커리어 목표에 맞춘 장기적인 계획의 일환으로 이직을 고려해야 합니다. 현재 다니고 있는 회사가 만족스럽지 않다는 이유로 급하게 이직을 선택하면 또 다른 문제를 마주하게 될 수 있습니다. 중요한 것은 '나의 커리어에서 어떤 경험이 필요하며, 그 경험을 어디서 얻을 수 있을까?'라는 질문에 대한 답을 찾는 것입니다. 따라서 지금 내가 있는 회사가 당장 망할 회사가 아니라고 한다면 철저하게 계획적으로 이직을 준비해야 합니다. 물론 떠날 결심이 섰기 때문에 가능한 한 빨리 회사를 떠나고 싶겠지만 그럴수록 냉정함을 잃어서는 안 됩니다. 단지 기분만으로 이직이라는 결단을 내려서는 안 됩니다.

사람들이 몰리는 회사와 떠나는 회사에는 분명한 차이가 있습니다. 좋은 회사는 사람들에게 기회를 제공하고, 나쁜 회사는 사람들을 떠나게 만듭니다. 그러나 가장 중요한 것은 회사가 아닌 나 자신입니다. 어떤 회사에서 일하든 나의 커리어 목표와 장기적인 계획을 세우는 것이 이직을 결정하는 데 있어 가장 중요한 요소입니다. 회사가 마음에 들지 않더라도, 그 안에서 얻을 수 있는 경험과 지식이 있다면 이를 최대한 활용하고, 이직을 서두르지 말고 장기적인 목표를 고려해야 합니다. 반대로, 현재 회사에서의 성장이 멈추고 더 이상 미래가 보이지 않는다면, 새로운 기회를 적극적으로 찾아야 할 시기입니다. 이직은 단순히 회사를 바꾸는 것이 아니라, 나의 커리어를 한 단계 업그레이드할 수 있는 중요한 기회라는 점을 기억해야 합니다.

이직에는 타이밍과 준비가 중요합니다. 이직할 마음이 생겼다고 하더라도 끊임없이 자신을 발전시키고, 일단 현재의 회사가 제공하는 모든 기회를 활용하는 것이 필요합니다. 그리고 언제든지 떠날 준비를 하고 있어야 합니다. 이 과정에서 결코 감정에 휘말리지 않는, 냉정한 판단과 전략적인 결정이 필요하며, 나의 경력에 맞는 가장 적합한 선택을 하는 것이 이직의 성공 비결입니다.

- 사람들이 가고 싶어 하는 회사의 첫 번째 유형은 좋은 기업 문화가 있는 회사이다. 공정한 평가와 보상이 제공되고, 직원들 간의 소통이 원활한 곳에 사람들은 몰린다.

- 사람들이 가고 싶어 하는 회사의 두 번째 유형은 명확한 비전을 제시하는 회사이다. 비전이 명확하고 그 비전에 따라 회사가 나아가고 있다는 신뢰가 형성된 곳에 사람들은 몰린다.

- 사람들이 가고 싶어 하는 회사의 세 번째 유형은 지속적으로 성장하는 회사이다. 회사와 함께 직원들이 계속 성장할 수 있는 곳에 사람들은 몰린다.

- 사람들이 떠나고 싶어 하는 회사는 악화된 회사 문화, 불확실한 미래, 그리고 성장 정체라는 공통점을 가지고 있다.

- 지금 내가 근무하는 곳이 사람들이 떠나고 싶어 하는 곳이라고 하더라도 감정적으로 퇴사를 결정하면 안 된다. 당장 망할 회사가 아니라면 최대한 현재의 회사에서 얻어낼 수 있는 것을 얻어내고 이직을 해야 한다.

3
떠날 때도 규칙이 있다

직장생활을 어느 정도 해온 사람이라면 해도 해도 쌓이는 업무와 상사의 꼰대 짓에 지쳐 자주 퇴사를 꿈꾸곤 할 것입니다. 잔소리를 하는 상사 앞에서 가슴에 품었던 사표를 던지고, 깜짝 놀라는 상사를 뒤로하며 멋지게 회사를 나오는 모습은 생각만 해도 시원하고 통쾌하기까지 합니다.

하지만 현실적으로 생각하면, 실제로 이런 일이 가능할까요? 정답부터 말씀드리자면 이렇게 하면 안 됩니다. 어차피 다시는 안 볼 건데 상관없을 거라는 생각이 들지도 모르지만, 세상일은 아무도 모릅니다. 내가 떠났던 그 회사에 다시는 돌아가지 않는다고 하더라도, 그 회사에 있는 사람이 내가 옮긴 회사로 이직할 수도 있기 때문입니다. 심지어 내 윗사람으로 오는 최악의 상황이 생길 수도 있습니다. 또 전 직장 사람들을 새로 옮겨 간 회사에서 만나지 않는다고 하더라도 그 사람들과 알고 지내는 사람이 내가 옮기는 회사에 없을 거라는 보장이 없습니다. 만약 전 직장 사람과 관련된 사람이 새로운 회사에 있다고 하면, 나에 대한 소문은 금방 퍼지게 되고 나는 거기서 나가 다시 다른 직장을 찾아야 할지도 모릅니다.

물론 사회생활에서 회사에 들어가는 것이 몹시 중요한 일이긴 하지만, 직장을 떠나는 퇴사 역시 신중한 결심 아래 최선을 다해 진행해야 합니다. 그래야 퇴사로 인한 불필요한 손해를 막을 수 있습니다. 어차피 떠난다고 해도 끝까지 나의 모습을 아름답게 남기고, 나중에 다른 곳에서 다시 만났을 때 반갑게 인사할 수 있는 사람으로 남는 것이 중요합니다. 마치 진짜 연애를 잘하는 고수는 만남보다 헤어짐을 깔끔하게 하는 사람이라는 말처럼, 진짜 직장생활의 고수는 퇴사를 할 때도 정성을 다하는 사람이라고 볼 수 있습니다.

사람들이 퇴사를 결정하게 되는 이유는 여러 가지가 있습니다. 그 이유들은 현재 직장에서 만족스럽지 않다는 공통점이 있을 것입니다. 만족스럽지 않은 것은 연봉일 수도 있고, 회사의 문화일 수도 있고, 상사일 수도 있고, 동료일 수도 있습니다. 물론 현재 직장에 아무 문제가 없지만 다른 회사에서 더 좋은 조건으로 이직 제안을 받아 퇴사를 결정하는 경우도 있을 수 있습니다. 하지만 대부분의 퇴사 결정은 이처럼 현재 상황에 대한 불만으로 시작되는 경우가 많습니다. 그렇다 보니 서두에 이야기한 것처럼 이직이 결정되고 나면 그동안의 불만을 한번 터트려보고 싶고, 시원한 기분을 느끼고 싶은 나머지 하지 않아도 될 행동이 나오는 경우가 있습니다. 또 이직이 결정되고 나면 아직 이 회사에서 근무할 기간이 남아 있는데도 불구하고 업무에 성의 없이 임하거나 대놓고 업무 지시를 따르지 않으려고 하는 사람도 있습니다. 이와 같은 행동은 잠시의 상쾌함을 가져다줄 수 있을지는 모르지만, 본인에게 전혀 도움이 되지 않는 행동이라는 것을 꼭 기억해야 합니다.

그렇다면 이직이 결정되었을 때, 즉 내가 지원한 회사에서 합격을 통보받고 오퍼 시트에 나온 입사 조건에 사인을 했을 경우, 그다음에 현재 회사와 어떻게 해야 가장 아름답게 이별할 수 있을지를 이야기해볼까 합니다.

이직 결정이 나고 오퍼 시트에 사인을 하게 되더라도 만약 현재 회사에서 진행하는 프로젝트 등으로 인해 퇴사 일정이 변경될 가능성이 있을 경우, 입사 일정에 대해서는 약간의 여지를 남겨두는 게 좋습니다. 물론 새로운 회사에서는 여러 가지 이유로 입사 일자를 정해두려고 하겠지만, 가능하다면 일주일이나 이 주일 정도의 여유 기간을 요청하고, 현재 회사와 협의 후에 입사 일자를 확정 짓는 것으로 이야기를 해두는 게 좋습니다. 대부분의 회사에서는 그 정도 기간에 대해서는 채용 팀 팀장의 권한으로 조정이 가능하기 때문에 협조를 요청할 경우 승인할 가능성이 높습니다.

이제 현재 직장에서 상사와 면담을 하면서 이직 사실을 알려야 합니다. 대부분의 경우 상사는 현재 업무에 대한 인수인계에 문제가 없는 선에서 이직을 인정하겠지만, 만약 내가 회사에 꼭 필요한 인재라고 한다면 상사는 여러 가지 제안을 하며 회사에 남아달라고 설득할 수 있습니다.

이렇게 역으로 현재 회사에서 계속 근무해달라고 새로운 조건을 제시하면서 설득한다면 상황을 잘 판단해볼 필요가 있습니다. 현재 회사가 내가 이직하는 것을 말리고 붙잡아두려는 이유가 나를 위한 것인지, 아니면 회사를 위한 것인지를 잘 생각해보아야 합니다. 예를 들어 회사는 지금 진행하고 있는 프로젝트에서 내가 빠질 경우 진행에 어려움이 예상되기 때문에 단기적인 관점에서 날 붙잡아두려고 할 수도 있고, 내가 옮겨 가겠다고 하는 회사가 회사와 경쟁 관계라서 그 회사에 보내기 싫어서 나를 잡을 수도 있습니다. 이와 같은 이유라면 아무리 좋은 역제안을 한다고 하더라도 회사는 나를 장기적으로 성장시켜 줄 가능성이 낮다고 볼 수 있습니다. 하지만 회사가 만약 장기적으로 나를 성장시켜준다는 약속을 하고, 비전을 제시한다면 회사에 남는 것 역시 고려해볼 만합니다.

다만 이미 새로운 회사의 오퍼 시트에 사인을 한 경우라면, 아무리 회사가 나를 설득해도 새로운 회사와의 약속을 깨는 것은 바람직하지 않습니다. 만약 새로운 회사에 구두로 이직에 대한 약속을 했지만 아직 사인을 안 했다면 현재 회사의 역제안을 수용하고 새 회사에 양해를 구할 수 있습니다. 하지만 이미 새 회사와의 계약서에 사인을 한 상태에서 그 약속을 깨는 것은 계약 위반이라고 볼 수 있습니다. 물론 이미 사인을 한 상태에서 그 회사에 안 간다고 법적으로 문제가 되는 건 아니지만, 내 신용에 큰 오점을 남기게 될 뿐 아니라 이후 다른 회사로의 이직에도 제약이 생길 수 있기 때문에 특히 조심해야 합니다.

상사, 즉 현재의 회사에 퇴사를 통보하는 시점은 퇴사 약 한 달을 앞둔 시점이 일반적입니다. 간혹 어떤 직원의 경우 당장 다음 주부터 다른 회사로 출근이 결정되었는데 이번 주에야 상사에게 퇴사 사실을 알리는 경우가 있습니다. 이렇게 퇴사가 얼마 남지 않은 상태에서 퇴사를 통보하는 이유는, 기한을 두고 말했다가 회사가 이직을 막거나 마무리해놓고 나가야 하는 일이 늘어날 것 같아서라고 합니다. 하지만 그런 행동은 전혀 바람직하지 않습니다. 이미 마음이 떠난 회사라고 하더라도 마지막까지 지켜야 할 도리가 있다는 것을 명심하시기 바랍니다. 심지어 퇴사 후에도 현재 회사에서 도움을 받아야 할 일이 생길 수도 있습니다. 경력 증명서를 발급받아야 하는 경우도 있고, 새 회사에서 채용 예정자의 동료로부터 채용 예정자에 대한 평판을 들으려고 하는 경우도 있습니다. 이때 나쁜 인상을 남기고 떠난 직원을 위해 좋은 피드백을 줄 상사는 많지 않을 것입니다. 따라서 퇴사 통보는 적어도 한 달 이상 기간이 남아 있는 상태에서 하는 것이 바람직합니다.

회사에 퇴사를 통보하고 약 한 달간의 기간이 남았다고 가정해봅시다. 많은 직원들이 그중 절반 정도의 기간은 인수인계하는 데 사용하고 나머지 절반 정도의 기간은 휴가를 사용하는 경우가 많습니다. 이직하는 시점에 가족들과 모처럼 긴 휴가를 보내는 건 바람직합니다. 하지만 이때도 일단 인수인계를 잘 마무리하고 휴가에 들어가는 것이 좋습니다. 이미 떠나기로 한 회사에서의 마지막 업무이다 보니 아무래도 최선을 다해 인수인계를 하기가 쉽지 않은 것은 이해합니다. 하지만 누가 봐도 성의 없게 인수인계를 한다든지, 일부러 본인이 아는 내용을 알려주지 않으려고 하는 경우가 있습니다. '내가 어렵게 만든 업무 자료인데 왜 이걸 알려줘야 하나' 하고 생각하는 경우도 있습니다. 하지만 그런 생각이 든다면 좀 더 크게 세상을 보라고 이야기해드리고 싶습니다. 떠나는 시점에 여러분의 모습은 같이 일했던 많은 사람들의 기억에 오래 남을 것입니다. 누군가에게는 선배의 모습으로, 누군가에게는 후배의 모습으로, 그리고 누군가에게는 팀원의 모습으로 마지막에 남게 될 여러분의 모습이 옹졸하고 이기적인 모습이 아니고, 자기 일을 끝까지 책임지는 멋진 모습으로 남기를 바란다면 작은 일에 손익을 따질 필요는 없다고 생각합니다.

간혹 어떤 직원들의 경우 퇴사가 결정되고 나면 회사의 정보를 따로 메모리 카드에 저장하거나 프린트해서 가져가려고 하는 경우가 있습니다. 아무래도 이직하는 회사에서도 비슷한 업무를 하게 될 테니 새로운 곳에서 내 능력을 최대한 빨리 보여주고 싶어서 업무 자료나 정보를 이직하는 회사로 가져가고 싶은 마음이 들 것입니다. 하지만 이 부분은 특히 조심해야 합니다. 대부분의 회사에서는 회사용 컴퓨터나 프린터의 모니터링 기능을 통해 직원이 저장하거나 프린트하는 내용을 감시하고 있습니다. 특히 퇴사가 결정된 직원의 비정상적인 자료 저장이나 프린트는 바로 경고 대상이 됩니다. 이와 같은 일이 생길 경우 회사는 그 직원을 회사 기밀을 밖으로 유출하려는 의도가 있다고 보고 징계할 수도 있습니다. 아무리 여러분이 만든 자료라고 하더라도 그 자료는 회사가 소유한 자료이고, 여러분은 그 자료를 회사에서 주는 월급을 받고 만든 것이라는 것을 기억하시기 바랍니다. 괜히 떠나는 마당에 감사에 걸려 징계를 받게 된다면 그 사실이 새 직장으로 통보될 수도 있고, 이직 또한 어려워질 수 있습니다.

시작만큼 중요한 것이 있다면 그것은 마무리일 것입니다. 직장 생활을 처음 시작할 때 했던 부푼 기대와 다짐을 다시 한번 생각하고, 새로운 시작을 위한 멋진 마무리를 하기 위해 노력한다면 떠나는 여러분의 모습은 분명 아름답게 기억될 것입니다. 업계를 막론하고 어떤 분야든 생각보다 그리 넓지 않습니다. 결국 한 사람 건너면 다 알게 되는 경우가 대부분입니다. 여러분이 남긴 아름다운 뒷모습은 후에 여러분에게 더 좋은 결과가 되어 돌아온다는 것을 기억하십시오. 새로운 회사에서의 멋진 시작을 준비하기에 앞서, 현재 회사에서의 더 멋진 마무리를 준비하시면 좋겠습니다.

내 마음속 메모장

- 퇴사를 한다고 현 직장 사람들에게 다시 안 볼 사람처럼 예의 없이 굴고 나가면 안 된다. 돌고 돌아 언젠가는 만나게 되어 있다.

- 진짜 연애의 고수는 헤어짐이 깔끔한 사람이다. 진짜 직장생활의 고수는 퇴사가 아름다운 사람이다. 아름다운 모습으로 기억되는 퇴사를 해야 한다.

- 최소한 한 달 정도의 기간을 남겨놓고 현 직장에 퇴사 사실을 알려야 한다. 만약 중요한 프로젝트를 진행하는 중이라면, 가능한 한 프로젝트에 지장을 주지 않는 선에서 퇴사 날짜를 정해야 한다.

- 일단 새 직장의 오퍼 시트에 사인을 했다면 아무리 현 직장에서 좋은 조건을 제시하며 이직을 말려도 새 직장과의 약속을 어기면 안 된다. 이후 이직 시장에서 신용을 잃게 된다. 특히 주의하자.

- 퇴사가 결정된 이후 현재 회사의 정보나 문서를 유출하는 것은 절대 하지 말아야 할 행동이다. 비록 내가 만든 문서라고 해도 그것은 현재 회사에서 월급을 받고 만든 회사 소유의 정보라는 것을 기억하자.

4
트렌드 파악하기

한 예능 프로그램을 보다가 전현무 씨가 자신이 '트민남'이라고 하는 장면을 본 적이 있습니다. '트민남'이 대체 뭐지? 나중에 알고 보니 트렌드에 민감한 남자를 트민남이라고 한다는 사실을 알게 되었습니다. 전현무 씨가 워낙 트렌드에 민감해서 무언가 유행을 탔다 하면 바로 본인도 그걸 따라 해야 직성이 풀리는 스타일이라 그를 트민남이라고 한다는 것을 알게 되었습니다. 그 방송을 보면서 이제 웬만한 직장인이라면 트민남이 되어야 하지 않을까 하는 생각을 하게 되었습니다.

직장생활을 하다 보면 한 가지 일에 익숙해지기 마련입니다. 매일 같은 업무를 반복하고, 그 일에 익숙해지면서 시간이 지날수록 자신도 모르게 더 이상 새로운 것에 도전하려는 마음이 줄어들게 됩니다. 처음에 일을 시작할 때는 재미있고 도전적인 일처럼 느껴졌을지 몰라도, 어느 순간부터는 그 일도 그저 일상적인 업무로 변하고 맙니다. 그런데 문제는, 세상은 사람들이 그렇게 안주하도록 가만히 두지 않는다는 것입니다.

우리가 익숙한 것에 안주하는 동안, 바깥세상은 끊임없이 변하고 있습니다. 새로운 기술이 등장하고, 새로운 트렌드가 생겨납니다. 이제는 AI, 빅데이터, 클라우드 같은 단어가 더 이상 IT 업계에만 국한되지 않고, 모든 분야에서 일상적으로 쓰이는 용어가 되었습니다. 이러한 변화를 무시한 채 나만의 작은 세계에 갇혀 있다 보면 어느 순간 경쟁력을 잃게 될 가능성이 높습니다. 더 이상 기존에 알고 있던 기술만으로는 이직하기 어렵고, 현재 다니는 회사에서마저도 뒤처지게 될 위험에 처할 수 있습니다.

많은 사람들이 한 회사에 오래 머물면서 '나름대로 안정적이다'라고 생각하는 경향이 있습니다. 하지만 안정성은 곧 '정체'로 이어질 수 있습니다. 한 가지 일을 너무 오랫동안 반복하면 나도 모르게 그 일에만 집중하게 되고, 세상에서 일어나는 큰 변화를 놓치게 되는 경우가 많습니다. 결국 그러다 보면 다른 곳으로 옮길 준비가 되지 않았음을 깨닫게 됩니다.

회사에서의 익숙함은 때로는 안락한 느낌을 주기도 합니다. 내가 잘 아는 업무, 내가 편하게 할 수 있는 일만 하는 것이 마음을 편하게 해줍니다. 특히 나이가 들고 직급이 올라가면 그런 성향은 더해집니다. '이 나이에 내가 더 배워서 뭐해, 그냥 하던 일이나 잘하자'라는 생각이 들 때도 있습니다. 심지어 현재의 안락함과 편안함을 위협하는 새로운 기술을 거부하고 부정하려는 경향을 보이는 사람도 있습니다. 하지만 변화를 부정하면 부정할수록, 거부하면 거부할수록 나는 점점 뒤처지게 된다는 사실을 알아야 합니다. 안락함 속에서 우리는 중요한 사실을 잊고 있을 수 있습니다. 그것은 바로 세상은 내가 원하든 원하지 않든 지금도 빠르게 변하고 있다는 사실입니다.

만약 내가 지금 하는 일이 언제까지나 그대로 유지될 것이라고 생각한다면 큰 오산입니다. 세상은 계속해서 새로운 기술을 받아들이고, 더 효율적이고 더 빠른 방법을 찾고 있습니다. 그리고 그런 현상은 최대의 이익을 추구하는 기업체에서는 더욱 두드러지게 나타납니다. 새로운 트렌드는 회사 입장에서는 두 가지 측면에서 꽤 중요할 수밖에 없는데, 그 첫 번째는 고객의 변화입니다. 회사가 돈을 벌게끔 해주는 고객이 빠르게 새로운 트렌드를 받아들이고 있는데, 회사가 그 속도를 따라가지 못한다면 경쟁에서 뒤처질 수밖에 없습니다. 두 번째는 업무의 변화입니다. 회사는 항상 최고로 높은 효율을 목표로 하고 있습니다. 만약 기존의 방법보다 훨씬 더 효율을 올릴 수 있는 새로운 기술이 있다면 당연히 회사는 그 기술을 도입할 것입니다. 회사가 이렇게 새로운 기술에 목숨을 걸고 변화를 시도하는데 정작 거기서 월급을 받고 있는 내가 그저 익숙함과 편안함 때문에 변화를 거부하고 받아들이려 하지 않는다면, 나는 도태될 수밖에 없다는 사실을 알아야 합니다.

지금은 어떤 일을 하든 트렌드를 놓치면 경쟁력을 잃는 시대입니다. 기술은 빠르게 변하고, 그에 따라 우리가 해야 할 일들도 점점 더 복잡해지고 있습니다. 옛날에는 한두 가지의 기술을 배워서 그 기술만 잘 다루면 오래도록 안정적인 직장생활을 할 수 있었을지 모르지만, 이제 그런 일은 불가능합니다. 하루가 다르게 새로운 기술들이 등장하고, 기존의 기술들은 빠르게 대체되거나 개선되고 있습니다. 예를 들어 AI가 우리의 삶과 직장에 얼마나 빠르게 침투하고 있는지를 볼까요? AI는 단순한 기계나 프로그램이 아닙니다. 이제는 마케팅, 금융, 의료, 제조업 등 거의 모든 분야에서 중요한 역할을 하고 있습니다. 개발자들의 전유물로만 알고 있었던 코딩을 이제 AI가 직접 수행해주고, 파워포인트를 만들어주기도 합니다. 전에는 최소 몇 년 이상의 경력이 필요했던 복잡한 일들도 이제는 AI가 단번에 해결합니다. 이렇게 새로운 기술이 우리에게 직접적인 영향을 미치기 시작하는 순간, 우리가 준비되지 않았다면 큰 타격을 입을 수밖에 없습니다. 따라서 트렌드를 따라가는 것은 선택이 아니라 필수입니다.

당장 이직을 고려하지 않더라도, 언제든지 변화에 대응할 준비를 해야 합니다. 트렌드를 알지 못한 채로 살다 보면 나도 모르게 뒤처지고, 더 이상 나를 필요로 하는 곳이 없다는 사실을 깨닫게 될지도 모릅니다. 특히 현재 근무하고 있는 분야가 기술의 변화가 빠른 곳이라면 더더욱 그렇습니다.

그렇다면 트렌드를 따라가기 위해서는 어떻게 해야 할까요? 가장 중요한 것은 새로운 기술을 배우려는 적극적인 자세입니다. 많은 사람들이 새로운 기술은 나와는 상관없는 일이라고 생각합니다. 또 이런 기술들을 어렵게 느끼고, 익숙하지 않다 보니 막연하게 두려워하기도 합니다. 하지만 두려움 때문에 새로운 기술을 피한다면 결국 더 큰 어려움에 직면하게 될 것입니다. 그것은 피할 수 없는 흐름이기 때문에, 그 변화를 받아들이고 배워야만 합니다. AI, 빅데이터, 클라우드, 블록체인과 같은 신기술들은 처음에는 복잡해 보일 수 있지만, 조금만 관심을 가지고 시간을 투자하면 원리나 활용법을 이해할 수 있습니다. 사실 새로운 트렌드를 배운다는 것은 그 분야의 전문가가 되라는 의미는 아닙니다. 아예 귀 막고 눈 감지 말고 관심을 가지고 기사도 찾아보고 공부도 해보라는 의미입니다. 중요한 것은 배움에 대한 태도입니다. 나는 이미 직장에서 성공한 사람이라고 생각하며 새로운 것을 배우기를 멈춘다면, 결국 그 자리에서 멈춰버리고 말 것입니다. 반면, 꾸준히 배우고 새로운 기술을 받아들인다면, 변화하는 세상 속에서도 항상 경쟁력을 유지할 수 있을 것입니다.

특히, 요즘처럼 기술이 빠르게 발전하는 시대에는 '평생 학습'이라는 개념이 더 이상 선택이 아니라 필수가 되었습니다. 한번 배운 것으로 평생을 살아가는 시대는 지났습니다. 일을 하면서도 끊임없이 새로운 것을 배우고, 그 배움을 통해 더 나은 직업적 경쟁력을 갖춰야만 합니다.

또한 트렌드를 이해하는 데 중요한 것은 다양한 세대와의 소통입니다. 회사에는 다양한 세대의 직원들이 모여 함께 일하고 있습니다.

특히 MZ 세대는 최신 기술과 트렌드에 매우 민감합니다. 그들의 의견을 듣고, 그들이 중요하게 여기는 것들을 이해하는 것이 트렌드를 따라가는 데 큰 도움이 될 수 있습니다. 세대 간의 소통을 통해 젊은 세대가 무엇을 중요하게 생각하는지, 그들이 어떤 기술을 사용하는지 알 수 있습니다. 이는 곧 내가 현재 사용하는 기술이나 방법이 얼마나 시대에 맞는지 되돌아볼 수 있는 기회가 됩니다.

만약 내가 젊은 세대들과 소통하면서 그들이 사용하는 새로운 기술이나 방법을 전혀 이해하지 못한다면, 아무래도 그들 역시 나와의 만남에서 세대 간의 한계를 느끼게 될 것이고, 더 이상 적극적으로 나와 소통하려고 하지 않을 것입니다. 그리고 그것이 곧 내가 시대에 뒤처지고 있다는 신호일 수 있습니다. 그러니 직장 내에서 세대 간의 소통은 단순히 인간관계를 좋게 만드는 것이 아니라, 직업적 경쟁력을 유지하는 중요한 방법이기도 합니다. 후배들과의 대화나 협업을 통해 새로운 아이디어와 기술을 배우는 것은 경력에도 큰 도움이 될 것입니다.

많은 사람들이 새로운 것을 배우는 데 있어 두려움을 느낍니다. 익숙한 것에서 탈피해야 한다는 사실이 불안하게 느껴지기 때문일 것입니다. 하지만 그렇다고 변화를 두려워하거나 피하려고 해서는 안 됩니다. 우리는 새로운 것을 배우고, 변화를 받아들이면서 더 나은 미래를 준비할 수 있습니다. 변화를 피하고 현재에만 안주하는 것은 장기적으로 나에게 손해가 될 수 있기 때문입니다. 트렌드를 따라가지 못하면 결국 나는 더 이상 이 사회에 필요한 사람이 되지 못한다는 사실을 알아야 합니다. 그러니 조금씩이라도 새로운 기술을 배우고, 변화에 익숙해지는 연습을 해야 합니다. 작은 변화가 쌓이면 큰 성과로 이어질 수 있습니다.

우리가 전현무 씨와 같은 연예인은 아니라고 하더라도 트렌드에 민감한 사람이 되는 것은 이제 직장생활에서 선택이 아니라 필수가 되어가고 있습니다. 해오던 일이 아무리 안정적이고 익숙하더라도, 세상은 끊임없이 변하고 있고, 그 변화를 따라가지 못하면 나도 모르는 사이에 경쟁력을 잃게 될 것입니다. 새로운 기술을 배우고, 세대 간의 소통을 통해 트렌드를 이해하며, 변화에 두려워하지 않는 자세를 유지하는 것이 중요합니다. 이제 트렌드를 따라잡는 것은 경쟁력 있는 직장인이 되는 데 필수 요소가 되었습니다.

내 마음속 메모장

- 현재의 익숙함에 젖으면 새로운 트렌드를 받아들이는 데 소홀해질 수 있다. 익숙함에 빠져 변화에 뒤처지는 순간 경쟁력도 같이 잃게 된다.

- 대부분의 사람들은 직급이 올라가고 나이가 들어갈수록 변화에 거부감을 느끼며 새로운 것을 배우려 하지 않는다. 내가 하는 일이 언제까지나 변화 없이 유지될 것이라고 생각하지 말자.

- 회사가 새로운 트렌드에 민감할 수밖에 없는 이유는 고객의 요구 사항이 트렌드에 따라 변화하기 때문이다. 트렌드를 따라가면 업무를 효율적으로 수행할 수 있다.

- 트렌드에 뒤처지지 않기 위해서는 배우려는 자세가 중요하다. 또한 최신 기술과 트렌드에 민감한 젊은 세대와의 소통 역시 중요하다.

5
회사라는 곳에 의리는 없다

　가끔 회사에서 정리해고를 통보받거나 명예퇴직을 하게 되는 분들이 소주 한 잔을 걸치고 속마음을 털어놓을 때가 있습니다. "내가 얼마나 회사를 위해 살았는데… 진짜 배신감을 느낀다." 길게 말씀하시지만 핵심은 저 한마디입니다. 회사에 배신감을 느낀다는 말에서 그동안 회사를 얼마나 믿고 의지했는지가 느껴집니다. 회사에 자부심을 느꼈기에 회사에 청춘을 다 바쳤고, 평생 회사와 함께할 거라고 생각했는데 어느 날 회사로부터 떠나달라는 통보를 받게 된 것입니다. 그래서 한편으로는 억울하고, 한편으로는 배신감도 느낄 수 있습니다.
　하지만 회사는 감정을 가진 사람도 아니고, 평생을 함께할 동반자적인 존재는 더더욱 아닙니다. 회사는 그저 그 사람의 능력이 필요해서 그동안 그에게 돈을 주어가며 고용했던 것이고, 이제 그 돈을 주고 그를 고용하는 것이 크게 도움이 안 된다는 판단을 했기 때문에 계약 해지를 통보한 것입니다. 마트에 가서 물건을 살 때 물건이 좋아 보이면 지금까지 안 써본 물건이라고 하더라도 비싼 돈을 주고 사겠지만, 품질이 좋지 않은 것을 알면서도 예전부터 쓰던 제품이라고 제값을 주고 물건을 사고 싶어 하는 사람은 없을 것입니다. 마찬가지로 내가 이미 능력이 없고 경쟁력도 없는데 단지 오래전부터 이 회사에 다녔다는 이유만으로 비싼 돈을 들여 나를 계속 고용할 회사는 많지 않을 것입니다. 오히려 그 돈이면 밖에서 나보다 훨씬 뛰어난 인재를 데려올 수도 있는데 말입니다. 회사의 대응은 너무나도 당연하고, 너무나도 자연스러운데 내가 회사를 나가야 하는 사람이 되면 배신감이 들고 억울한 마음이 드는 것뿐입니다.

내가 정말 회사와 오래오래 함께하고 싶다면 회사가 나에게 나가달라고 하기 전에 능력을 더 키우면 되는 것입니다. 그래서 회사가 내 능력 때문에 나를 계속 고용하고 싶게 만들면 되는 것입니다. 내가 정말 뛰어난 능력을 가지고 있다면, 설령 지금 몸담고 있는 회사가 날 알아주지 않아 나가달라고 한다고 해도 다른 회사에서는 나를 찾을 것입니다.

연차가 쌓이고 직급이 올라가면서 점점 체력이 떨어지고, 컴퓨터 화면의 글자들은 조금씩 뿌옇게 보이기 시작합니다. 예전에는 늘 가슴 설레던 새로운 도전을 이제는 실패하면 어떡하나 걱정이 되어 자꾸만 피하고 싶습니다. 왕년에는 잘나간다는 소리를 들어본 적도 있었지만 이제는 그저 오늘이 어제 같고, 내일이 오늘 같을 하루하루를 보내게 됩니다. 세상은 하루가 다르게 변하고 있지만, 이제는 그런 변화마저도 나와는 다른 세상 이야기처럼 보이고, 혹시라도 내가 그런 변화를 받아들여야 할까봐 두렵기까지 합니다. 입에서는 자꾸 "내가 그 나이 때는 말이야…"라는 말이 붙기 시작하고, 팀원들 앞에서는 일장 훈시를 하며 내가 왕년에 얼마나 잘나갔는지를 떠들지만, 이제 팀원들도 점점 그런 이야기를 지겨워하기 시작합니다. 내가 하는 이야기를 떠올려 보니 거의 대부분이 과거 이야기뿐이고, 이제는 점점 회사에서 나 혼자 할 수 있는 일이 줄어들고 있다는 것도 느끼게 됩니다.

조금 비약이 있을 수 있지만 직장생활을 오래 한 분들이라면 아마 공감할 겁니다. '내가 점점 뒤처지고 있구나….' 하지만 내가 그런 느낌을 받을 때 그런 느낌을 받는 건 나뿐만이 아닙니다. 회사 역시 내가 뒤처지고 있다는 느낌을 받습니다. 물론 나보다는 그 사실을 알아차리는 데 조금 더 시간이 걸릴지 모릅니다. 하지만 분명한 건 회사 역시 나의 뒤처짐을 곧 알아차린다는 것입니다. 그리고 회사가 그 사실을 알아차렸다는 것은 이제 나의 회사 생활이 얼마 남지 않았다는 것을 의미하기도 합니다.

따라서 만약 내가 지금 조금이라도 뒤처지고 있다는 생각이 든다면 지금 당장 변화하기 시작해야 합니다. 나를 변화시켜 현재의 상태를 반전시킬 수 있어야만 내가 자랑스러워하고 평생 같이하고 싶은 회사로부터 배신감을 느끼지 않을 수 있기 때문입니다. 회사에 배신감을 느낄 수밖에 없는 일을 당하기 전에 그런 일을 피할 수 있는 몇 번의 기회가 있습니다. 만약 그 기회를 잘 활용한다면 회사가 나를 버리고, 내가 그 일로 배신감을 느끼는 일은 일어나지 않을 수도 있습니다.

그렇다면 이렇게 뒤처지는 느낌을 받는 순간, 나는 어떻게 해야 반전을 노릴 수 있을까요? 그것은 바로 누군가가 나를 변화시키려 하기 전에 나 스스로 변화를 먼저 택해야 한다는 것입니다. 누군가가 나를 변화시키려 한다는 건 막상 당해 보면 충격을 많이 받을 수밖에 없는 일입니다. 어느 날 갑자기 내가 속해 있던 부서에서 밀려나 전혀 다른 일을 하게 되거나, 본사에서 지방으로 발령이 나는 조치를 당하게 된다면, 누구도 그 일을 기쁘게 받아들이지 못할 것입니다. '이게 무슨 의미일까?', '드디어 나를 내보내려고 하는구나' 등 별별 생각이 다 들고, 결국 새로운 일에 전혀 적응을 못하고 배신감을 느끼며 스스로 회사를 떠나는 결정을 해버릴지도 모릅니다.

하지만 스스로 먼저 변화의 길을 택했다면 결과는 조금 달라질 수 있습니다. 뒤처진다는 느낌을 받았을 때 먼저 상사를 찾아가 새로운 도전을 해보고 싶다고 이야기하고, 그 결과 새로운 팀으로 발령이 났다고 가정해보겠습니다. 앞의 예시처럼 내가 해오지 않았던 새로운 일을 한다는 점에서는 비슷하지만, 새로운 팀에서 할 일은 내가 선택한 일이기 때문에, 한번 제대로 해보자는 의욕이 생길 것입니다. 회사에서는 스스로 변화를 선택한 여러분을 다시 보게 될 것이고, 이런 변화를 통해 여러분의 새로운 가능성을 보게 될 확률이 높습니다.

물론 이런 변화를 스스로 선택한다는 것은 말처럼 쉽지 않습니다. 이미 익숙해져 있는 모든 환경을 스스로 버리고, 새로운 환경에 뛰어든다는 것이 낯설고 어색하기만 할 것입니다. 이제는 나이도 직급도 이런 새로운 도전에 맞지 않는 것 같고, 주변에 무슨 이야기가 돌지도 걱정스럽기만 합니다. '과연 내가 해낼 수 있을까?', '괜히 긁어 부스럼 만드는 건 아닐까?', '그냥 대충 시간 보내면 안 걸리고 넘어갈 수도 있지 않을까?' 등 정말 많은 생각들이 밀려올 것입니다. 그렇다 해도 만약 내가 먼저 변화를 선택하지 않는다면 분명 회사는 나에게 내가 선택한 변화보다 더 힘든 변화를 요구할 확률이 높습니다. 만약 직장생활이 1년 이내로 남았다고 본다면, 어떻게든 버틸 수도 있을지 모릅니다. 하지만 남은 기간이 3년 이상이라고 생각한다면 절대 망설이면 안 됩니다. 회사가 여러분에게 변화를 요구하기 전에 여러분이 먼저 변화를 시도해 보십시오. 분명 처음에는 힘든 과정이 기다릴 겁니다. 사람들의 시선도 곱지 않을지 모릅니다. 하지만 어려움 앞에서 물러서지 않고 그것을 이겨내기만 한다면, 분명 여러분이 잘나가던 시절 맛보았던 성취의 기쁨을 오랜만에 다시 한번 느끼게 될 것입니다. 뿐만 아니라 그동안의 퇴보를 만회할 수 있는 반전의 기회를 얻을 수 있습니다.

회사라는 곳에 의리는 없습니다. 당연히 회사가 나를 끝까지 보호해줄 거라는 생각도 하면 안 됩니다. 회사와 나는 서로 필요에 의해서 만난 사이입니다. 회사는 나의 능력이 필요하고, 나는 회사라는 안전한 울타리와 꼬박꼬박 들어오는 월급이 필요했던 것입니다. 그런데 어느 날 내가 회사에 제공해줘야 하는 능력이 내가 받는 월급보다 부족해지게 된다면, 당연히 회사는 나를 버리고 나보다 더 능력 있고, 나보다 돈을 적게 줘도 되는 사람을 찾으려고 할 것입니다. 그렇다고 회사의 그런 대응이 배신이라고 여길 필요는 없습니다. 어찌 보면 내가 먼저 회사를 배신했는지도 모릅니다.

나이를 먹고, 직급이 올라가고, 남들이 보기에 모든 걸 다 이룬 것 같아 보이는 때에도 가끔씩 스스로를 돌아보시기 바랍니다. 그리고 내가 점점 뒤처지고 있다는 생각이 들기 시작했다면 제일 먼저 회사와의 의리를 생각해보십시오. 내가 먼저 회사와의 관계를 소중하게 생각하고, 내 능력을 끌어올려야 회사도 나와의 의리를 지키려고 한다는 것을 기억하시면 좋겠습니다.

만약 나는 충분히 의리를 지켰는데 회사가 의리를 지키지 않는다면, 그땐 더 의리가 있어 보이는 회사로 떠나면 됩니다. 내 능력을 알아주지 않는 회사는 더 이상 의리가 없는 회사이기 때문입니다.

내 마음속 메모장

- 정리해고나 명예퇴직 대상이 되었다고 회사에 배신감을 느낄 필요가 없다. 회사는 감정을 가진 사람도 아니고, 생사고락을 같이할 존재는 더더욱 아니다.

- 회사가 나를 내보내는 이유는 내가 받는 돈에 비해 내가 회사에 제공하는 능력이 부족했기 때문이다. 만약 내 능력이 뛰어나다면 회사는 절대 나를 내보내지 않는다.

- 나의 부족함을 가장 먼저 아는 사람은 바로 나다. 그리고 시간이 좀 지난 뒤에는 회사도 내 능력이 부족하다는 것을 알아차린다. 회사가 알아차리기 전에 내 능력을 향상시키는 조치가 필요하다.

- 회사가 나에게 변화를 요구하기 전에 내가 먼저 변화를 택해보자. 잘 나가던 시절의 성취감을 다시 한번 느낄 수 있는 기회를 놓치지 말자.

- 회사와의 의리를 위해서 내 능력을 먼저 키워야 한다. 그래야 회사도 나에 대한 의리를 지키게 된다.

직장생활 돌아보기

이직을 할 때는 타이밍이 무엇보다 중요합니다. 현재 몸담고 있는 회사에 만족하고 있나요? 또는 만족하지 못하고 있나요? 그리고 지금은 이직을 하기에 적당한 시기인가요? 또는 업무 능력을 좀 더 쌓아야 할 시기인가요? 그동안의 경력을 되새겨보며 앞선 질문에 대한 답을 적어보세요.

Foreign Copyright: Joonwon Lee   Mobile: 82-10-4624-6629
Address: 3F, 127, Yanghwa-ro, Mapo-gu, Seoul, Republic of Korea
         3rd Floor
Telephone: 82-2-3142-4151
E-mail: jwlee@cyber.co.kr

후니의 쉽게 쓴
직장생활 생존기

2025. 10. 29. 초 판 1쇄 인쇄
2025. 11. 5. 초 판 1쇄 발행

저자와의
협의하에
검인생략

지은이	진강훈
펴낸이	이종춘
펴낸곳	BM (주)도서출판 성안당
주소	04032 서울시 마포구 양화로 127 첨단빌딩 3층(출판기획 R&D 센터) 10881 경기도 파주시 문발로 112 파주 출판 문화도시(제작 및 물류)
전화	02) 3142-0036 031) 950-6300
팩스	031) 955-0510
등록	1973. 2. 1. 제406-2005-000046호
출판사 홈페이지	www.cyber.co.kr
ISBN	978-89-315-8593-3 (03190)
정가	19,000원

이 책을 만든 사람들
책임 | 최옥현
진행·편집 | 채정화
교정·교열 | 정지현
본문·표지 디자인 | 강희연
홍보 | 김계향, 임진성, 김주승, 최정민, 이해솜
국제부 | 이선민, 조혜란
마케팅 | 구본철, 차정욱, 오영일, 나진호, 강호묵
마케팅 지원 | 장상범
제작 | 김유석

이 책의 어느 부분도 저작권자나 BM (주)도서출판 성안당 발행인의 승인 문서 없이 일부 또는 전부를 사진 복사나 디스크 복사 및 기타 정보 재생 시스템을 비롯하여 현재 알려지거나 향후 발명될 어떤 전기적, 기계적 또는 다른 수단을 통해 복사하거나 재생하거나 이용할 수 없음.

■ 도서 A/S 안내

성안당에서 발행하는 모든 도서는 저자와 출판사, 그리고 독자가 함께 만들어 나갑니다.
좋은 책을 펴내기 위해 많은 노력을 기울이고 있습니다. 혹시라도 내용상의 오류나 오탈자 등이 발견되면 **"좋은 책은 나라의 보배"**로서 우리 모두가 함께 만들어 간다는 마음으로 연락주시기 바랍니다. 수정 보완하여 더 나은 책이 되도록 최선을 다하겠습니다.
성안당은 늘 독자 여러분들의 소중한 의견을 기다리고 있습니다. 좋은 의견을 보내주시는 분께는 성안당 쇼핑몰의 포인트(3,000포인트)를 적립해 드립니다.
잘못 만들어진 책이나 부록 등이 파손된 경우에는 교환해 드립니다.